抗日战争时期
细菌战与防疫战

张宪文　吕晶 —— 主编　　文献集

国家出版基金项目
NATIONAL PUBLICATION FOUNDATION

肖如平　吕晶　编

中国藏细菌战
与卫生防疫档案
［一］

江苏人民出版社

图书在版编目（CIP）数据

中国藏细菌战与卫生防疫档案. 一/肖如平，吕晶
编. --南京：江苏人民出版社，2025.3. --（抗日战
争时期细菌战与防疫战文献集/张宪文，吕晶主编）.
ISBN 978 - 7 - 214 - 29598 - 9

Ⅰ. K265.606

中国国家版本馆 CIP 数据核字第 2024RE6670 号

抗日战争时期细菌战与防疫战文献集

主　　编　张宪文　吕　晶

书　　　名　中国藏细菌战与卫生防疫档案（一）
编　　　者　肖如平　吕　晶
责 任 编 辑　李　旭
装 帧 设 计　刘葶葶
责 任 监 制　王　娟
出 版 发 行　江苏人民出版社
地　　　址　南京市湖南路 1 号 A 楼，邮编：210009
照　　　排　江苏凤凰制版有限公司
印　　　刷　苏州市越洋印刷有限公司
开　　　本　718 毫米×1000 毫米　1/16
印　　　张　19.5　插页 4
字　　　数　290 千字
版　　　次　2025 年 3 月第 1 版
印　　　次　2025 年 3 月第 1 次印刷
标 准 书 号　ISBN 978 - 7 - 214 - 29598 - 9
定　　　价　108.00 元

（江苏人民出版社图书凡印装错误可向承印厂调换）

──────────── **学术委员会** ────────────

王建朗　张连红　张　生　马振犊　夏　蓓

──────────── **编纂委员会** ────────────

主 编

张宪文　吕　晶

编 委（按姓氏笔画）

王　萌　王　选　皮国立　吕　晶　许峰源　李尔广　杨善尧

杨渝东　肖如平　张宪文　林少彬　贺晓星　谭学超

总　序

人类使用生物武器的历史由来已久，古代战场上"疫病与战争"的关系对现代战争产生了深远的影响。20世纪以来，随着微生物学和医学等学科的长足发展，通过生物技术人为制造病菌，在军事上削弱并战胜敌军成为重要的战争手段。第二次世界大战时，德、日、美等国均开始研制和使用生物战剂。当时，主要以细菌、老鼠和昆虫为传播媒介。30年代起，日本违背国际公约，在中国东北等地组建细菌部队，针对我国平民实施大规模细菌战。为真实记录这段历史，南京大学牵头组织20余位海内外学者，承担了国家社科基金抗日战争研究专项工程之"日军细菌战海内外史料整理与研究"项目，经过多年艰苦工作，先期推出11卷"抗日战争时期细菌战与防疫战文献集"（简称"文献集"）。

关于抗日战争时期的细菌战与防疫战，既有的研究基本以收集七三一等细菌部队的罪证为主，以之批判侵华日军细菌战暴行的残虐与反人类。在此基础之上，部分学者分别从社会学、心理学、医学、军事学等角度开展跨学科研究，有力地推动了该领域研究的发展。而日本对华细菌战的推行者，并不仅限于臭名昭著的七三一，还包括荣一六四四、甲一八五五、波八六〇四和冈九四二〇等细菌部队，形成了一个完整严密的研究与实战体系。

"文献集"以日本在二战期间发动细菌战为中心，全面发掘梳理战前、战时与战后各阶段所涉及的细菌战战略与战术思想、人体实验、细菌武器攻击，以及战后调查与审判的相关史料。"文献集"以中日两国史料为主，兼及苏联等相关国家或地区的史料,对已发现的重要史料尽可能完整地收录,辅以必要的简介和点评,最大程度地保持史料的原始面貌和可利用性。

"文献集"将细菌战研究置于全球视野之下,从多方视角进行实证分析探讨。一方面追踪七三一等细菌部队隐秘开展的活体实验,深入挖掘其所从事的日常业务,深刻理解军国主义时代日本医学的"双刃剑"性质;另一方面关注国民政府战时在卫生防疫方面的应对策略,以及中日双方开展的攻防战。同时,不能忽视战后美苏两国因各自利益所需,对战时日军在华细菌战罪行的隐匿与揭露,包括1949年末苏联组织军事法庭,针对日军在战争期间准备和使用细菌武器罪行的审判材料,以及美国基于对日军细菌战参与人员长达四年的问讯记录而形成的《桑德斯报告》《汤普森报告》《费尔报告》和《希尔报告》等第三方史料。

"文献集"立足于对日军在华细菌战核心部队、重要事件和关键问题等史实的具体呈现。此次出版的11卷由史料丛编和调研报告组成,其中史料丛编为"文献集"的主体部分,包括几个方面:(1)日本防卫省防卫研究所、国立公文书馆和战伤病者史料馆等机构所藏档案,亚洲历史资料中心的数字资料,以及各类非卖品文献、旧报刊、细菌部队老兵证言等资料;(2)受害国中国当时医疗卫生、传染病调查,以及受到细菌武器攻击后的应对情况方面的资料,考察选收中国大陆重要省份和台北"国史馆"、台北档案管理局的相关史料;(3)苏联时期及部分当代俄罗斯出版的关于细菌战、细菌武器、生化战历史和科学史专题的俄文史料及文献著作;(4)英国、澳大利亚等国家档案馆馆藏有关日本战争罪行的档案。

具体而言,中方史料主要包括日渐被学界关注的国民政府针对日军细菌武器攻击的调查与应对,涉及战时防疫联合办事处、中央卫生署、省卫生处、防疫委员会、医疗防疫队和军方防疫大队等一系列国民政府防疫机构以及中国红十字会总会的相关档案,还有60余种近代报刊中关于抗战前后细菌战与传染病知识的科普与传播、日军具体投放细菌行为的报道,以及战时各地疫情与防疫信息等方面的内容;此外,20世纪50年代新中国审判日本战犯,获得日军甲一八五五部队等部官兵回忆投放细菌及从事人体实验罪行的供词,这些战犯口述笔供中的细菌战相关情报,具有较高的史料价值。

日方史料围绕日本细菌战作战指挥系统、细菌战战略思想、在中国相关地区的细菌武器攻击、以往研究较少涉及的两支重要的细菌部队(荣一六四部队和冈九四二〇部队)等核心问题,吸纳小川透、近食秀大、山内忠重等细菌部队军医发表的研究报告和学术论文,重新整理、翻译内海寿子、镰田信雄、三尾丰、千田英男、天野良治、沟渊俊美、鹤田兼敏、丸山茂等多名细菌部队老兵证言。其中细菌部队卫生防疫研究报告不仅揭示战时中国地区疫情传播的实相,也反映这些细菌部队的研究课题之侧重所在。尤其是从军事医学、微生物学角度去看,这几支细菌部队依据所在地区特点,"因地制宜"地开展相应研究,为后期作战做了较为充足的准备,由此不难窥见日军细菌战战略的意图和布局。

第三方史料,主要系统地介绍和引进苏联和俄罗斯有关生化战和细菌战的文献资料,包括苏联早期引进的细菌战研究著作、伯力审判材料、《真理报》所刊登关于伯力审判的内容、朝鲜战争中美军生化战报告及其与日本侵华生化战有关的材料、苏联和俄罗斯关于生化战的研究与引进成果、俄安全局档案分局2021年解密的日军生化战档案、俄国内对于解密材料的新闻报道等。这些资料呈现了苏联和俄罗斯在历史上与生化战和细菌战之间的关系,以及苏、俄军方及科学界对其认知、研究、防范的变化过程,为中国史学界提供了生化战和细菌战研究的另一视角。

"文献集"另一组成部分是课题组当下采集到的口述资料,即2018年前后在浙江衢州江山等县村对当地"烂脚老人"进行田野调查,形成的"日军细菌战创伤记忆口述调研实录"。依据老人证言和地方史志的对照,从时间序列和空间分布上分析,不难发现"烂脚病"的出现与日军细菌战之间有密切关联。在日军实施细菌战之前,衢州等地从未有过此病及相关记载,而在细菌战之后,此病在这些地区频繁出现,且出现病例最多的村落与日军曾经控制的浙赣铁路线高度重合。课题组保存了日本在华细菌战的底层受害者的声音,将受害者的个人记忆与文本文献有机结合,从而在证据链上达到最大程度的充分性、多样性和丰富性。

　　"文献集"得以顺利出版，首先感谢国家社科基金抗日战争研究专项工程和国家出版基金的支持，在编写和出版过程中得到抗日战争研究专项工程学术委员会各位专家的悉心指导，也感谢中央档案馆、中国第二历史档案馆和台北"国史馆"等合作单位的支持与帮助。课题组相信本系列图书的出版，或将有利于提升抗战时期细菌战与防疫战研究的深度与广度。

　　"文献集"全面揭露日本发动细菌战的罪行，并非为了渲染仇恨，而是为了维护人类尊严和世界和平，助力中华民族伟大复兴和人类命运共同体建设，以史为鉴，面向未来。兹值"文献集"出版前夕，爰申数语，敬以为序。

目　录

导　言

　　日军对华细菌战,是在战争结束近 80 年的今天仍留在中日两国面前亟待解决的历史问题之一。中日学者利用双方资料研究,取得了一些共识,同时也有相当的分歧,尤其是在中国某些地区疫情的突然爆发和蔓延究竟是自然因素引起还是日军使用细菌武器攻击所致等关键问题上,学者间的看法难以一致。除了日方尽可能公布日军防疫给水部队军方文件等核心史料,中方也需要提供更为丰富的民国时期卫生防疫方面的档案,以期多角度、多层次地认识这段历史。

　　抗战时期中国的疫病流行严重,各种疫病交叉流行,致死率甚高,有的疫病发生与具体战争行为密切关联,呈现典型的战时特征。造成疫情加剧的原因复杂而多元,一方面战争带来的饥馑造成民众抵抗力降低,生存环境恶化使得人们更加容易染疫,加之难民流徙和军队调动引起传染病大范围传播,各种疫情频发,可谓当时的大背景。另一方面,日本入侵给中国刚刚起步的现代卫生防疫体系建设带来巨大的破坏。地方割据,行政管理效力受减,加大了疫情防控的难度。但最为重要的因素则是,日军利用自然环境(如:气候、自然灾害、自然疫源地等)和社会环境(如:地方病、交通、城乡环境卫生等)作掩护实施细菌战,直接导致疫情大面积流行。抗战爆发前后,日军开始试验各种疫菌威力,伺机在战场上发动细菌战。进入相持阶段,鉴于细菌战具有杀伤力强大、成本低廉的特性,又兼具重创中国军民士气、降低中国军队战斗力、折损中国政府威信等多重效果,日军为打破战争僵局,

　　调整作战策略，公然违反 1925 年《日内瓦议定书》规定，同时使用了细菌（生物）和毒气（化学）两种大规模杀伤性武器。各类毒菌的散播致使鼠疫、霍乱等疫病的致病菌肆意扩散，施用毒气更是带来严重致命的卫生问题，不仅威胁民众生命安全、耗损中国军队作战能力、扰乱中国社会秩序，更严重污染生态环境，导致传染病不断复发，影响延续至今。

　　以往细菌战研究以战争史视角为主，集中在日本侵略者实施细菌战史实和罪证的溯源考证，或从不同区域出发，或从不同传染病种入手，揭示了细菌战导致中国抗战时期疫病横行及其后果。

　　随着研究的推进，对日本侵华细菌战的研究不能只着眼于"受害研究"或地区性个案研究，还应看到在战争状态下，民国时期卫生防疫工作的整体概貌与公共卫生应急反应与发展轨迹。疾病在和平时期从港口或边境传入，而在抗战时期的某一天突然被空投细菌造成蔓延，是战时的一个新的且更大的威胁。国民政府在其统治区为对抗这种威胁，建立了发行《疫情旬报》等简报的"战时防疫联合办事处"，以及中央的"卫生署"、地方的"省卫生处""防疫委员会""医疗防疫队"，军方的"防疫大队"等一系列国民政府的防疫机构。当各省、市、县遭到日军细菌战攻击，地方卫生防疫机构发出预警、隔离病患开展救治，并设法围堵疫源，防止扩散。中央迅速派出相关专家组亲赴实地调查灾患缘起，掌控疫疠变化，防堵疫情扩散，优化了战时全国卫生防疫体系，在防范日军对华实施大规模细菌战时起到了重要作用，从而存续中国对日抗战的整体战力。而普通民众逐渐接触报刊宣传画和普及性读物介绍细菌战的基础知识，防疫卫生的观念也得到进一步的传播。对细菌战内涵的进一步深化，拓宽了该研究领域的外延。

　　基于以上研究思路，我们对中国大陆及台湾地区的档案馆进行了资料摸排查阅和搜集整理工作。2016 年以来，课题组成员先后走访了中央档案馆、中国第二历史档案馆、台北"国史馆"、台北档案管理局、台湾"中央研究院"近代史所档案馆、浙江省档案馆、吉林省档案馆、湖南省档案馆、福建省档案馆、江西省档案馆、广东省档案馆、广西壮族自治区档案馆、内蒙古自治区档案馆、贵州省档案馆、上海市档案馆、重庆市档案馆、广州市档案馆、贵阳市档案馆及浙江省内市县档案馆等二十余家档案部门，经历了档案馆在新冠疫情期间无法正常对外开放、各家档案馆开放进度和程度不同、档案利用政策调整等各种困难，在课题组全体同仁的努力下，终于编就五卷《中国藏细菌战与卫生防疫档案》。

《中国藏细菌战与卫生防疫档案》侧重1937年至1945年全国抗战期间的档案资料，但考虑到战时传染病潜伏的后发性及战后继续开展法定传染病调查统计等因素，收录时间延伸至1949年，并吸纳日本侵华细菌战战犯在20世纪50年代接受中方调查的材料。五卷资料集中为档案馆藏民国档案和民国报刊，根据这批史料涉及的内容和性质，大致分为卫生防疫体系建立与行政管理、细菌战及各类传染病调查、疫情报告制度与传染病数据统计、传染病预防与疫病救治、细菌战知识科普与社会宣传等五个专题，全方位地展示在日军侵华过程中，进行细菌武器试验和实施攻击的情况下，中国从中央到地方的应对之策，医疗卫生专业人员、官员和民众，以及外籍专家深入调查、组织预防、开展救治的过程。包括了两岸存档机构藏有的行政院、军事委员会、卫生署、军医署、中国红十字会总会等部门下发的关于卫生防疫、细菌战调查、应对措施等方面的行政公文，中央地方协力对抗细菌战的往来文件，日军遗留"特别移送"档案，关于"细菌武器"知识的科普报道，以及战后日本战犯有关所犯细菌战罪行的亲笔供词等。对了解日军细菌武器攻击下的实况、战时卫生机构的运作、战争因素对卫生防疫的影响、战时防疫联动机制对卫生防疫的促进及"细菌战"知识教育宣传提升民众卫生意识等问题提供了全面的资料。

其中，本分卷为《中国藏细菌战与卫生防疫档案（一）》。内容涉及战时与战后中国政府及部分地方政府关于防疫机构设置、防疫制度建立、防疫经费核拨及各地疫情对策等，共收录各类行政公文档案（含训令、函电、呈文、报告、政府公报等）近500份。从中不难发现抗战全面爆发，尤其是日军发动细菌战对中国卫生行政机构的发展有相当大的刺激作用。中央到地方各级卫生行政机构通过制订卫生防疫法律法规、加强基础设施建设，并实施疫苗接种等防疫手段，以此阻断疫疾流行。同时，通过召开会议、人事调整以及加大经费开支等方法，加强卫生署、军医署、后方勤务部卫生处以及中国红十字总会救护总队部之间的联系，有效开展防联处各项工作，统筹协调各项行政工作。至1945年抗战胜利，由主管全国卫生事业的行政机构、专门设立的检疫防疫机构和民间医疗慈善组织等组成的公共卫生防疫体系初步形成。本卷既关照地方防疫行政管理，更强调中央层级的全面统辖，以及相互之间的协调与矛盾。

　　史料实证的前提是要有真实、可靠、翔实的史料做支撑。研究者从各个角度出发，尽可能获取研究所涉及的各类资料，以进行甄别和利用。编者则是多维度、全景式地去搜集、整理这些档案资料并选编成册，提供学界应用，也希望这些档案史料的出版、流通，能够带来更多细菌战与防疫卫生等议题的深入研究。

凡　例

一、《中国藏细菌战与卫生防疫档案》(以下简称《中国档案》)共五卷,按不同专题分卷编排,收集、整理当时全国范围的档案、报刊等资料,依照原件录入,以浙江、湖南、江西、福建四省为主要范围。所选史料均在文后注明出处来源。

二、本《中国档案》采用规范简体字横排形式,尽量保持原文体例,但为兼顾当下阅读习惯与规范,对部分行文格式略作调整。

三、本《中国档案》尽可能忠于原本,对于因时代原因或作者语言习惯所形成的特定用词,如委靡(萎靡)、豫防(预防)、曝露(暴露)等,或表意不清但无从判断的,均保留原貌。对于无对应简体字或因原文所述内容要求须以其他字体形式出现者,仍沿用原字体。对于字迹漫漶但可大致确定者,径为校正。对于字迹模糊、破损以致无法辨认者,以□标示。

四、原文无标点或仅有简单句读者,一律改为新式标点。原文标点不当或与现代通行标点使用规范不符者,则对其作部分改动。

五、内文日期采用公元纪年。部分统计数字与函电文号、发文日期,改以阿拉伯数字呈现。

六、部分表格为配合排版,样式略有更动。部分附图、附表,原件即无。其中内容重复或与主题无关部分,编者则略加删节。

第一章 行政公文（1937—1945 年）

一、中央

顾祝同为补送关于鼠疫经过情形报告致重庆军令部电

（1941 年 1 月）

重庆军令部徐部长勋鉴：

敬绒电计达此次鄞、衢两县发现鼠疫及受害情形。据本部卫生处之调查及各方报告所得确证为敌机散播，相应抄附原报告各一份，复请查照核办为荷。

顾祝同俭绒印

计附：

（一）浙省卫生处长陈万里等戌陷金电原文一件。

（二）齐队长树功报告衢县鼠疫之起因一份。

（三）本部卫生处二等军医正方植民报告敌机散播疫菌与甬衢鼠疫之经过摘要一份。

（四）军政部第四防疫分队 1047 号代电暨宁波鼠疫经过报告一份。

（五）军政部第二防疫大队长刘经邦呈报衢县鼠疫经过报告书一份。

（六）军政部军医署驻闽浙办事处 2758 号代电暨验鼠疫杆菌经过报告一份。

（七）本部印发宣传小册鼠疫一份。

（台北档案管理局 B5018230601/0029/803/0824）

何应钦关于预防敌机散放鼠疫菌案拟俟
调查真像据报后再行遵办致蒋介石呈

（1941 年 1 月 23 日）

重庆委员会委员长蒋钧鉴：

　　奉办四渝（二）麻代电。为据桂林办公厅李主任电报敌机飞袭金华，散播鼠疫菌，迅饬军医署核议预防办法具报等。因奉此遵经饬据军医署签呈称："查本署前据第二防疫大队等电报：敌机在金华散放鼠疫杆菌一案，除已将处置经过情形先后呈报钧部，签准派员前往浙江金华实地澈查外，并已会同卫生署拟具防制敌机散播鼠疫菌实施方案。于上年十二月二十三日另电呈会鉴核在案。现详细调查结果尚未发现具报。本案饬由本署核议预防办法一节，拟俟调查真像据报后，再行遵办具报"等情。据此，理合电呈鉴核。

军政部部长何应钦子梗医卫渝

（台北档案管理局　B5018230601/0029/803/0824）

关于各方报告鼠疫经过情形命军医署研究预防办法致军政部令

（1941 年 1 月 31 日）

令军政部：

　　据第三战区顾司令长官俭绒代电，补送各方报告关于鼠疫经过情形抄件一束到会。据此，查本案前据桂林办公厅主任李济深感卫代电呈请预筹防止办法等情，经以办四渝二麻代电饬核议具复在卷。兹据抄送各情，除分电行政院特饬卫生署研究预防办法具报见复并电复外合行抄发原送各附件，令仰特饬军医署研究预防办法具报为要。此令。

（台北档案管理局　B5018230601/0029/803/0824）

军事委员会关于各方报告鼠疫经过情形命
卫生署研究预防办法致行政院令

（1941 年 1 月 31 日）

行政院勋鉴：

　　据第三战区顾司令长官俭绒代电补送各方报告关于鼠疫经过情形抄件

一束到会。据此,查本案前据桂林办公厅主任李济深感卫代电呈请预筹防止办法等情。经以办四渝二代电请特饬核议见复在卷。兹据抄送各情,除分电均正部特饬军医署研究预防办法具复并电复外,特抄附件电请转饬卫生署参考,并研究预防办法据报见复,以便饬知为荷。

军事委员会办四渝二(世)印

(台北档案管理局　B5018230601/0029/803/0824)

关于第三战区补送各方鼠疫经过情形报告

相关事宜致军令部令

(1941 年 1 月 31 日)

案准贵部移送第三战区司令长官司令部俭绒代电暨附各件到厅,除已分别办理外,查该代电内称:"俭绒电计达等情。"惟该俭绒电内窃为何,有无附件,未准并送相应函请查照,仍将该俭绒电检送或抄送过厅,以资连系为荷。此致

军令部

(台北档案管理局　B5018230601/0029/803/0824)

军委办公厅关于鼠疫防范等事宜致上饶第三战区顾司令长官电

(1941 年 1 月 31 日)

上饶第三战区顾司令长官勋鉴:

兹准军令部徐部长移送贵部俭绒代电暨附各件到厅。查本案前据桂林办公厅李主任感卫代电呈请预筹防止办法到会,业经本会以办四渝二鱼电请饬属注意防范在卷准电各由,除已由会分电行政院转饬卫生署、军政部,转饬军医署研究预防办法具复外,特电复请查照。

军事委员会办公厅办四渝二(世)印

(台北档案管理局　B5018230601/0029/803/0824)

军委办公厅关于第三战区补送鼠疫经过

报告事宜致军令部第一厅第三处令

(1941 年 2 月 11 日)

准贵处汇送本厅办四渝二字第15839号公函一件,嘱将前移□件俭送查

核等由，准此，兹检还第三战区顾司令长官电复贵部补送各方报告关于鼠疫经过情形俭绒代电一件及移文签案一件，连同元送本厅公函一并送请查收核办。并希核办毕后，从速检还本处归卷为荷。此致

军令部第一厅第三处

（台北档案管理局　B5018230601/0029/803/0824）

卫生署长金宝善关于办理敌机在浙江
掷下物品经过致军事委员会呈

（1941 年 2 月 13 日）

案奉钧会本年二月四日渝办一会字第 14249 号令开。为据航空委员会报称浙江发现敌机投散烟雾，疑似毒菌。令仰协助研究并商同派员前往详细调查等因。附发华西大学试验报告原文一件。奉此查关于敌机在浙散布颗粒状物一节，本署已会同军医署派遣各专门人员驰赴浙、赣、闽各地调查，并搜集重要资料。业于二十九年以防字第 10560 号代电呈报在案。将来如有可供研究及化验者，当遵与兵工署化学研究所偕同研究。关于防疫宣传方面，本署鉴于敌机投掷物品疑似鼠疫杆菌，除准备各项防治鼠疫药品外，并编印防治鼠疫实施办法小册，分别送发。又查浙江省卫生处亦已编印有关鼠疫之宣传品，广为宣传。奉令前因，理合将办理情形备文呈覆，仰祈察核，实为公便。谨呈

军事委员会

卫生署长金宝善

（台北档案管理局　B5018230601/0029/803/0824）

侍从室第二处关于敌机在浙江散布烟雾案调查情形致军委办公厅呈

（1941 年 2 月 13 日）

查敌机在浙散布烟雾案发生后，侍从室第二处首先据报并令饬卫生署调查拟办有案。嗣据该署以防字第 10560 号代电呈复（是项代电现存侍二处），后桂林行营以同案呈报本会（本年一月二日），经本厅秘书处承办会令饬军政部并函行政院卫生署派员调查拟具对策。至一月廿五日，航委会复

以同案呈报本会,经本处承办会令饬卫生署会同兵工署查办在案。后准行政院函复本会(去除秘书处承办)称:"已由卫生署将办理情形成复等语",经秘书处查明上项(呈文现存侍二处)当经函请该处检送或抄送备查矣(现尚未准发)。兹据卫生署此件呈复称:"业于廿九年以防字第 10560 号代电呈报在案"等,经查是项代电系前呈复侍二处所承办会令之件。此案在本厅既已由秘书处承办于先,且秘书处已函侍二处检送前案备查,拟将本处承办全卷移送秘书处(第二件)办□见纷歧如何。

二处乞核示

(台北档案管理局　B5018230601/0029/803/0824)

军委办公厅关于翻印"鼠疫"小册致各相关单位笺函

(1941 年 2 月 28 日)

兹检送本厅检核所翻印之"鼠疫"小册(查□表填发)份即希查收参考为荷。此致

本会直属各机关、本厅各单位、各战区司令长官部驻渝办事处、冀察及鲁苏战区总司令部驻渝办事处、各行营行辕及本会桂林、西安办事处、各绥靖主任公署等

(台北档案管理局　B5018230601/0029/803/0824)

徐永昌关于未看到顾祝同"敬绒"电致军委办公厅函

(1941 年 2 月)

案准贵厅一月卅一日办四渝(二)字第一五八号函开"案准贵部移送第三战区司令长官司令部俭绒代电暨附各件到厅,除已分别办理外,查该代电内称敬绒电计达等语,惟该敬绒电内容如何,有无附件未准并送相应函请查照,仍将该敬绒电检送或抄送过厅以资连系为荷等由。查顾长官敬绒电,本部无案可稽",经询机要室复称顾长官上年并无敬绒来电,但十二月七日曾收到"虞绒"电(A4729 本室号次)一件。为呈报此次鄞、衢两县先后发生鼠疫原因,经调查系前一周由敌机散布病菌所致等由。核与敬绒代电所报事实相符,当经本室译送侍二处承办在案。是否即系此电之误,即请台洽等语。查虞绒电是否

敬绒电之误,似应向侍二处查询相应函复。即希查照为荷。此致

　　本会办公厅

部长徐永昌

(台北档案管理局　B5018230601/0029/803/0824)

顾祝同关于浙江鼠疫情形致蒋介石呈

(1941 年)

急渝军委会委员长蒋势密:

　　查此次鄞、衢两县先后发生鼠疫,发病迅速并无鼠疫流行病学上预发象征,如大量死鼠之发现等。当经调查均在发病前一周由敌机于疫区上空掷下谷类、小麦,其中混有跳蚤。上月俭日又在金华掷下颗粒状粘性物,经搜集大举检查证实确系鼠疫杆菌。显然敌方施行惨极人寰之细菌战,无疑除饬所属加紧防治外,恳请通电世界各邦主持正义,揭发敌寇灭绝人性之暴行,并通令全国注意防范为祷。

职顾祝同叩虞绒印

(台北档案管理局　B5018230601/0029/803/0824)

关于顾祝同来电报告敌机播散鼠疫菌案及
办理情形致侍从室第二处函

(1941 年 3 月 3 日)

　　查关于敌机播散鼠疫菌一案,前准军令部移送第三战区顾司令长官俭绒代电暨附件到厅。业经分别承办会令军政部转饬军医署暨电行政院转饬卫生署会检预防办法,并以该俭绒电内曾有敬绒电计达一请未准将该电并移过厅,经函请检送或抄送各在卷;除卫生署等所检防制敌机散播鼠疫菌实施方案,前以办四渝字第 16320 号函请查抄尚未准复外,兹准军令部一利勋字第 869 号函复,略称:"查顾长官敬绒电,本部无案可稽云云,即希查照为荷等由"准以相应查照,并将本案核办情形连同前请抄件一并查示见复为荷。此致

　　侍从室第二处

(台北档案管理局　B5018230601/0029/803/0824)

侍从室第二处关于敌机空袭金华投放菌疫弹案致军委办公厅呈

(1941 年 3 月 9 日)

迳复者案准贵厅办四渝字第 16320、16801 两号公函敬悉一是。查顾司令长官及浙江黄主席等报告敌机空袭金华投放疫菌弹案内,卫生、军医两署会拟之"防制敌机散播鼠疫菌实施方案"前准移送过处,经核此案已由该两署合派负责人员及国联专家叶墨博士前往浙江实地调查研究。经呈奉核准,待调查确实,研究得有结果后再行酌定能否宣传及将来应如何切实防范之办法等。□□原分案存来处理。嗣准贵厅先后移来孝字 1600 号及 1616 号卫生署与浙省府来文暨义字 1430 号卫生署续呈复,经汇核查所称鄞县鼠疫与敌机投物无关,甚为详实可信,惟鄞、衢两地及浦江、平阳东无鼠疫,则其疫必有来头,是否由庆元、龙泉传播而来,有无线索可寻? 经呈奉批示应再饬查复等由。奉此,经于本月二日承办寅东侍秘川代电复令卫生署查报,现为日无多尚未复到,兹准前由相应,将办理经过情形叙明函复并检同顾司令长官卅九年十二月虞绒电复及军医、卫生两署会拟之"防制敌机散播鼠疫菌实施方案"原件,一并附函送请查照抄录储查,所有原件并祈抄后送还归卷为荷。此致

本会办公厅

国民政府军事委员会委员长侍从室第二处启

(台北档案管理局　B5018230601/0029/803/0824)

军委办公厅关于返还"防治敌机播散鼠疫菌实施方案
及顾祝同来电"案卷致侍从室第二处函

(1941 年 3 月 16 日)

案准贵处侍秘渝字第 6341 号函送防治敌机播散鼠疫菌实施方案及顾长官渝绒电各一件,嘱抄录及送还归卷等由。准此,除已饬抄备查外,相应将原返各件,送请查收归卷为荷。此致

侍从室第二处

(台北档案管理局　B5018230601/0029/803/0824)

军委办公厅关于戍寝代电收悉请加紧扑灭疫情
致重庆卫生署金署长电

（1941 年 12 月 11 日）

重庆卫生署金署长卅防字第 16792 号戍寝代电悉，仍希特饬加紧扑灭，严防蔓延为要，特复。

军事委员会办四（二）政（真）印

（台北档案管理局　　B5018230601/0029/803/0824）

军委办公厅关于卫生署报告义乌鼠疫及
防治情形致侍从室第二处函

（1941 年 12 月 11 日）

据卫生署卅防字第 16792 号戍寝代电续报义乌鼠疫及防治情形电请鉴核到会，除承办会电复以仍希转饬加紧扑灭严防蔓延外，相应抄同原代电，函请查照转陈为荷。此致

侍从室第二处

（台北档案管理局　　B5018230601/0029/803/0824）

卫生署署长卢致德关于常德鼠疫防治情形致军委办公厅函

（1942 年 3 月 10 日）

奉委员长交办卫生署署长金宝善本年二月二十日卅防字第二八六一号防丑哿代电一件，为呈送战时防疫联合办事处编呈"防治常德鼠疫报告"一份，敬祈鉴核由。查原电叙有：此次常德发生鼠疫，前据本署派往常德防疫外籍专员伯力士博士电陈认为确系敌方所为，业经于本年一月五日以卅防字第一四七号防子江电呈报有案等语。该防子江代电与本案有关，相应函请查照，将该署卅防字第一四七号防子江带电原案检赐一阅，俾资参考为荷。此致

军事委员会办公厅

署长卢致德

（台北档案管理局　　B5018230601/0029/803/0824）

卫生署署长金宝善关于拨发经费防治鼠疫致行政院呈

（1942 年 4 月 18 日）

案查中央防疫处及西北防疫处请拨营业资金各六十万元一案，业奉钧院本年二月十二日顺会字第 2507 号指令以该两处本年度以制造鼠疫血清为主，准在核定统筹运输费五百万内即拨制造鼠疫苗价运费一百万元，不再另拨资金等因；当经转饬知照并请财政部拨款去后，嗣准财政部复"须俟国防最高委员会核定行知到部再行拨发"等由各在案。现西北防疫处等以订制鼠疫苗正在赶制，惟因所需材料平时无款购储，临时筹款不但蒙受物价增加之损失且时感就地无法购买，以至妨碍制造，历陈资本缺乏之困难与实际需要情形，仍请核准准予拨发营业资金暨即拨制造鼠疫苗款等情。据此，经核所呈确属实情，该两处所需营业资金拟于编送卅二年度概算时再行列请核拨外，统筹运输费专款项下奉准移用之制造鼠疫苗费壹百万元，请予令财政部即行饬库拨发以应急需理合备文，呈请鉴核俯赐准如所请办理，实为公便。谨呈

行政院

卫生署署长金宝善

（台北"国史馆" 0140000011884A）

许新源关于拨发防治鼠疫经费呈

（1942 年 4 月 30 日）

查本年度统筹药械运输费专款，原奉核定为五百万元，嗣经核准移用为防治鼠疫苗价运经费一百万元，兹据编具分配预算，并说明接收美国红十字会捐赠医药材料所须运输等费，即在此专款内匀支等语，核案当符拟准分转，当否，乞核示。

许新源 谨签 四、卅

（台北"国史馆" 0140000011884A）

关于拨发 1942 年度药械专款运输运费致财政部、
主计处、审计部令

（1942 年 5 月 7 日）

训令、公函

令财政部：

　　据卫生署三十一年四月廿一日（卅一）计字第 6553 号呈称："查本署本年度统筹药械运输运费专款云云叙至鉴核"等情，据此核案尚符。除分转审计部、财政部主计处、审计部，并指令外相应会行，检同发原附件，函请令仰知照。此令。查照。此致

　　国民主计处、审计部

　　计检送发分配预算二份。

指令

令卫生署：

　　卅一年四月廿一日卅一计第 6553 号呈送本署三十一年度统筹药械运输运费专款分配预算祈鉴核由呈件均悉，已分转主计处、审计部、财政部。此令。

（台北"国史馆"　0140000011884A）

二、浙江

蒋介石关于浙江金华等地鼠疫情形及向世界揭露日军卑劣行径致
外交部、军令部、军医署、卫生署、中国红十字会令

（1940 年 12 月 13 日）

外交部王部长、军令部徐部长、军医署卢署长、卫生署金署长、中国红十字会潘秘书长：

　　据浙江省政府主席黄绍竑歌生电称："上月二十八日敌机空袭金华，二架散布白烟并有鱼子状颗粒落下，经人民搜来送检，由本省卫生处处长陈万里、军政部第二防疫大队长刘经邦、福建卫生处防疫专员柯主光、本省卫生

处第二科长郑介安、本省卫生试验所技正吴昌堂五员在镜检下鉴定其形,业辩系鼠疫杆菌,除继续由该员等施行其他生物所试验外,谨电呈报。"并据第三战区司令长官顾祝同虞绒电称查此次鄞衢两县先后发生鼠疫,发病迅速并无鼠疫流行病学上预发象征,如大量死鼠之发见等,当经调查均在发病前一周由敌机于疫区上空掷下谷类、小麦,其中混有跳蚤;上月俭日又在金华掷下颗粒状黏性物,经搜集大举检查证实确系鼠疫杆菌。显然敌方施行惨极人寰之细菌战,无疑除饬所属加紧防治外,恳请通电世界各邦主持正义,揭发敌寇灭绝人性之暴行,并通令全国注意防范各等语;查敌寇此种行为显系违背人道,亟应一面设法严密预防以免蔓延,并准备对外宣传与发动国际主持正义干涉倭寇步骤,希即会同切实研究拟具具体方案,呈候核夺为要。

中正亥元侍秘渝

(台北"国史馆"　020000037986A)

外交部关于向世界揭露浙江鼠疫疫情事宜致军令部、军医署、卫生署、中国红十字会函

(1940年12月16日)

军令部、军医署、卫生署、中国红十字会勋鉴:

顷奉军事委员会委员长亥元侍秘渝代电以据报敌机于浙省上空掷下鼠疫杆菌致鄞衢等县发生鼠疫,令设法严密预防以免蔓延,并准备对外宣传与发动国际主持正义,干涉敌寇步骤,希即会同切实拟具具体方案,呈候核夺等因。奉此,查敌方此种暴行显背人道,自应对外宣传设法阻止,惟原报告所叙情形简略材料不多,似应呈请军事委员会令黄主席、顾司令长官饬将当地受害情形详细报告,并将敌机掷下颗粒状各物广为搜集送渝,交由专家用科学等方法加以分析得有结果后再行发表。除分电军医署、卫生署、中国红十字会、军令部外,相应电请查照见复以便办理为荷。

外交部铣

(台北"国史馆"　020000037986A)

中国红十字会总会关于研究敌机在浙江省上空
散放鼠疫菌案致外交部函电

(1940 年 12 月 20 日)

准电以奉委座电令会同研究敌机在浙省上空散放鼠疫菌一案开示意见本会赞同电复察照由(红十字会总会代电)

渝总参字第 1958 号

日期:29 年 12 月 19 日(亥皓)

外交部王部长勋鉴:

欧 29 第 5736 号铣代电敬悉,查此案业奉委座电令本会潘秘书长会办到会,正须会同洽办;大部电开意见本会极表赞同,惟闻卫生署已饬浙江卫生实验处进行生物检查,矣准电前由特电奉复敬希察照。

中国红十字会总会亥皓渝总三印

(台北"国史馆" 020000037986A)

卫生署关于敌机在金华投放鼠疫杆菌进行检查相关事宜之电文

(1940 年 12 月 27 日)

外交部勋鉴:

顷据浙江省卫生处哿电称:"金华敌机投下物培养检查褩菌发育,不能检得鼠疫杆菌报告;另详尚无病人发现"等情。据此,特电奉达,即希查照为荷。

卫生署防亥敬印

(台北"国史馆" 020000037986A)

军政部军医署署长卢致德关于派员调查敌机在浙江散放
鼠疫杆菌案致外交部王部长电

(1940 年 12 月 27 日)

重庆外交部王部长勋鉴:

欧(二九)第 5736 号铣代电敬悉,关于敌机在浙散放鼠疫杆菌详情及所掷颗粒状各物是否确为鼠疫杆菌案,业经本署会同卫生署派员偕同国联防

疫专家于本月二十二日驰赴浙境实地澈查研究,除彻查结果俟据报再行奉
达外,特先复请查照为荷。

军政部军医署署长卢致德亥感卫渝

(台北"国史馆"　020000037986A)

卫生署关于金华、浦江、鄞、衢等地未发现鼠疫情形致外交部电

(1940 年 12 月 28 日)

外交部长勋鉴:

卫防亥敬电计达顷据浙江省卫生处陈万里长马电称:"金华疫未发生,
浦江亦无疫。"又梗电称:"鄞疫早扑灭;衢疫微日后即无新病人,亦告结束,
金华未发生"等情。据此,特电奉达,即希查照为荷。

卫生署防亥宥印

(台北"国史馆"　020000037986A)

浙江省政府主席黄绍竑关于防疫指导所组织规程案致行政院呈

(1941 年 4 月 2 日)

案据本省卫生处呈为防治法定传染病及特殊地方病起见,拟依照该处组织规
程第十四条规定设置防疫指导所,附送组织规程请鉴核等情到府。经饬据有
关机关审查修正报告前来,当于本府委员会第 1197 次会议提出讨论决议通过
纪录在案。除指令暨分咨内政、铨叙两部及卫生署外,理合抄同浙江省卫生处防
疫指导所组织规程一份备文呈送,仰祈鉴核备案指令指遵。谨呈

　　行政院

　　计呈送浙江省卫生处防疫指导所组织规程一份。

浙江省政府主席黄绍竑

(台北"国史馆"　014000002559A)

浙江省卫生处防疫指导所组织规程

(1941 年)

　　第一条　浙江省卫生处为防治法定传染病及特殊地方病(姜片虫病、东
方住血吸虫病、肺吸病等)起见,设置浙江省卫生处防疫指导所(以下简称

本所）。

　　第二条　本所设置下列各科室，其掌握事项如左。

　　第一课　掌握防疫检验事项。

　　第二课　掌理防疫工程事项。

　　第三课　掌理总务及不属他课事项。

　　会计室　掌理岁会计事项。

　　第三条　本所设所长一人荐任，由卫生处遴请省政府荐请任命，综理本所一切事务并指挥监督所属职员。

　　第四条　本所设课长三人，课员三人至五人，技士二人至三人，技佐二人至五人均委任，由卫生处长遴选，依法任用办理应办事项。

　　第五条　本所是事实之需要得在雇用卫生稽查技术助理员、卫生员及其他雇员等各若干人。

　　第六条　本所设会计员一人，委任受会计长之监督指挥，并依法受所长之指挥办理应办事务，其任用由省会计处依法为之。

　　第七条　本所得设置防疫队、检疫站等其他组织办法另定之。

　　第八条　本所办事细则另定之。

　　第九条　本规程自呈奉核准后施行。

　　　　　　　　　　　　　（台北"国史馆"　014000002559A）

关于浙江衢县鼠疫再度流行防制办法及鼠疫防治实施办法相关事宜致侍从室第二处电

（1941 年 4 月 18 日）

　　顷接卫生署卅防字第 5015 号卯真代电一件，附送浙江衢县鼠疫再度流行防制办法一份及鼠疫防治实施办法一份请鉴核等由，除已承办会代电复悉及该鼠疫防治实施办法核与本厅检诊所翻印本大致相同，留未抄送外，相应抄同原代电暨浙江衢县鼠疫再度流行防制办法各一件，函请查照转陈备核为荷。此致

　　侍从室第二处

　　　　　　　　　　（台北档案管理局　B5018230601/0029/803/0824）

蒋介石关于浙江衢县鼠疫及防治情形致卫生署令

（1941 年 4 月 19 日）

令卫生署：

三十年四月十一日卅防字第 5015 号代电陈防治浙江衢县鼠疫情形由代电悉，嗣后鼠疫防治情形仍仰随时具报，此令。

院长蒋中正

（台北"国史馆"　0140000011884A）

铨叙部部长李培基关于核准浙江省卫生处防疫指导所组织规程内设有荐任职务致行政院呈

（1941 年 4 月 28 日）

敬启者，案准浙江省政府本年四月二日地天字第 9825 号咨送该省卫生处防疫指导所组织规程请予备案等由。查二十六年七月中央政治委员会第 39 次会议决议整理官制厘定官等办法，第一次上半段规定各机关设有荐任职者，其组织法规应一律由主管院、部、会核转国民政府核准浙江省卫生处防疫指导所组织规程内设有荐任职务，曾否呈经大院转请核准？相应函请查照见复为荷。谨致

行政院

部长李培基

签呈用纸

收文字第 12242 号

查前据浙江省政府呈该省卫生处防疫指导所组织纪录规程；经交卫生署核复去后，嗣准铨叙部函询该规程是否呈经核准等由；当经签奉批："俟卫生署后到再行核办并函复在案。"

兹据卫生署核复以该指导所防疫检验工作属于卫生试验所职掌，防疫工程可由该省卫生处办理，复该项应拨作充实该省卫生试验所等增设医疗防疫队经费，无另设机构必要等情，似可准如所议办理。拟指令浙江省政府知照并饬知卫生署函知铨叙部，当否祈核示。

刘□□　谨签　五、廿三

（台北"国史馆"　014000002559A）

卫生署长金宝善关于衢县再度发生鼠疫案致行政院院长呈

（1941 年 4 月 30 日）

行政院院长蒋、副院长孔钧鉴：

　　本署三十年四月十一日卅防第 5015 号防卯真代电密陈关于衢县再度发生鼠疫一案，经奉钧院本年四月十九日勇陆字第 6210 号指令在案，谨将自本年四月十一日以后续获关于衢县鼠疫疫情分陈如下：

　　（一）福建省卫生处处长陆涤寰处长佳（九日）电称："衢县七日起疫势似减定，佳（九日）开防疫大会举行全城大扫除，熏蒸工作，封锁鼠粮，改善房屋等积极防疫事项。"

　　（二）浙江省卫生处陈万里处长灰（十日）电称："本处已派防疫队在衢工作，钧署第十七医防队已到达。陆处长灰（十日）回闽，留灭鼠工程员三人在衢工作。"

　　（三）又据陈万里处长文（十二日）电称："省拨衢防疫费五万元决加防疫机构，本处派员会同鲁专员负责办理"各等情。

　　除分别严饬加紧防治扑灭外，谨续电陈敬祈鉴察。

卫生署长金宝善叩防卯陷印

（台北"国史馆"　0140000011884A）

军委会办公厅关于衢县再度发生鼠疫案致侍从室第二处陈主任函

（1941 年 5 月 7 日）

侍从室第二处陈主任勋鉴：

　　顷接卫生署卅防字第 6202 号防卯陷代电开，三十年四月十一日卅防字第 5015 号防卯真代电密陈关于衢县再度发生鼠疫一案云云敬祈鉴察等由，除已承办会电复悉外，特电请查照转陈为荷。

军事委员会办公厅办四二（虞）印

（台北档案管理局　B5018230601/0029/803/0824）

卫生署署长金宝善关于浙江省卫生处组织防疫指导所
组织规程案致行政院秘书处函

（1941 年 5 月 16 日）

案准贵处三十年四月二十六日发忠字号通知以据浙江省政府呈送该省

卫生处防疫指导所组织规程奉谕交卫生署核复等由;附抄原呈一件、组织规程一份。准此,查该所组织宗旨为防治法定传染病及特殊地方病事属切要,惟查该指导所下拟设之三课,分掌防疫、检验、防疫工程及总务有关事项。关于防疫检验工作似属于该处现有之卫生试验所职掌至防疫工程,本为防疫技术之一,可由该处第三科或技术室负责办理。本署根据该处现有机构详细审核,认为设置防疫指导所一节似非必要,为推行各种实地防疫工作以补助各县卫生院人力、物力之不足,应尽先充实浙江省卫生试验所并增设医疗防疫队以应需要,即将设置指导所之款项拨充以免另设机构,准函前由,相应将审核意见复请查照转陈为荷。此致

　　行政院秘书处、署长金宝善

(台北"国史馆"　014000002559A)

行政院秘书长关于无需另设防疫指导所与铨叙部、浙江省往来文书

(1941 年 6 月 4 日)

指令

令浙江省政府:

　　三十年四月二日地天字第 9825 号呈送该省卫生处防疫指导所组织规程由呈件均悉,案经饬据卫生署议复前来,应准如所议办理,仰即知照此令。

　　附抄发卫生署原函一件。

公函

　　贵部卅年四月廿八日甄任字第 8309 号公函诵悉,查浙江省已设署卫生处即卫生试验所无庸另设防疫指导所。除令知浙江省政府外相应函复查照。此致

　　铨叙部

笺函

　　贵署卅年五月十六日卅防字 7118 号公函诵悉,浙江省卫生处组织防疫指导所案,奉院长谕:"准如所议办理。"除由院令知浙江省政府外,相应函达茶照。此致

　　卫生署

行政院秘书长魏

(台北"国史馆"　014000002559A)

行政院关于浙江省政府呈拟防治衢县鼠疫实施办法及
防治鼠疫相关事宜致卫生署及军政部令

(1941 年 6 月 16 日)

查浙江衢县鼠疫蔓延,旋据卫生署呈报业与军政部驻浙江防疫队协助浙省防治在案。兹据浙江省政府呈拟防治衢县鼠疫实施办法到院,该办法要点为设置衢县临时防疫处,统筹办理,对于驻衢中央机关有指挥之权系为统一事权俾防疫工作推展顺利似尚可行。拟指令准予备案并令知卫生署及军政部,当否请示交卫生署核交。

六月十六

(台北"国史馆" 0140000011884A)

卫生署呈送浙江鼠疫报告及各省发现鼠疫防治经过
报告致侍从室第二厅函

(1941 年 6 月 30 日)

兹据卫生署本年六月十八日卅防第 8719 号呈文一件。为查本署前据防疫处处长容启荣等云云备文呈请鉴核为祷等由,并附报告二件。查该署卅防字第 2534 号呈文,业于二月廿五日已渝义字第 1430 号分送贵处核办。兹接前由,除已承办,本会代电复悉外,相应检同附件,函请查照转陈为荷。此致

侍从室第二厅

(台北档案管理局 B5018230601/0029/803/0824)

卫生署署长金宝善关于浙江省拟具防治衢县鼠疫实施办法
相关内容致行政院秘书处函

(1941 年 7 月 8 日)

案准贵处三十年六月二十五日忠字第 14559 号通知,以浙江省政府代电为拟具防治衢县鼠疫实施办法请鉴核备案一案,奉谕交"卫生署核复等因"抄附原代电及办法各一件到署。遵查浙江省政府所拟之防治衢县鼠疫实施办法,经核定大致均可,惟该办法第三项拟予删去。查驻衢县中央及

省县之防疫机关甚多,所属行政系统不一,工作性质各异,自难统一交由衢县临时防疫处指挥,因中央所设之卫生医疗防疫队及军政部防疫大队等均系具有流动性之组织,于所负责之某几省份或某一战区内,应视何处有疫疠流行时或地方上防疫机构较单薄者,立即随时调遣前往协助防疫工作。如每县均有"防疫处之设置,而每处又有直接指挥中央防疫队之权,则将来必有顾此失彼、调动不易等流弊。故衢县临时政府防疫处对于省派防疫机构,似可由省给予指挥之权,其由中央派往省在工作,自须尽力联络合作,惟不便给予指挥。以上所拟意见是否有当,相应函复至希查照转陈为荷。此致

行政院秘书处

署长金宝善

(台北"国史馆" 0140000011884A)

蒋介石关于顾祝同电称"衢县鼠疫及防治情形及请拨款"案

致行政院孔副院长令

(1941年7月10日)

行政院孔副院长勋鉴:

据顾司令长官祝同电称:"衢县自本年二月鼠疫复发后疫驱散播,城厢日有死亡。五月十三日起发现肺鼠疫五例,据伯力顾问检查死鼠证明疫鼠甚多。最近江山、上饶两地亦先后发生腺鼠疫三例,除已由本部卫生处率同防疫队前往偕同当地卫生机关实施紧急处置外,查该县防疫经费虽由浙省拨款五万元,因设置临时防疫处筹组隔离院、留验所、检疫站等,该款行将告罄而省库支绌不能续发,特恳赐发防疫经费贰十万元,俾资应用等语。"查鼠疫蔓延迅速,该地居浙干交通要道,亟应从速设法防止以免疫区扩大,影响军事政治之进行,所请由中央拨发防疫经费二十万一节应准照办,即请迅予汇拨,俾应急需为要。

中正午蒸侍秘川

(台北"国史馆" 0140000011884A)

军委办公厅关于卫生署报告衢县鼠疫疫情并附浙闽赣
三省防疫人员调训见习暂行办法致侍从室第二处函

（1941 年 7 月 12 日）

侍从室第二处勋鉴：

　　据卫生署卅防字第 9478 号代电续报衢县最近鼠疫疫情并附呈浙、闽、赣三省防疫人员调训见习暂行办法祈鉴核等情，除代电复悉外，特抄同原件，希查照转陈为荷。

军事委员会办公厅办四（二）文印

（台北档案管理局　B5018230601/0029/803/0824）

侍从室第二处关于卫生署呈报浙闽赣三省防治
鼠疫人员调训见习暂行办法致军委办公厅函

（1941 年 7 月 18 日）

重庆卫生署卅防字第 9478 号代电悉，特复。

军事委员会办四（二）文印

　　迳复者，案准贵厅办四二文电，抄附卫生署所呈浙、闽、赣三省防治鼠疫人员调训见习暂行办法嘱转陈等由，经陈奉阅悉相应函复即请查照为荷。
此致
　　本会办公厅

国民政府军事委员会委员长侍从室第二处启
7 月 18 日

（台北档案管理局　B5018230601/0029/803/0824）

行政院关于顾祝同请拨发衢县防疫经费致财政部、
上饶司令长官、卫生署等令

（1941 年 7 月 19 日）

紧急命令

令财政部：

　　奉蒋委员长本月侍秘川字第 8144 号蒸代电开："据顾司令长官祝同有电

称：(云云照录之)俾应急需"等因,自应照办,除分别电令顾司令长官暨卫生署并电复外,合亟适用公库法第十三条之规定并依照国防最高委员会第十七次常务会议关于颁发紧急命令之决议令,仰饬库即行汇拨国币二十万元交第三战区司令长官部拨发应用,此令。

电上饶司令长官：

　　密奉蒋委员长代电转饬拨发衢县等第防疫经费廿万元,经令财政部照数汇拨贵司令部转发应用,转电查照。

行政院皓五印

代电

蒋委员长赐鉴：

　　本月侍秘川字第 8144 号蒸代电敬悉,衢县等地防疫经费已以紧急命令饬财政部即行汇拨国币二十万元交第三战区司令长官部转发应用,并已分别电令顾司令长官暨卫生署,特电复请鉴察。

祥叩皓院五印

训令

令卫生署：

　　奉蒋委员长本月侍秘川字第 8144 皓悉代电开："据顾司令长官祝同有电称：(云云照录之)俾应急需等因。"自应照办,除以紧急命令饬财政部即行汇拨国币二十万元交第三战区司令长官部转发应用暨电顾司令长官并电复外,合行令仰知照,此令。

(台北"国史馆" 0140000011884A)

行政院代理秘书长关于衢县鼠疫实施办法备案事宜
致浙江省政府、卫生署函
(1941 年 7 月 31 日)

　　贵省政府三十年五月地清马代电为拟具防治衢县鼠疫实施办法请备案,署三十年七月八日卅防字第 9582 号公函为核复浙省防治衢县鼠疫实施办法拟议意见一案,经本院交具卫生署拟议意见,经转陈奉谕："准为该署所

拟意见办理等因。"除函达浙江省政府外,相应抄同卫生署议复原函函达查照。此致

　　浙江省政府、卫生署

行政院代理秘书长蒋

（台北"国史馆"　0140000011884A）

财政部部长孔祥熙关于第三战区防疫经费致行政院呈

（1941 年 8 月 3 日）

　　案奉钧院三十年七月十九日急字第 394 号紧急命令饬拨第三战区防疫经费贰拾万元等因自应遵办,除已函中央银行照拨汇交第三战区顾司令长官具领转发外,理合备文呈复鉴核。谨呈

　　行政院

财政部部长孔祥熙

（台北"国史馆"　0140000011884A）

顾祝同关于财政部拨发衢县等地防疫经费案致行政院呈

（1941 年 8 月 22 日）

渝行政院钧鉴：

　　皓五电奉悉,密由财政部交中央银行汇来衢县等地防疫经费廿万元遵经领发,除填具印据交中央银行转送并分电呈财政部外,谨复。

（台北"国史馆"　0140000011884A）

关于卫生署报送防治衢县鼠疫工作进度表致侍从室第二处函

（1941 年 8 月 31 日）

　　顷接卫生署卅防字第 10527 号未删代电,为查本署于本年四月十一日云云敬祈鉴察等由,附防治衢县鼠疫工作进度表一件,除已承办会电代复悉外,相应抄同附件函请查照转陈为荷。此致

　　侍从室第二处

（台北档案管理局　B5018230601/0029/803/0824）

浙江省主席黄绍竑关于本省防疫检验工作相关事宜致行政院呈

（1941 年 10 月 14 日）

案据本省卫生处本年九月五日呈称：案奉钧府本年八月二日地行字第 24885 号训令内开案查该处防疫指导所组织规程前据呈请核转备案；当经转呈核办在案。兹奉行政院本年六月四日勇陆字第 8870 号指令开呈件均悉；案经饬据卫生署议复前来，应准如所议办理，仰即知照等因，并抄附卫生署原函一件。奉此，除于本府委员会第 1216 次会议提出报告外，合行抄发原函令仰遵照办理，呈核此令等因，并抄发卫生署原函一件。奉此，查本处关于防疫检验工作向由本处卫生试验所担任所有防疫技术部分，平时亦统由本处第三科暨技术室共同负责至卫生所设备之充实，以及医疗防疫队之增设，业列入本处下年度行正计划内一并办理，奉令前因，理合备文呈复仰祈鉴核。等由。据此，查此案前经本府呈奉令知转饬遵照在案，兹据前情除以所陈尚无不合，应准备查等语，指令知照外理合备文呈报，仰祈鉴核备查。谨呈

行政院

浙江省主席黄绍竑

（台北“国史馆”　014000002559A）

卫生署关于浙江衢县鼠疫防止扑灭情形致侍从室第二处函

（1941 年 11 月 22 日）

顷接卫生署卅防字 15468 号防戍微代电陈报关于浙江衢县发生鼠疫防止扑灭情形等由，除已承办代电复悉外，相应抄同原代电，函请查照转陈为荷。此致

侍从室第二处

（台北档案管理局　B5018230601/0029/803/0824）

行政院关于浙江省衢县鼠疫已延至义乌须加紧防治致卫生署令

（1941 年 11 月）

卫生署本年十一月五日卅防第 15468 号代电悉，查鼠疫蔓延甚速，现浙省衢县鼠疫已延至义乌。应由该署转饬加紧防治勿任再行蔓延，并将办理

情形随时具报为要。

　　　　　　　　　　　　　　　　　　行政院基六印

　　　　　　　　　　　　　（台北"国史馆"　0140000011884A）

浙江省政府主席黄绍竑关于本省部分地区发生鼠疫
及防治情形致行政院呈

（1942 年 1 月 28 日）

　　案据卫生处三十年十二月二十四日卫二方字第 404 号呈称:"查本省自二十八年冬由福建松溪政和鼠疫侵入庆元后,复在宁波衢县、龙泉、义乌等处相继发生,虽经设置两个临时防疫队为之防治。然其组织系统尚无具体规定,致内部人员或系调派或为兼任颇不一致,检督率指挥甚觉滞碍不灵,兹为秉承卫生署防疫第一之要义,谋实施上之便利,计见参照中央医疗防疫队之组织及本处组规程第十四条之规定,拟于三十一年度起将原有一、二临时防疫队统一改组为浙江省医疗防疫队,并就已奉核定之防疫临时费拨充该队经费以健全防疫机构,俾可顺利推动工作,使负责实际责任,理合附具浙江省医疗防疫队组织规程草案,备文呈请钧鉴,俯赐提案讨论核准施行并检同原案咨送卫生署备查。"等情;并附呈组织规程草案前来,据经饬据秘书处审查具复提出本府委员会第一二四一次会议决议"照审查意见通过"在案。除指令并函达卫生署外,理合抄同浙江省医疗防疫队组织规程备文呈送,仰祈鉴核备案指令指遵。谨呈

　　行政院

　　　　　　　　　　　　　　　　浙江省政府主席黄绍竑

　　　　　　　　　　　　　（台北"国史馆"　014000002559A）

浙江省卫生处医疗防疫队 1942 年度岁出预算书（预算分配表同）

（1942 年）

　　经常门　临时部分

科　目	月份预算数	全年预算数	说明
第一款　医疗防疫队经费	4,160	49,920	上年度系并在防疫费内交报,并无编制预算。

续表

科　目	月份预算数	全年预算数	说明
第一项　奉给费	3,270	39,240	
第一目　奉薪	1,790	21,480	队长一人月支300元；技士二人、会计员一人月各支140元；办事员二人平均月各支80元；技佐二人平均月各支90元；队员七人平均月支各70元；助理员四人平均月各支40元；卫生稽查员一人月支80元，年计如上数。
第二目　生活补助费	1,200	14,400	职员二十人月各支生活补助费30元，月计1,000元，又特别生活补助费照生活补助费总额一百分之二十编列月计200元，共1,200元，年计如上数。
第三目　工饷	280	3,360	勤工七人，平均月各支40元。
第二项　办公费	600	7,200	
第一目　文具	70	840	月支70元，年计如上数。
第二目　邮电	50	600	月支50元，年计如上数。
第三目　消耗	30	360	月支30元，年计如上数。
第四目　旅运费	400	4,800	月支400元，年计如上数。
第五目　杂支	50	600	月支50元，年计如上数。
第三项　特别费	290	3,480	
第一目　药品费	80	960	月支80元，年计如上数。
第二目　特别办公费	100	1,200	月支100元，年计如上数。
第三目　员工伙食补助费	110	1,320	月支110元，年计如上数。

（台北"国史馆"　014000002559A）

关于修正浙江省医疗防疫队组织规程相关内容致卫生署呈

（1942年4月6日）

查浙江省医疗防疫队组织规程，既经卫生署酌将原条文予以修正大致尚安，拟将原文"各组"定"组"字一律改为"股"字，令准备案，呈饬知卫生署，当否祈核示。

刘合清　谨签　四月三日

组改称股；第八条卫生稽查员二人至三人属于医务股，其卫生稽查长一人，似可不涉。

平羣　四月六日

（台北"国史馆"　014000002559A）

关于浙江省部分地区疫情防治及经费拨发等事宜
与卫生署、财政部等的来往文书

（1942 年 2 月 12 日）

公函

　　卫生署先后呈请拨用防疫专款制造鼠疫苗并追加卅一年度防治鼠疫临时费案；呈请增拨中央、西北两防疫处营业资金各六十万元案；义乌发生鼠疫请饬拨卅一年度专款余额案；贵阳卫生干部人员训练所经费案；卫生实验院贵阳部份迁移费及重庆部份迁移费案；追减卅年度防疫专款及花柳病防治所概算案；追加公共卫生人员训练所附属贵阳产院卅年度岁入岁出概算案，经并案交付审查，准照审查意见办理，除分令财政部、卫生署外，相应抄检有关各件暨审查纪录，函请查照办理。此致

　　国民政府主计处

　　计抄送军事委员会代电及附件（照渝机 6417 号及附件抄）卫生署原呈九件（照忠 32218、35631、32264、26960、26963、28382、34963、34950、33689 抄）；原代电二件（照忠 31430、31619 号抄）（以上合并送二份）；抄卫生署卅一年度追加防治鼠疫临时费概算二份（照忠 35631 附件抄）；抄中央、西北两防疫处历年财政概况各二份（照忠 32264 号附件抄）；检送贵阳卫生干部人员训练所卅年度追加岁出概算书一份（照忠 26960 号检）；中央卫生实验院卅年度迁移费概算书二份（照忠 26963 检）；追减三十年度防疫专款概算、追减花柳病防治所概算各二份（照忠 28382 检）；抄送贵阳卫生干部人员训练所组织规程二份（照忠 34950 号抄）；抄卫生署追减三十年度防疫专款数目清单二份（照忠

34950 号抄);抄送审查纪录二份。

训令

令财政部:

卫生署先后呈请拨用防疫专款制造鼠疫苗并追加三十一年度防治鼠疫临时费等案,经交付审查,应照审查意见办理。除函主计处核办暨令卫生署外,合行抄发审查纪录,令仰知照。此令。

指令

令卫生署:

三十年十一月廿六日卅防字 16792 号呈为义乌发生鼠疫请饬拨卅年度防疫专款余额;同年十二月二日卅总字 17217 号转呈中央、西北两防疫处历年财务状况,并请准各拨发营业资金六十万元;同月十日卅总字 17795 号呈为分期制备鼠疫苗及不足之款,拟在卅一年度防疫专款内支付;同月十三日卅计字 18036 号呈送追加公共卫生人员训练所附属贵阳产院三十年度岁入岁出概算;同月廿四日卅计总字 18794 号呈送追减卅年度防疫专款数目清单暨贵阳卫生干部人员训练所组织规程;同日卅计字 18795 号呈复中央卫生实验院卅年度迁移概算,未经详细申叙各点;同月卅一日卅防 19256 号呈送追加三十年度防治鼠疫临时费概算等案由,七呈暨附件均悉,案经交付审查,准照审查意见办理,除函主计处核办暨令知财政部外,仰即知照。审查意见抄发。此令。

(台北"国史馆"　0140000011884A)

卫生署长金宝善关于浙江省部分地区防疫经费概算致行政院呈

(1942 年 2 月 13 日)

案查尚年五月浙江衢县、江西、上饶等地先后发生鼠疫,经由第三战区司令长官部报请军事委员会转电,钧院以紧急命令拨发国币二十万元交第三战区司令长官部转发应用。当奉勇伍字 11261 号令知并准财政部上年八月三日代电内称:"以上款业已拨汇,请迅补编概算以完手续等由外,电请第三战区司令长官部查照办理迳复各在案。"兹准财政部本年一月二十八日函开:"以上项经费尚未备具支出法案,嘱照三十年度国库收支节署办法第八

条之规定迅予补办追加法案等由。"准此，理合由署补具追加概算，仰祈鉴赐核转。谨呈

　　行政院

　　　　　　　　　　　　　　　　　　　　　　卫生署长金宝善

　　　　　　　　　　　　　（台北"国史馆"　0140000011884A）

浙江省政府关于本省东阳县鼠疫猖獗蔓延急需防疫费致行政院呈

（1942 年 2 月 21 日）

　　渝行政院据东阳县电陈鼠疫猖獗蔓延过乡；防疫费不敷三万元，请电汇济急等情。经本府委员会第 1246 次会议决议拟在战时特别准备金项下照拨，谨请核示。

　　　　　　　　　　　　　　　　　　　　　浙江省政府丑哿乐三印

　　　　　　　　　　　　　（台北"国史馆"　014000002559A）

许新源关于防疫经费案致行政院呈

（1942 年 3 月 12 日）

　　卫生署前请追加防治鼠疫临时费一案，经交付审查，拟于已核定之防疫专款五十六万外，准另增一百五十万元以统筹药械运输费项下移用一百万元，再追加五十万元，当经为审查意见核转主计处查核办理在案。兹巨据该署编呈五十万元概算书前来，拟即转函主计处并案核半。当否敬请核示。

　　　　　　　　　　　　　　　　　　许新源　谨签　三、十二

　　　　　　　　　　　　　（台北"国史馆"　0140000011884A）

行政院关于 1942 年度防治鼠疫临时费追加概算
事宜致财政部、卫生署令

（1942 年 3 月 27 日）

公函

　　前据卫生署先后呈请拨用防疫专款制造鼠疫苗等案，经本院交付审查后，于本年二月十二日以顺会字 2502 号函请贵处查核办理，并指令该署知照在案。兹据该署卅一年二月廿八日卅一计字 3327 号呈略称："遵查审查意见

第一项云云叙至鉴核施行。"等情,前来核案尚符,除令知财政部暨指复外,相应检同原概算函请查照,并案核办为荷。此致

国民政府主计处

训令

令财政部:

前据卫生署先后呈请拨用防疫专款制造鼠疫苗等案经交付审查后,函请主计处核办并于本年二月十二日以顺会字第2502号令知在案。兹据卫生署卅一年二月廿八日卅一计字3327号呈称:"查本署前为防治各地署亦云云叙至鉴核施行。"等情,核案尚符,除函请主计处并案核办暨指复外,合行检发原概算令仰知照。此令。

指令

令卫生署:

卅一年二月廿八日卅一字3327号呈送本年度防治鼠疫临时费追加概算祈鉴核由呈件均悉,已函主计处并案核办并令知财政部。此令。

（台北"国史馆"　0140000011884A）

行政院关于修改浙江省医疗防疫队组织规程案致浙江省政府令

（1942年4月13日）

指令

令浙江省政府:

三十一年一月廿八日宇清自第1662号呈送浙江省医疗防疫队组织规程由,呈件均悉准予备案,该规程已予改正仰即知照,此令。

戋函

贵署卅一年三年廿三日卅一防字第4744号公函诵悉;浙江省医疗防疫队组织规程,已由院酌予改正,今准备案相应抄同该规程函达查照。此致

卫生署

行政院秘书陈

（台北"国史馆"　014000002559A）

孙希文关于法规委员会审查浙江省医疗防疫队组织规程内容呈

（1942 年 6 月 19 日）

法规委员会审查报告浙江省医疗防疫队组织规程

本案饬据卫生署核复，惟条文文字有应行整理之处分，述如后：

一、标题内"医疗"二字删。

二、第一条改为"浙江省卫生处为推进全省防疫工作起见，特设浙江省卫生处防疫队（以下简称本队）"。

三、第二条删，以下条文次序递改。

四、第四条内"设"字改"置"字，以下类此字样照改。

五、第七条"设置"二字，改"设立"二字。

六、第九条改为"本队办事细则另定之"。

七、末条改为"本规程自公布之日施行"。

孙希文　六月十九

（台北"国史馆"　014000002559A）

浙江省关于改良饮水及防止传染病流行两项工作致行政院呈

（1942 年 11 月）

浙江省政府钧鉴：

查改良饮水及防止传染病流行两项工作，本年度应切实办理。前奉行政院令，行到浙当由钧府于本年四月以宇生卯灰代电通饬遵照在案，兹经本处先后拟订浙江省各县改良饮水实施办法及浙江省三十一年度防疫工作计划各一种，除分呈核备，并电饬各县遵行处理合检同前项办法及计划，电请鉴核备查云。

浙江省卫生处戌东义叩

（浙江省档案馆　L029－004－229）

浙江省卫生处处长孙序裳关于相关防疫机构
组织规程草案致浙江省主席呈

（1943 年 6 月 7 日）

查裁撤中心卫生院一案，前经本处拟具各院原有经费及设备移拨办法，呈奉钩府三十二年五月十三日盈华字第六五三〇号指令,核准照办,并分饬遵照在案。兹拟具传染病院及浙西医疗防疫队、巡回卫生工作队之组织规程草案各一种,是否有当?理合备文,呈请鉴核示遵。谨呈

浙江省主席黄

附呈浙江省传染病院组织规程草案、浙西医疗防疫队组织规程草案、浙江省巡回卫生工作队组织规程草案各四十份。

浙江省卫生处处长孙序裳

(浙江省档案馆 L029 - 004 - 229)

浙江省立传染病院组织规程草案

(1943 年)

第一条 浙江省卫生处为实施传染病之受理起见,得视事实需要,择定冲要地点分设传染病院(以下简称本院),其组织悉依本规程之规定。前项传染病院依成立先后序次,冠以番号(如浙江省立第 传染病院)。

第二条 本院直隶于浙江省卫生处,办理传染病之隔离及治疗事宜。

第三条 本院设左列各课室。

一、医务课:掌理隔离、诊疗、检验及药剂事项。

二、总务课:掌理文书、庶务、出纳、人事、统计及不属医务课事项。

三、会计室:掌理岁计会计事项。

第四条 本院设院长一人,综理本院院务,由省卫生处长遴聘并报省政府备案。

第五条 本院设医务课长兼主任医师一人,医师二人至五人,药师一人,由院长遴请卫生处长聘任;总务课长一人,助理医师二至六人,药剂员一人,护士长一人,护士十人至十六人,办事员二人至五人,由院长遴请卫生处长派任;助理员、雇员各三人至六人,由院长派充,呈报卫生处备案,分承长官之命,办理应办事务。

第六条 本院会计室设主办会计员一人,会计佐理人员一人至二人,其任免由省政府会计处依法为之。

第七条 本院办事细则另订之。

第八条　本规程自呈奉省政府核准公布之日施行。

（浙江省档案馆　L029-004-229）

浙西医疗防疫队组织规程草案

（1943年）

第一条　浙江省卫生处为协导推进浙西各县医疗防疫工作,特依照本处组织规程第十六条之规定,设置浙西医疗防疫队（以下简称本队）,直隶于本处,兼受浙西行署之监督。

第二条　本队设左列二股。

一、第一股职掌如左

（一）关于传染病之隔离诊疗事项。

（二）关于地方病及一般流行病之研究治疗扑灭事项。

（三）关于战时救护工作之实施事项。

（四）关于疫情报告、疫病记录及统计之编报事项。

（五）关于其他疫病医疗事项。

二、第二股职掌如左

（一）关于有关防疫卫生工程之设计进行事项。

（二）关于环境卫生之协导计划改进事项。

（三）关于各项疫病之实施预防及宣传事项。

（四）关于预防接种及检疫工作之推行及实施事项。

（五）关于其他疫病预防事项。

第三条　本队设队长一人,由卫生处遴请,省政府派任,综理本队一切事务。

第四条　本队设股长二人,医师二人至四人,护士二人至六人,由队长遴请,卫生处派任（股长得由队长呈请,就医师中指派兼任）。药剂员、检验员、卫生工程员、卫生稽查员各一人,卫生员四人至六人,由队长派充,呈报卫生处备案,均各分承长官之命,办理应办事务。

第五条　本队设办事员二人至四人,书记一人至二人,由队长派充,呈报卫生处备案,分承长官之命,办理本队事务工作。

第六条　本队设主办会计员一人,会计佐理一人至二人,由省政府会计处依法任免,办理本队岁计会计事务。

第七条　本队视事实需要,得设置门诊部、传染病隔离所、巡回工作组或其他附属单位,其组织办法另定之。

第八条　本队办事细则另订之。

第九条　本组织规程自呈奉省政府核准后施行。

（浙江省档案馆　L029 - 004 - 229）

浙江省巡回卫生工作队组织规程草案

(1943 年)

第一条　浙江省卫生处为协导各县地方实施巡回卫生工作,特设置巡回卫生工作队若干队,其组织办法悉依本规程之规定。

第二条　各队设置地点及工作区域,由卫生处察酌需要以命令行之。各队名定为浙江省第 x 巡回卫生工作队(以下简称本队),以组设之先后定番号之次序。

第三条　本队职掌事项如左。

一、关于一般疾病之协助诊疗事项。

二、关于卫生宣传之设计实施事项。

三、关于环境卫生之协导推进事项。

四、关于妇婴及学校卫生之协助推动事项。

五、关于传染病、地方病之调查防止事项。

六、关于预防接种工作之及时推行事项。

七、关于战时救护及急救工作之实施事项。

八、关于其他卫生运动及保健设施之协导事项。

第四条　本队设队长一人,由卫生处遴请,省政府派任,综理本队队务。

第五条　本队设医师三人至六人,护士六人至九人,药剂员、检验员、卫生工程员、卫生稽查各一人,卫生员四人至十人,办事员二人至四人,书记一人至三人。除医师、护士由队长遴请,卫生处派任外,其余由队长派充,呈报卫生处备案,均各秉承主管人员之命,办理应办事务。

　　第六条　本队实施巡回工作,得由队长将第五条所列人员编组为三个分队,并就医师中指派三人分别兼任分队长,办理第三条各款规定事项。

　　第七条　本队设主办会计员一人,会计佐理人员一人至二人,由省政府会计处依法任免,办理本队岁计会计事务。

　　第八条　本队办事细则另订之。

　　第九条　本组织规程自呈奉省政府核准后施行。

(浙江省档案馆　L029 - 004 - 229)

浙江省卫生处处长孙序裳关于 1942、1943 年度
防疫工作计划致浙江省政府主席呈

(1943 年 7 月 5 日)

　　案查本省三十一年度防疫工作计划案业于去年拟呈并通饬所属遵行在案。本年度本省仍以防疫为卫生中心工作,并赓续上年度计划办理,兹特订具三十二年度前项计划,以为工作之准绳。除分别呈令外,理合检同前项计划,备文呈送,仰祈鉴赐备查。谨呈

浙江省政府主席黄

浙江省卫生处处长孙序裳
(浙江省档案馆　L029 - 004 - 229)

浙江省政府关于修正本省相关防疫机构组织规程事宜
与浙江省卫生处来往文书

(1943 年 7 月 26 日)

指令

令卫生处:

　　本年六月七日,卫云字第二八六七号呈乙件。

　　呈件均悉。据拟呈浙江省传染病院组织规程、浙西医疗防疫队组织规程及浙江省巡回卫生工作队组织规程等草案各一种,经发交法规委员会审查完竣,提由本府委员会第一三一四次会议决议:"照审查案通过。"等语,记

录在卷,除公布外,合行抄发修正组织规程各乙份,仰即遵照,并由处通饬施行为要。此令。

　　附浙江省传染病院组织规程、浙西医疗防疫队组织规程及浙江省巡回卫生工作队组织规程各乙份。

公布令

　　兹制定浙江省立传染病院组织规程、浙西医疗防疫队组织规程、浙江省巡回卫生工作队组织规程公布之。此令。

　　（组织规程见本期公报法规栏）

浙江省政府便条

　　本件卫生处呈送卫生事务所组织规程草案,奉令归入民卫一（6）内。

（浙江省档案馆　L029－004－229）

浙江省政府委员会第1314次会议决议案

（1943 年 7 月 13 日）

　　本案决议:照审查案通过。

　　第一科查照,右案分别移送法规会、卫生处。

秘书处记录股

（附记会议日期）中华民国卅二年七月十三日

秘书处签呈

　　法规委员会呈送关于浙江省立传染病院组织规程、浙西医疗防疫队组织规程、浙江省巡回卫生工作队组织规程及省会卫生事务所组织规程等草案审查报告,请核议案。

　　审查报告（一）

　　奉交审查浙江省立传染病院组织规程草案、浙西医疗防疫队组织规程草案、浙江省巡回卫生工作队组织规程草案及省会卫生事务所组织规程草案,兹经审查完竣,谨具报告,敬请鉴核。

浙江省政府法规委员会

七月初五日

（一）审查意见——查本案除浙江省巡回卫生工作队组织规程草案原文第六条及浙江省省会卫生事务所组织规程草案原文第八条，事关次要，似以改订于办事细则内较为妥适，拟予删去外，其余多条法文字义之整理，详见修正附文。

（二）附修正条文。

（浙江省档案馆　L029－004－229）

浙江省立传染病院组织规程草案

（1943年）

第一条　浙江省为办理传染病之隔离及诊疗事宜，得就冲要地点设立传染病院（以下简称本院），直隶于浙江省卫生处，其组织依本规程之规定。

传染病院按成立先后，冠以番号，称为浙江省立第　传染病院。

第二条　本院设左列各课室。

一、医务课：掌理隔离、诊疗、检验及药剂事项。

二、总务课：掌理文书、庶务、出纳、人事、统计及不属医务课事项。

三、会计室：掌理岁计会计事项。

第三条　本院设院长一人，综理院务，由卫生处遴聘呈报省政府备案。

第四条　本院设课长二人，主任医师一人，医师二人至五人，助理医师二人至六人，药师、药剂员、检验员、护士长各一人，护士十人至十六人，办事员二人至五人，雇员六人至十二人，分别承命办理事务。

前项职员除雇员由院长派充之外，主任医师、医师、药师由院长遴请、卫生处聘任，课长、助理医师、药剂员、检验员、护士长、护士、办事员由院长遴请、卫生处派任，但医务课长由主任医师兼任。

第五条　本院会计室设主办会计员一人，办事员一人至二人，其任免由省政府会计处依法为之。

第六条　本院办事细则由院拟，呈卫生处核定之。

第七条　本规程由浙江省政府公布施行。

（浙江省档案馆　L029－004－229）

浙西医疗防疫队组织规程草案

(1943 年)

第一条 浙江省卫生处为推进浙西各县医疗防疫工作,依照浙江省卫生处组织规程第十六条之规定,设置浙西医疗防疫队(以下简称防疫队),直隶于卫生处,兼受浙西行署之指挥监督。

第二条 防疫队设左列二股。

一、第一股职掌如左

(一)关于传染病之隔离诊疗事项。

(二)关于地方病及一般流行病之研究治疗事项。

(三)关于战时救护工作之实施事项。

(四)关于疫情报告、疫病记录及统计之编报事项。

(五)关于其他疫病医疗事项。

二、第二股职掌如左

(一)关于防疫卫生工程之设计实施事项。

(二)关于环境卫生之协导计划改进事项。

(三)关于各项疫病之预防及宣传事项。

(四)关于预防接种及检疫工作之实施事项。

(五)关于其他疫病预防事项。

第三条 防疫队设队长一人,综理队务,由卫生处遴请,省政府派任之。

第四条 防疫队设股长二人,医师二人至四人,护士二人至六人,办事员二人至四人,均由队长遴请,卫生处派任。药剂员、检验员、卫生工程员、卫生稽查各一人,卫生员四人至六人,书记一人至二人,由队长派充,分别承命办理事务。前项股长得由队长呈请,就医师中指派兼任。

第五条 防疫队设主办会计员一人,办事员一人至二人,由省政府会计处依法任免,办理本队岁计会计事务。

第六条 防疫队于必要时得呈准设置门诊部、传染病隔离所、巡回工作组,其组织办法另订之。

第七条 防疫队办事细则由队拟,呈卫生处核定之。

第八条　本规程由浙江省政府公布施行。

（浙江省档案馆　L029-004-229）

浙江省巡回卫生工作队组织规程草案

（1943 年）

第一条　浙江省卫生处为协导各县实施卫生工作，依照本规程设置巡回卫生工作队（以下简称工作队）。

第二条　各工作队设置队数、地点及工作区域，由卫生处以命令定之。工作队按照成立先后，冠以番号，称为浙江省第几巡回卫生工作队。

第三条　工作队之职掌如左。

一、关于一般疾病之协助诊疗事项。

二、关于卫生宣传事项。

三、关于环境卫生之协导事项。

四、关于妇婴及学校卫生之协导事项。

五、关于传染病、地方病之调查防治事项。

六、关于预防接种之实施及推行事项。

七、关于战时救护及急救工作事项。

八、关于其他卫生设施之协导事项。

第四条　工作队设队长一人，综理队务，由卫生处遴请，省政府派任之。

第五条　工作队设医师三人至六人，护士六人至九人，办事员二人至四人，由队长遴请，卫生处派任。药剂员、检验员、卫生工程员、卫生稽查各一人，卫生员四人至十人，书记一人至三人，由队长派充，分别承命办理事务。

第六条　工作队设主办会计员一人，办事员一人至二人，由省政府会计处依法任免，办理本队岁计会计事务。

第七条　工作队办事细则由队拟，呈卫生处核定之。

第八条　本规程由浙江省政府公布施行。

（浙江省档案馆　L029-004-229）

浙江省省会卫生事务所组织规程草案

(1943 年)

第一条　浙江省卫生处依组织规程第十六条之规定,设置浙江省省会卫生事务所(以下简称事务所),特订定本规程。

第二条　事务所直隶于浙江省卫生处,办理省会卫生事务。

第三条　事务所设左列各课室。

一、第一课 掌理保健及防疫事项。

二、第二课 掌理医政及调查统计事项。

三、第三课 掌理人事文书出纳庶务及不属其他各课室事项。

四、诊疗室 掌理诊疗及救护事宜。

五、会计室 掌理岁计会计事项。

第四条　事务所设所长一人,综理所务,由卫生处遴请省政府依法呈荐。

第五条　事务所设课长三人,诊疗室主任一人,课员六人至八人,办事员四人至六人,均委任;主任医师一人至三人,医师四人至八人,药师一人,卫生工程师一人,均聘任;助理医师二人至六人,护士长一人,公共卫生护士一人至三人,护士五人至十人,助产士二人至四人,均派任,由所长遴请卫生处分别核委聘派之;检验员、药剂员各一人,卫生稽查、卫生员、书记各四人至六人,均雇用,由所长派充,分别承命办理事务。

第六条　事务所会计室设主办会计员一人,课员、办事员各一人,均委任,其任免由省政府会计处依法为之。

第七条　事务所办事细则由所拟呈卫生处核定之。

第八条　本规程由浙江省政府公布施行。

(浙江省档案馆　L029 - 004 - 229)

关于施行浙江省各机关团体、工厂、学校改进防疫设施通则
事宜致国民党浙江省执行委员会等令

(1943 年 11 月)

训令

令各厅处(除卫生处):

兹订云浙江省各机关团体、工厂、学校改进防疫设施通则一种,应即通饬施

行,除分令外,合行抄发原通则,令仰遵照办理,并特饬所属各机关各区县(民厅用)、各机关各学校(教厅用)、各机关各厂房(建厅用)一体遵照办理。此令。

计抄发浙江省各机关团体、工厂、学校改进防疫设施通则一份。

公函

兹订云浙江省各机关团体、工厂、学校改进防疫设施通则一种,除通行各厅处特饬所属各机关、团体、工厂、学校遵办外,相应抄同原通则,函请查照,并特饬所属团体遵照办理为荐。此致

国民党浙江省执行委员会

三民主义青年团浙江支团部筹备处

浙江省临时参议会

浙江省军发区处司令部

全省保安司令办公厅

第三战区黄副司令长官办公室

浙江高等法院

计函送浙江省各机关、团体、工厂、学校改进防疫设施通则一份。

指令

令卫生处:

2319号签呈一件,同来文由。签呈暨附件均悉。拨送改进防疫设施通则,经核尚无不合,除通颁各厅处,特饬所属各机关、团体、工厂、学校一体遵照办理外,仰特饬所属遵办为要。件存。此令。

为拟定浙江省各机关、团体、工厂、学校遵照防疫设施通则一种签请鉴核由

奉钧座面谕饬拟订浙江省各机关办理防疫事物通则呈核等,因遵经拟订浙江省各机关、团体、工厂、学校改进防疫设施通则一种,是否有当?理合签请察核施行。谨呈

主席黄

附浙江省各机关、团体、工厂、学校防疫设施通则一份。

(浙江省档案馆 L029-004-229)

浙江省各机关、团体、工厂、学校改进防疫设施通则

（1943 年）

一、浙江省为使各机关、团体、工厂、学校协助当地卫生或防疫主管机关严密各项法定传染病之管理起见，除法令别有规定外，特订定本通则。

二、各机关、团体、工厂、学校遇有发现传染病及疑似传染病之患者或因此等病症而致死亡时，主管人员应即为延聘医师诊断或检查，并须于二十四小时以内报告具所在地之卫生或防疫主管机关。

三、凡发现传染病之机关、团体、工厂、学校应服从其所在地卫生或防疫主管机关指示施行清洁并消毒方法以及隔离留验检疫、隔断交通、预防注射等各项工作之实施。

四、各机关、团体、工厂、学校平时应尽量购置有关传染病预防之各种书报以供员工、学生阅读，如遇当地或邻近地方发生某种传染病急剧流行时，尤应利用时间采取各种方法灌输员工、学生对于某种传染病预防知识，必要时必须发动员工、学生对当地民众普施防疫宣传以期提高防疫之正当情绪。

五、各机关、团体、工厂、学校之员工、学生应养成左列最低限度之卫生习惯。

（一）身体要保持清洁，常洗脸，常洗手，常沐浴。

（二）衣服要常洗换，被褥要常洗晒。

（三）有病即就医。

（四）不饮生水。

（五）不随地吐痰。

（六）不随地便溺。

（七）不随地抛弃果皮、菜屑、□水以及一切废弃物品。

（八）房间及器具应每日自动整理及打扫洁净。

六、各机关、团体、工厂、学校之场所及应用设备务须达到左列各项应具之条件。

（一）屋宇房间应力求光线充足、空气流通、地土干燥，并应每日打扫洁净，发现有鼠穴即应封闭。

（二）场地应每日清洁扫除。

（三）厨房以远离厕所为原则,食品(包括谷米)务须严密贮藏,不可露置供作鼠饵,并应有防蝇设备,如纱厨罩等;污水须倾入污水桶,随即加盖,食具先应用沸水洗涤后使用。

（四）厕所应依照全国公厕实施方案所规定之标准式样(是项式样县政府有存样)建造,不合式之厕所及露天粪缸应予拆除。

（五）饮水之清洁务须置备沙滤桶,用水之盛器亦应加盖。

（六）沟渠须经常疏通以泄污水。

（七）垃圾须倾入垃圾箱,并须严密加盖,盛满即应□□。

（八）每月至少应举行大扫除一次,每季应将墙壁用石灰粉刷一次。

七、各机关、团体、工厂、学校应经常施行抗鼠、灭蝇、灭蚊、灭虫等工作。

八、各机关、团体、工厂、学校于具所在地区遇有鼠疫流行之虞,特应将房屋按照浙江省各县屋宇防鼠改善暂行规则(是项规则县政府有存案)设法予以改善,以利是项疫病之防制。

九、各机关、团体、工厂、学校具所在地区如发生传染病急剧流行时,应选送人员至当地卫生或防疫机关参加短期之防疫训练,以期共同应付当前之紧急防疫措施。

十、各机关、团体、工厂、学校有关改进防疫设施所需之经费,即在本机关、团体、工厂、学校之原有预算由腾支应用。

十一、本通则由浙江省政府订定施行。

（浙江省档案馆　L029-004-229）

浙江省主席关于防疫设施改进计划及拨款和实施防疫相关办法、通则致卫生处电

（1943 年 11 月）

代电

卫生处鉴:

戍鱼戍齐形,代电暨附件均悉,拨送浙江省防疫设施改进计划等业经本府委员会第一三二九次会议决议,通过函地行借款及财厅拨款□,已分饬借

拨在案,仰即知照。件存。

云主席黄绍竑戌华印

秘书处签呈

　　卫生处拟送浙江省防疫设施改进计划暨概算书浙江省各县防疫实施通则、浙江省卫生处防疫人员训练班设置办法、浙江省各县房屋防鼠改善暂行规则等件请核议案。

(浙江省档案馆　L029-004-229)

卫生处长孙序裳关于防治鼠疫、拨发经费、
制订相关办法致浙江省政府主席呈

(1943 年 11 月)

浙江省政府主席黄钧鉴:

　　案查浙江省临时参议会建议积极防治龙泉云和碧湖、丽水等地鼠疫意见一案,奉钧府委员会第 1327 次会议决定电请中央核拨防疫经费五百万元,在未奉准前先向地方银行商借一百万元,原意见除一二两项交由秘书处办理外,余交本处核办并参酌拟订防疫设施通则呈核等因,遵经拟具浙江省防疫改进计划一种暨概算一份、浙江省各县防疫实施通则一种,所有省参议会原建议各项意见或已列入上项计划通则中通案办理,或已分别进行饬办,各在案。并为举办防疫人员训练及应饬各县着重屋宇防鼠改善工作,另拟订浙江省卫生处防疫人员训练班设置办法、浙江省各县屋宇防鼠改善暂行规则各一种,随电呈送。又防疫人员训练班第一期训练拟于最短期间即行筹办,至各项防疫设备之添置、充实以及辅导各县办理检疫隔离留验等工作,亦均待开展,其向地方银行商借之一百万元拟请迅赐转催拨发应用,并祈察核示遵云卫生处处长孙序裳戌齐体印。计附呈浙江省防疫设施计划暨概算、浙江省各县防疫实施通则、浙江省卫生处防疫人员训练班设置办法、浙江省各县房屋防鼠改善暂行规则各二十份。

为防疫费早经用罄地行借款及财厅拨款未准分别借垫电请迅赐分饬借备由

浙江省政府主席黄钧鉴:

　　持急案奉钧府戌江盈华 16032 号代电,饬遵照府委会决议,迅向地行商借防疫经费一百万元具报等因,奉此遵经电商地方银行总管理处洽借,兹尚

未准照数允借，又奉准在战时特别预备金项下拨发之防疫费卅万元，除已准财厅垫拨五万元外，余数廿五万，财厅亦因未奉钧府令饬垫拨未能准发。目前疫势益形严重，各项防治经费待用孔亟本处所有经临各费均已垫用一空，无法挪移，理合备文电请鉴核迅赐分饬借垫，以应急需而利疫政。

云卫生处长孙序裳叩戌鱼强印

（浙江省档案馆　　L029-004-229）

浙江省主席关于本省部分地区鼠疫蔓延情形致行政院电

（1943 年 12 月）

行政院钧鉴：

　　查前以浙省鼠疫蔓延及于云和碧湖、丽水、宣平等地疫区扩大，情势严重，经以酉龙华电请准特拨防疫经费五百万元，俾使全面彻底防治在案。所有计划、预算兹经拟就，理合抄同原件，肃电呈请鉴核示遵。

云职黄绍竑叩亥华印

（浙江省档案馆　　L029-004-229）

罗露天关于检送浙江省各机关、团体、工厂、学校
改进防疫设施通则等事宜致浙江省政府函

（1943 年 12 月 1 日）

　　案准贵府盈华字第 16952 号公函，检送浙江省各机关、团体、工厂、学校改进防疫设施通则，嘱查照特饬所属遵办等由，准此，自应照办，除特饬遵办外，相应函复查照为荐。此致

浙江省政府

主任委员罗露天

（浙江省档案馆　　L029-004-229）

关于浙江省疫情防治情形致浙江省政府秘书处函

（1944 年 1 月 6 日）

为实施省会挨户消毒函请查照予以协助由

　　查本所奉令兼省会临时防疫大队以来，鉴于过去防疫工作因人力财力

不合要求,致预定工作一时不能如期完成,预料春暖疫势必有再爆发之可能,兹再拟订防治计划,于本月十七日起依照省会地形分别实施挨户消毒。盖此次大规模之举行如非联合各机关及各保护疫队共同办理,不足以收彻底之效能,相应函请查照,并希于本大队工作人员到达贵处时,特准予赐派员工协助共谋,全省会之安全而免春暖之疫势复炽为荷。此致

省政府秘书处

(浙江省档案馆 L029-004-229)

关于预防鼠疫情形致浙江省政府主席呈

(1944年1月13日)

案准:浙江省会临时防疫委员会本年一月七日技字第六二号公函以第九次常务委员会议讨论事项第一案请密定日期(时间最好夜八九时),由省会军警防疫大队联合□□大学检疫队举行户口总检查,取缔无正式职业之居民,并施行强迫注射防疫针,以期预防鼠疫,□固冬防案经决议,由会通知县政府及省警察大队、省会临时防疫大队先行会同议定计划,定期实行,并由县政府负责召集会商之等语,记录在卷,赐查照办理等由。准此。经于本月十日召集有关机关举行谈话会,决定于本月十七日下午八时半举行城区户口突击检查,并强迫注射防疫针,同时由省警察大队负责实施戒严,而于检查完毕后解严除,呈请鉴核备查。谨呈

浙江省政府主席黄

(浙江省档案馆 L029-004-229)

关于浙江省回归热、霍乱、鼠疫疫情致浙江省政府主席报告

(1944年)

查本省最近期内重要急性传染病中流行趋势较为严重者,有回归热、霍乱、鼠疫三种。拨测其今后流行趋势之演变以及应行采取之紧急措施扼要报告于后,敬祈鉴核提出省府委会议报告。

一、回归热 此病初发生于由闽送交驻防本省部队接收之新兵中,复以各接收部队过境大多借住民房,乃辗转传染。经严饬各县卫生机关切实防

治后，最近疫势已渐形戢止，今后当不致再趋严重。

二、霍乱　今年为霍乱周期性之大流行年，本处于年度开始时即经严切指饬各县防范，并曾购发痘苗十八万西西供应各县，饬施行普遍预防注射工作。但是项购发之数量与各县实际之需用量相差自属甚远，惟限于经费能如此，可谓已尽最大之努力，故告诫各县是项拨发之数量仅可作为补助之需，各县实际所需要之数量，仍应自行设法购贮。一月来，据报重庆、昆明等处是项疾病均有剧烈流行，而本省乐清、永嘉二县亦已发现病例，鉴于战时交通运输及气候关系，推测是项疾病今后之流行程度必有趋于严重之势。本处暨各级卫生机关职责所在，自应竭尽心力，严密防范，惟各部队对于病兵之管理，每多疏忽之处，本处过去虽曾屡次贡陈意见，然收效甚微。此次拟请以省府名义，转知各部队注意办理。

三、鼠疫　最近流行地区有云和、丽水、庆元等县，云和灭鼠工作仍在赓续进行，但以天然环境之限制，成效自受相当影响。日来，死鼠逐形增加，病例亦有少数发现，推测今后之流行趋势未可忽视，而目前省会人口比前更形密集，为免将来发生巨大死亡率之恐怖现象，城区人口实有疏散之必要，谨望府会加以考虑。谨呈

主席黄

（浙江省档案馆　L029‐004‐229）

浙江省关于疫区防治及防疫工作奖励办法等相关事宜的来往文书

（1944 年 1 月 14 日）

签呈暨附件均悉。据送办法，业经本府委员会第一三三五次会议决议，"办法通过，另由卫生处拟定奖励考核标准"等语记录在卷，仰即遵照，并先转是次办法通行照办为要。件存。此令。

浙江省政府委员会第一三三五次会议决议案

本案决议：办法通过，另由卫生处拟定奖励考核标准。

（附记会议日期）三二、十二、二六

秘书处签呈：卫生处呈送省会各机关临时防疫队设置办法草案暨省府

发给疫区防疫工作人员奖励金暂行办法草案祈核议案。(决议)

此次参加防疫人员训练员工名单开列如下：

职员

办事员：汪钟鼎(考核会)

书记：王懋林(四科)

勤工

张应达、姚忠、任宝兴

签呈者：卫生处处长孙序裳

奉钧座手谕,以省会各机关应组织防疫队及防疫人员工作奖惩饬拟具办法呈核等因,奉查防疫人员之奖惩,依照防疫人员奖惩条例已有统一规定,惟为特别奖励疫区内防疫工作人员扑灭疫疠起见,拟采取实物奖励、发给奖励金办法。兹经拟定浙江省省会各机关临时防疫队设置办法暨浙江省政府发给疫区防疫工作人员奖励金暂行办法各一种,是否有当？ 理合签请察核施行。谨呈

主席黄

计附呈浙江省省会各机关临时防疫队设置办法暨浙江省政府发给疫区防疫工作人员奖励金暂行办法各一份。

浙江省省会各机关临时防疫队设置办法

一、浙江省政府为策动省会各机关协同卫生机关加紧省会鼠疫防治工作起见,饬由各机关组设临时防疫队,特订定本办法。

二、上项临时防疫队由各该机关指定职员三人、勤工六人,送经省卫生处加以短期之防疫训练后组成之。

三、临时防疫队受省会临时防疫委员会之指挥暨本机关主管人员之监督。担任各该机关抗鼠、灭蚤、消毒、环境卫生、疫情报告等工作以及协助执行强迫预防注射、隔离、留验、检疫、隔断交通等之必要措施事宜。

四、临时防疫队工作之督导由省卫生处组织防疫工作督导队办理之。

五、临时防疫队应将每日工作列表(表式由省会临时防疫委员会为划一订定)分送省卫生处暨省会临时防疫委员会核备。

六、临时防疫队所需之各项设备,由本机关自行购买,应需经费亦即在

本机关原有经费内腾支使用。

七、临时防疫队工作人员之原有职务，本机关主管人员应尽量予以减少，其对于防疫工作勤怠与否，概依照防疫人员奖惩条例办理。

八、本办法由浙江省政府订颁施行。

浙江省政府发给疫区防疫工作人员奖励金暂行办法

一、浙江省政府（以下简称本府）为奖励疫区内防疫工作人员扑灭疫疠起见，特订定本办法发给防疫奖励金。

二、在本省特殊疫区担任防止富有危险性或广大流行之急性传染病之防疫人员，得发给有定期之防疫奖励金。

上项急性传染病之种类，暂以鼠疫霍乱二种为限。其他有认为应依本办法办理之必要时，以及上项特殊疫区地点，由本府临时命令定之。

三、领受奖励金之防疫人员，限于左列各款。

（一）本省卫生处派遣防疫医护卫生人员。

（二）当地卫生机关从事实地防疫医护卫生人员。

（三）受当地防疫机关征用之开业医师。

（四）其他参加实地防疫工作人员经省卫生处核定者。

前项各疫区领受奖励金人数必要时得限制之。

四、奖励金之发给由省卫生处指定当地主持防疫人员，就近查明列表呈报该处核转本府核定之。上表应依：（一）姓名，（二）性别，（三）年龄，（四）籍贯，（五）学历，（六）经历，（七）原任职务，（八）担任防疫工作开始日期，（九）支薪实数，（十）所任防疫工作之详情，（十一）工作成绩之评判，（十二）请领奖励金数，等项分别填明。

五、防疫奖励金之发给，以各工作人员每月原支薪俸百分之三十至百分之一百为准，惟得视各该人员之职务性质及当地生活程度分别核减之。

六、奖励金发给起讫时期，由省卫生处报由本府核定之。

七、本办法由浙江省政府订颁施行。

（浙江省档案馆　L029－004－211）

浙江省卫生处关于本省 1943 年度鼠疫流行情况以及
防治经过等事宜电

(1944 年 2 月)

浙江省政府钧鉴:

查本省三十二年度鼠疫流行情况以及防治经过,兹经本处编就报告一份,并为积极推进本年度防疫工作起见,拟订浙江省三十三年度防疫工作实施纲要一种,除分呈卫生署暨通饬遵照办理外,理合检呈是项报告及纲要各一份,电祈鉴核云。

浙江省卫生处丑鱼宁叩

计附浙江省三十二年鼠疫防治工作报告暨浙江省三十三年度防疫工作实施纲要各一份。

(浙江省档案馆 L029‐004‐252)

浙江省政府主席黄绍竑关于遵照办理防疫实施通则
及检疫工作建议致各区专员令

(1944 年 2 月)

各区专员鉴:

查最近本省鼠疫流行区域日形扩大,自应加紧防治以杜后患。本府业经订颁浙江省各县防疫实施通则,通饬遵照办理在案。兹准卫生署专员伯力士博士提供本省检疫工作建议一份到府,各县施行检疫工作自可参改办理。除分电外,合行抄发原建议,电仰转饬所属各县参改斟酌办理为要。

云主席黄绍竑丑印

计抄发浙江省检疫工作建议一份。

(浙江省档案馆 L029‐004‐252)

伯力士关于浙江省检疫工作建议

(1944 年 2 月)

(甲)疫区之办法

1. 码头及汽车站应由疫区迁至相当距离之地点。

2. 禁止各危险货物之输出,如必须输出者,即当先施以有效之灭蚤处理。

上项货物如须经过疫区之驿站则当在郊外设站,不得停留疫区,以免带出疫蚤或疫区。

3. 货物运输之经过疫区者,应绕道而行,其必经疫区者则不得留夜。

下项使用于旅客及其行李。

4. 旅客欲离开疫区之前须先行预防注射。且其行李、衣物均应行灭蚤之处理。

(乙)交通终点应设检疫站(如温州)。

1. 检查所有船只、汽车、货车及其他交通工具,以执行下列事项:

不许疫区输出危险货物,必当输出者即以已经灭蚤处置者为限。

由疫区来者须无疾病并已行预防注射,所带行李均须经灭蚤处理。

2. 上项如未办到或疑其未办妥者,则当在此交通终点之检疫站施行有效之处理。

3. 在可能范围内,各船只及车辆均须定期洗涤清洁,以免携带疫蚤或疫鼠。

(丙)为执行上列事工当请各该地驻军、警察或其他部队协助。

(丁)须求海关当局及其他检查机构之合作或统一办理。

(浙江省档案馆 L029-004-252)

喉科医师徐寿民关于医治喉病事宜致浙江省政府秘书处函

(1944 年)

据喉科医师徐寿民来函,为复待党政公务人员及军警,凡前往所设诊疗所医治喉病,其诊金及手续费一律免收,并酌赠药品。兹特粘附原件,即请查照为荷。此致 各同上。

附徐寿民医师来函暨诊疗简则。

窃以咽喉急症,每因治疗无方,性命即系于瞬息,鄙人自毕业中医专校后,服务社会二十余载,对于咽喉一科,秉三代祖传,秘制方药,特着灵效,兹已迁杭,在弼教坊二五号,设所应诊,第念抗战八载,我党政公务人员及车警,为国效忠,劳绩卓著,自应有以有待,聊示崇敬之忱,爰特订有待义诊办法,除赤贫照例义诊外,凡敝所所在地之省市县党政公务人员军警暨征属,如患喉病来所就医,其诊金及手术费,一律免收,并酌赠药品。以尽绵薄,而资首倡,用特敬请查照转知,并祈广为宣传为幸！此上

　　浙江省政府秘书处

中央卫生署注册喉科医师徐寿民

（浙江省档案馆　L029 - 004 - 252）

徐寿民喉科诊疗所诊疗简则

（1944 年）

住址:杭州弼教坊二五号

时间	优待义诊
1. 门诊　上午六时—八时 　　　　下午半时—二时	1. 公务员:专指本所在地之省市县党政公务人员,须有机关证明。
2. 出诊　上午八时—十一时 　　　　下午二时—五时	2. 军警:须佩戴符号。
3. 特诊 不拘时间	3. 征属:须持有出征或乡保长证明书。
4. 休诊 每逢星期日及例假	4. 赤贫:照例义诊。
	5. 上列人员一律免收诊金及手续费,并酌赠药品。
	6. 优待义务均以门诊为限。

（浙江省档案馆　L029 - 004 - 252）

黄绍竑关于本省各机关临时防疫队设置办法致秘书处令

（1944 年 2 月 22 日）

浙江省政府训令

令秘书处:

　　兹制定省会各机关临时防疫队设置办法,除分令外,合行抄发是项办法一份,令仰知照,并转饬知照。此令。

主席黄绍竑

（浙江省档案馆　L029 - 004 - 211）

浙江省政府关于浙东第二临时中学
防治鼠疫费致行政院电

（1944 年 3 月 24 日）

渝行政院教育厅请拨宣平省立浙东第二临时中学防治鼠疫费二千元；经本府 1335 次省务会议决议在战时预备金项下请拨，谨电鉴核赐准。

云浙江省政府叩丑有厚印

电云和浙江省政府：

丑有原电悉，浙东第二临时中学所需防治鼠疫费二千元，应在核准追加该省防治鼠疫费二百万元内支拨。

行政院寅虞渝四印

（台北"国史馆" 014000002559A）

浙江省政府主席黄绍竑关于本省医疗防疫队
组织规程备案致行政院呈

（1944 年 4 月 4 日）

查本省自入春以来各地鼠疫不但仍未戢正，且复相继发生脑膜炎情势益趋严重。本府为加强防治工作起见，经饬据卫生处依照该处组织规程规定拟具浙江省医疗防疫队组织规程一种，提出本府委员会第一三四六次会议决议通过在案。除令饬卫生处遵照并分函卫生署外，理合抄同原规程备文，呈请仰祈钧院鉴核备案指令祗遵。谨呈

行政院

计附呈浙江省医疗防疫组织规程一份。

浙江省政府主席黄绍竑

（台北"国史馆" 014000002559A）

浙江省医疗防疫队组织规程

（1944 年）

第一条 浙江省卫生处为推进全省防疫工作起见，特设浙江省卫生处防疫队（以下简称本队）。

第二条　本队设防治、总务两组。

第三条　本队置队长一人,办理队务;由浙江省卫生处送请省政府核派之。

第四条　本队置组组长二人;医师四人至八人;工程师一人;检验员一人或二人;护士长一人;医护员六人至十二人;药职员一人或二人;办事员三人至六人,均由队长遴请卫生处核派;医护助理员四人至六人;卫生稽查四人至六人;雇员四人至六人由队长派充。

第五条　本队置会计员一人;佐理人员一人或二人,其任免由省政府会计处依法为之。

第六条　本队于必要时,得商同驻在地县(市)政府设立隔离病院、留验所、检疫站等,并得请调有关人员协助办理。

第七条　本队视事实之需要,就原有人员区划为二个分队。

第八条　本队办事细则另定之。

第九条　本规程自公布之日施行。

（台北"国史馆"　014000002559A）

行政院关于实行《种痘条例》致浙江省政府令

（1944 年 5 月 1 日）

训令

令卫生处:

案奉行政院三十三年三月廿日议陆(六)字第 6137 号训令开:"奉国民政府本年三月十三日渝文字第一四五号训令内开:查种痘条例(云云叙函),并转饬所属一体知照。"等因,计抄发种痘条例一份,奉此,合行抄发原条例,令仰知照,并转饬一体知照。此令。

计抄发种痘条例一份。

行政院训令

令浙江省政府:

奉国民政府本年三月十三日渝文字第一四五号训令内开:"查种痘条例

业经明令公布,应即通饬施行,除分令外,合行抄发该条例,令仰知照,并转饬所属一体知照。"等因,奉此除分令外,合行抄发原条例,令仰知照,并转饬所属一体知照。此令。

计抄发种痘条例一份。

院长蒋中正

（浙江省档案馆　L029 - 004 - 211）

种痘条例

（1944 年 3 月 13 日公布）

第一条　为预防天花、保障健康,依本条例实施免费种痘。

第二条　种痘每人三次,依左列时期行之。

第一次,一岁以内。

第二次,五岁至六岁。

第三次,十一岁至十二岁。

第三条　种痘由县市卫生机关统筹办理,应于春秋两季规定期间按户调查,委托当地医院开业医师、护士及助产士施种。必要时得训练种痘工作人员。保甲长对于卫生机关之调查,应负协助之责,并督促境内住民依照规定时期种痘。

医院开业医师、护士及助产士对于卫生机关之委托,不得拒绝。

第四条　幼稚园、国民学校及中等学校对于入学及在校学生应查明已否种痘,其未种者应报请补种。

第五条　遇有天花流行时,县市卫生机关得施行强迫种痘,不论儿童或成人,均应一律受种。

第六条　县市卫生机关应制备种痘证,交由种痘人员填发。

第七条　非因疾病或其他正当理由,未于规定时期种痘者,除自请补种外,县市卫生机关得强迫补种。其不补种者,得对其父母或监护人处三十元以下罚锾。

第八条　种痘人员应备册登记并分别统计造具报告表,送由县市卫生机关转报省市卫生主管机关查核。

省市卫生主管机关应将种痘统计汇报卫生署备核。

前项登记册及报告表格式由卫生署定之。

第九条　本条例施行细则由卫生署定之。

第十条　本条例自公布日施行。

（浙江省档案馆　L029-004-213）

浙江省政府关于请核准拨发碧湖防疫费致行政院电

（1944 年 5 月 2 日）

渝行政院本府第 13462 次省务会议决议在战时预备金项下请拨碧湖防疫费十万元；第一补助医院添置设备费十二万元，谨电鉴核赐准。

浙江省政府卯俭厚印

（台北"国史馆"　014000002559A）

行政院关于应迅速编制碧湖防疫经费计划呈本院核办致浙江省政府电

（1944 年 5 月 12 日）

电云和浙江省政府：

卯俭厚电悉，该省碧湖防疫经费姑准追加五万元在该省卅三年度在战备金项下拨支至第一辅助医院添置设备费十二万元，应迅编计划概要呈院以凭核办。

行政院辰文渝四印

（台北"国史馆"　014000002559A）

行政院核准动支 1944 年度战时预备金通知书

（1944 年 5 月 15 日）

字号：义嘉 10957 号

省市：浙江

用途：碧湖防疫费

金额：五万元整

年度月份：33 年度　月份

支用机关名称：卫生署

（台北"国史馆"　014000002559A）

卫生署关于修正浙江省医疗防疫队组织规程案
致行政院秘书处函

（1944 年 5 月 30 日）

交据浙省府呈送该省医疗防疫队组织规程一案应将核审意见函复由

行政院秘书处勋鉴：

准贵处本年五月二日信字第 16798 号通知以浙江省政府呈送该省医疗防疫队组织规程案，奉谕交卫生署核复等因；抄原呈及规程各一件到署查（一）浙江省医疗防疫队组织规程第三条规定医疗防疫队设立防治、总务两组尚无不合，惟援照钧院核定之福建省卫生处防疫大队组织规程"防治组"似可改为"业务组"；"总务组"改为"医务组"以期划一。（二）原组织规程第五条规定各项人员之名额尚能切合实际。（三）第七条规定医防队必要时得商同驻在地县（市）政府设置隔离病院、留验所等核属紧急措施颇合需要。以上审核意见是否有当，相应电请查核转陈为荷。

卫生署防（33）辰陷印

（台北"国史馆"　014000002559A）

衢县县长梁济康关于制订本县防疫委员会组织规程暨乡镇
防疫委员会组织通则案致浙江省卫生处处长孙钧

（1944 年 6 月 6 日）

浙江省卫生处处长孙钧鉴：

本县为防止疫病流行，增进卫生设施，拟分别组织县及乡（镇）防疫委员会。兹依据省颁各县防疫实施第三条之规定，订就县防疫委员会组织办法暨各乡镇防疫委员会组织通则各一种，除分电外理合抄具上项办法暨通则专电呈祈鉴核示遵。

衢县县长梁济康叩民辰感印

计附送衢县防疫委员会组织办法、衢县乡镇防疫委员会组织通则各一份。

（浙江省档案馆　L036 - 000 - 59）

衢县防疫委员会组织办法

(1944 年)

第一条　本县为防止时疫流行,增进人民卫生常识,特根据浙江省各县防疫实施通则第三条组织衢县防疫委员会(以下简称委员会)。

第二条　委员会委员规定如左。

一、县长

二、县党部书记长

三、三民主义青年团分团部书记

四、卫生院长

五、警察局长

六、县政府民政科长

七、商会理事长

八、医师代表一人

九、中医师同业公会理事长

第三条　委员会设主任委员、副主任委员各一人,由县长、县党部书记长分任之。

第四条　委员会正副主任委员下设总务、医务、宣传、筹募四组,各设组长一人,就委员中推定之。

另设总干事及干事各一人,就县政府职员调用之。

第五条　委员会各组织掌理事项如左。

一、总务组:关于文书、庶务、会计及其他不属各组事项

二、医务组:关于疫病预防治疗、改进环境卫生、组训防疫人员、组织疫情情报网等事项

三、宣传组:关于防疫指导及卫生宣传等事项

四、筹募组:关于防疫经费及药材之筹募事项

第六条　委员会关于防疫必需经费得向地方劝募,事后办理公告。

第七条　委员会每月举行例会一次,必要时得由主任委员召开临时会议。

第八条　本办法由县政府拟订、公布、施行并分报浙江省卫生处暨第五

区行政督察专员公署,条案修正时同。

(浙江省档案馆　L036－000－59)

衢县各乡镇防疫委员会组织通则

(1944 年)

第一条　本县各乡镇为普防时疫、灵通疫情起见,应遵照本通则之规定之组织乡镇防疫委员会(以下简称委员会)。

第二条　委员会以下列人员组织之。

　　甲、当然委员

　　一、乡镇长副

　　二、区党部书记

　　三、三民主义青年团分队长

　　乙、聘任委员

　　一、当地医师

　　二、热心公益士绅

第三条　右项聘任委员规定三人至五人由乡镇长提经当然委员三分之二以上人数通过聘任之。委员会设主任委员一人,由乡镇长兼任,主持日常会务并担任开会时主席。主任委员下设防疫、总务二股,每股设股长一人,就委员中推定之。

第四条　委员会各股职掌如下。

　　一、总务股掌文书、庶务、会计、保管、筹募等事项

　　二、防疫股掌灌输民间防疫常识、改进环境卫生、传达防疫情报等事项

第五条　委员会设总干事一人,由乡镇公所民政股主任兼任。

第六条　委员关于防疫必需经费得向地方筹募,惟须事前呈报县政府核准,事后办理收支公告暨报销。

第七条　委员会于境内各保遍设防疫情报员,指定保甲长或其他知识分子充任。

第八条　委员会每月举行例会一次,必要时得由主任委员召开临时会议。

第九条　本通则由县政府订颁行并呈报浙江省卫生处暨第五区行政督

察专员公署,条案修正时同。

(浙江省档案馆　L036‑000‑59)

浙江省卫生处关于衢县防疫委员会组织办法
修改案致衢县梁县长电
(1944 年 6 月 9 日)

衢县梁县长鉴:

辰感代电暨附件均悉。案核所送该县防疫委员会办法,第一条"时疫"二字应饬改为"急性传染病",第二条"西医代表一人"应改为"医师代表一人",第四条改为第五条二,"医疗组"应改为"医务组",已就件代为改正,余无不全,准予备查。仰即知照。

处长 孙〇〇宁印 附件存

(浙江省档案馆　L036‑000‑59)

行政院关于浙江省追加防疫经费与财政部、
主计处、审计部来往电令
(1944 年 6 月 20 日)

公函/训令

令财政部:

据浙江省政府三十三年辰 14564 强巧代电称:"案查本省追加云云照文录至准予备案。"等情;经核尚无不合,应准备案。除指复该省暨分行审计部财政部;主计处 财政部;主计处 审计部外,相应 合行检送 发原件函请令仰知照 查照。此致

国民政府主计处、审计部

计检送发浙江省追加防疫经费二百万经费概算书二份。

代电

云和浙江省政府辰 14564 强巧代电暨附件均悉,经核尚无不合准予备案。除分转主计处、审计部、财政部外,仰即查照。

行政院巳哿渝四印

(台北"国史馆"　014000002559A)

行政院关于准拨举办防疫人员训练所需经费致浙江省、
财政部、主计处、审计部电令
（1944 年 1 月 16 日）

指令

令浙江省政府：

　　三十三年六月十三日华字第 15951 号呈，据卫生处呈为拟举办防疫人员训练所需经费在本处本年度训练经费内动用一案报核由呈件均悉，经核尚无不合准予备案。除分行主计处、审计部、财政部外，仰即知照。

公函/训令

令财政部：

　　据浙江省政府三十三年六月十三日华字第 15951 号呈称："据卫生处云云照文录至指令祗遵。"等情，经核尚无不当准予备案，除指复该省暨分行审计部、财政部；主计处、财政部；主计处、审计部外，相应 合行抄送 发原件函请查照 令仰知照。此致

国民政府主计处、审计部

（台北"国史馆"　014000002559A）

杨汝梅关于浙江省卫生处举办防疫人员训练班计划
要点暨经费致行政院会计处函
（1944 年 12 月 14 日）

　　奉交贵院三十三年义嘉字 24063 号函附送浙江省卫生处举办防疫人员训练班计划要点，暨概算书各一份嘱查照等由。准此，查是项经费业经贵院核准追加十万元在新兴事业内动支并准以义嘉字第 2857 号通知书通知本处在案，兹所编概算书为 80,000 元与原数不符，相应函请查照见复为荷。此致

行政院会计处

局长杨汝梅

（台北"国史馆"　014000002559A）

行政院关于浙江省防疫人员训练班经费致财政部、主计处、审计部令

（1945 年 1 月 4 日）

云和浙江省政府 66789 查该省防疫人员训练班经费,前经核饬由该省新兴事业费内动支十万元。嗣据该省补编概算书仅列八万元,据以义嘉字 24036 号指令准予备案,其余二万元作他项用途,仰即查复。

行政院亥渝四印

公函/训令(浙省防疫人员训练班计划概算案)

令财政部:

查浙江省防疫人员训练班计划概算案前据本院义嘉字 24036 号函达查照 令仰知照在案,惟原概算仅列八万元较本院前准十万元相差二万元,自应依所送概算核定并撤销前案,除饬该省查明缘由并分行外,相应函请 令行令仰查照此令,查照办理为荷。此致

国民政府主计处、审计部

（台北"国史馆" 014000002559A）

浙江省关于防疫人员训练所经费致行政院电

（1945 年 1 月 16 日）

渝行政院亥渝四电敬悉,本省防疫人员训练班原额定为十万元,嗣奉令各机关经费以八折发放,是该班经费减列为八万元,所余二万元及该班节余。本所卫生处已悉数移购原文医药书籍,乞准备案。

浙省麻强印

（台北"国史馆" 014000002559A）

行政院关于浙江省防疫训练班经费致财政部、主计处、审计部令

（1945 年 1 月 27 日）

云和浙江省政府 3444 强电悉,该省防疫训练班所余二万元,准移购原文医药书籍。除分行外,电仰查照。

行政院子有午兴四印

令财政部:

　　查浙省防疫人员训练班预算数较本院核定数尚差二万元在案；前经本院审饬查明作何用途在案。兹据该省政府电称："本省云云照文录至二万元，本府卫生处已悉数移购原文医药书籍乞准备案。"等情，姑准备案。除电复该省查照外，相应函请查照。此致

国民政府主计处、审计部

（台北"国史馆"　014000002559A）

浙江省政府关于准拨防疫费及疫情案致行政院呈

（1945 年 5 月 11 日）

渝行政院：

　　本省前已鼠疫复炽，经电请准拨防治费二百万元，当将分配预算呈核在案。近以毒鼠及预防注射工作均需积极开展，兼以云和等地脑膜炎相继发生，情势严重，现正严加防治。一面并拟积极防范夏秋间霍乱之发生，计需购防治霍乱流行性脑膜髓膜炎及其他流行性传染病等疫苗、药品二百万元。又省医疗防疫队等防疫机关及其他防疫检诊设备费二百万元；省立第二医院传染病部防疫费及病人免费诊疗药品、伙食费一百万元共计五百万元。本省无款可拨，且上次防疫费已支用无余，恳再电准迅拨以资防治。

浙江省政府辰青综印

（台北"国史馆"　014000002559A）

行政院关于传染病防治条例公布施行事宜与

浙江省卫生处及浙江各县的往来令

（1945 年 5 月 23 日）

浙江省卫生处付知：

　　兹将本处宁字第 1800 号训令文一件录副奉达，即希查照为荷。此致

　　浙江省政府秘书处

咨　五月廿三日

（原文载后）

浙江省卫生处训令

令各县县政府:

　　案奉卫生署本年二月一日卅四总字第 1640 号训令,"案奉行政院卅三年十二月十九日义陆字第 26212 号训令开,奉国民政府卅三年十二月十九日渝文字第 712 号训令开,查传染病防治条例现经制定,明令公布,应即通饬施行,除分令外,合行抄发该条例,令仰知照,并转饬所属一体知照,此令。等因。合行抄发该条例,令仰知照,并转饬所属一体知照。"等因。奉此,除分令外,合行抄发该条例,令仰知照,等因。附抄发传染病防治条例一份。奉此,除分令外,合行抄发该条例,令仰知照,并转饬知照。此令。

　　附抄发传染病防治条例一份。

中华民国卅四年五月

处长孙序裳

行政院训令

令浙江省政府:

　　奉国民政府卅三年十二月六日渝文字第七一二号训令开:"查传染病防治条例现经制定,明令公布,应即通饬施行,除分令外合行抄发该条例,令仰知照,并特饬所属一体知照。此令。"等因。合行抄发该条例,令仰知照,并特饬所属一体知照。此令。

　　附抄发传染病防治条例一份。

院长蒋中正

代理院长宋子文

(浙江省档案馆　L029 - 004 - 217)

传染病防治条例

(1944 年 12 月 6 日公布)

第一条　本条例所称传染病谓左列各种急性病。

　　一、霍乱。

　　二、杆菌性及阿米巴性痢疾。

三、伤寒副伤寒。

四、天花。

五、流行性脑脊髓膜炎。

六、白喉。

七、猩红热。

八、鼠疫。

九、斑疹伤寒。

十、回归热。

前项各款以外之传染病，认为有应依本条例施行防治之必要时，得由卫生署临时指定之。

第二条　卫生主管机关应将传染病之防治，列入中心工作。传染病未发现时，应实施各项调查及有效预防措施；当发现或流行时，除诊治传染病人外，应竭力扑灭，并防止其蔓延。

第三条　卫生主管机关应充分储备各项防治药品器材，必要时应由上级主管机关拨助之。

第四条　地方防治传染病经费，应参酌各地情况列入地方预算。

第五条　人口稠密之城市及传染病流行之区域，应设立传染病医院，其床位数目依实际需要定之。

未设立传染病医院地方，得于普通医院内附设隔离病室，必要时得设立临时传染病医院。

第六条　传染病流行时，省卫生主管机关应设置医疗防疫队，巡回办理传染病防治事宜。

第七条　卫生主管机关应按期实施各种有效之预防接种。

第八条　卫生主管机关应根据实际需要，施行饮水消毒，保护公共水源，改良水井，必要时得暂行封闭水井。

第九条　卫生主管机关应促进当地上下水道之设置，改良公私厕所，禁止随地便溺，必要时得施行粪便消毒，或拆除有碍卫生之厕所。

第十条　卫生主管机关对于各种媒介传染病毒之饮食物品或病死禽兽

等尸体,得禁止贩卖或毁弃之。

第十一条 卫生主管机关对于公共场所,应督促清除垃圾污水,禁止随地吐痰。

第十二条 卫生主管机关应切实扑灭蚊、蝇、蚤、虱、鼠等,并推行防鼠建筑。

第十三条 卫生主管机关对于当地学校、工厂、监狱、救济院等公共场所,为预防传染病之必要,得限制其所容数额,并指示改进卫生设备。

第十四条 医师诊治病人、检验尸体,如系真性或疑似传染病时,应即指示消毒及预防方法,并应于四十八小时内报告当地卫生主管机关。

第十五条 护士、助产士执行职务时,发现传染病或疑似传染病或因传染病致死之尸体时,应依前条之规定办理之。

第十六条 保甲长及警察如发现传染病人或因传染病致死之尸体时,应于二十四小时内报告当地卫生主管机关。

第十七条 患传染病或疑似传染病之病人或因传染病致死之尸体,如未经医师诊断或检验,而经其家属或其管理人发现时,应于二十四小时内报告当地卫生主管机关。

前项报告义务人如左。

一、病人或死者之亲属或同居人。

二、旅舍铺店经理或舟车航空器管理人或驾驶人。

三、学校、寺院、工厂、公司、监狱及其他公共处所之监督人或主管人。

第十八条 卫生主管机关接到传染病报告后应迅速检验、诊断,并调查传染病来源,施行适当处置,并报告上级主管机关。

第十九条 传染病人应行隔离治疗,并强制移送传染病医院医治。

第二十条 传染病人之排泄物及其衣服用具,应随时消毒,必要时得焚毁之。

第二十一条 曾与传染病人接近之人应检查其身体,如发现带有传染病菌时,其处理方法与传染病人同。

第二十二条 传染病人之亲属、邻居或其他接近之人,或认为有传染病之疑似者,得由卫生主管机关予以留验,必要时并得限制其行动,施行预防接种,或令迁入指定之处所施行检查。

第二十三条　传染病人死亡或痊愈移居他处时，其原居之病室或住所应施行消毒。

第二十四条　因传染病致死之尸体，应施行消毒及其他妥善处置，如检验不明时，得施行病理检验方法，并应于二十四小时内殓葬，其埋葬地点及深度，得予以限制，其传染较重之尸体，并得施行火葬。

第二十五条　传染病流行时，卫生主管机关除依第七条至第二十四条办理外，并应按传染病之性质加强防治工作。

第二十六条　传染病流行区域，卫生主管机关应用牌示方法，警告传染危险，并得禁止迁移及旅行。

第二十七条　传染病流行时，卫生主管机关得限制或禁止集会、演剧及其他集团活动，必要时并得停止疫区交通之一部或全部。

第二十八条　传染病流行或有流行之虞时，卫生主管机关应用调查及检验方法，确定疫区范围，公告之。

第二十九条　传染病流行时，卫生主管机关得施行检疫，必要时得由卫生署设置临时检疫机构。

第三十条　防止传染病传入或传出国境，对于出入国境之旅客、舟车、航空器得施行国际检疫。

第三十一条　违反本条例第十四条第十五条时，得处以三百元以下之罚锾。

第三十二条　违反本条例所定之各项措施或指示者，除强制执行外，得处以三十元以上二百元以下之罚锾。

第三十三条　防疫人员之奖惩及抚恤，由卫生署拟订，呈请行政院核定之。

第三十四条　本条例施行细则，由卫生署定之。

第三十五条　本条例自公布日施行。

（浙江省档案馆　L029-004-217）

卫生署关于浙江省部分地区鼠疫防治及经费事宜致行政院秘书处电

（1945 年 5 月 26 日）

行政院秘书处勋鉴：

准贵处三十年五月十八日 A 兴四字第 2757 号通知以浙经省政府电请

拨发防疫费五百万元一案,奉谕交卫生署迅速核复等因抄送原电一件到署。查浙江省鼠疫现有地方性疫区者计有云和、丽水、永嘉、青田、庆元等处,虽最近疫势未扩大,但仍应加紧防治以期根绝源;上年度经奉准拨发该省防治费二百万元。本年度因各项防治器材增加,物价高涨,所请之防疫费五百万元实属需要,相应电请察核转陈赐准,如数照拨以利防疫为祷。

卫生署防(34)寝辰印

(台北"国史馆" 014000002559A)

关于浙江省鼠疫尚未根绝需续拨经费事宜致行政院呈

(1945年5月29日)

拟办:查浙江省本年时防疫流行,需追加防疫费五百万元一案,经饬据卫生署核复略以该省鼠疫尚未根绝,所请实属需要等语;查该省电请追加款系为购备药材充鼠及时疫,为霍乱、脑膜炎防治用,实属充实该省卫生设施性质,兹以该省本年卫生经费核数较少,设备当居简陋,上半年曾由本院指拨二百五十万元予以补贴,本年拟援上例准追加三百万元以为支应,即在本年县市建设费内动支。当否祈示。

(台北"国史馆" 014000002559A)

行政院同意追加浙江防疫费电

(1945年6月7日)

云和浙江省政府5777辰齐综电悉,该省本年防疫费准追加三百万元,并将支配情形报核。

行政院巳阳兴四印

(台北"国史馆" 014000002559A)

行政院秘书长关于追加浙江省防疫费事宜致卫生署电

(1945年6月8日)

公函

贵署防34寝辰代电诵悉,查本省本年防疫费案,据奉院长谕:"浙省本年防疫费准追加三百万元。"等因;除由该院电知浙省府外,相应函请查照为

荷。此致
　　卫生署

行政院秘书长陈
（台北"国史馆"　014000002569A）

浙江省关于因鼠疫流行禁止车辆在云和
车站过夜事宜的往来文电

（1945 年 8 月）

指令

令卫生处：

　　本年八月六日签呈一件为云和车站除公路车外，其他车辆请饬禁止停留过夜，以防传播鼠疫由。

　　呈鉴所请应予照准，除特饬交通处遵办外，仰即知照。此令。

代电

　　鉴据卫生处签呈称"查省会鼠疫最近流行情况，有特趋严重之势云云叙函实为公便"等情到府，除指令照准外，令行电，仰遵照办理。

县报省政府未华

（1945 年 8 月 6 日）

　　查省会鼠疫最近流行情况，有转趋严重之势。为免疫势再形传播起见，云和车站除公路车外，其他车辆应饬禁止停留过夜或改择距离城区（疫区）五公里以上之地点停放。仰祈鉴核提出，省政府委员会议讨论决定并转饬省交通处核办，实为公便。谨呈

　　主席黄

（浙江省档案馆　L029 - 004 - 252）

浙江省卫生处长孙序裳关于云和鼠疫流行请
拨经费致浙江省政府主席呈

（1945 年 8 月）

浙江省政府主席黄钧鉴：

　　案据省会临时防疫大队兼大队长朱国基未养总 1736 代电称职大队于云

和鼠疫流行趋势严重之时奉令恢复,设置遵于本年八月八日下午三时假省会卫生事务所召开第一次防疫会议讨论是项第二项。省会卫生事务所原有防疫经费不敷应用,应如何设法案,当经决议,由本大队编造预算一百万元专案,呈请钧处转呈省政府核拨等语,记录在卷。现云和疫势猖獗,是项经费待用,孔殷理合造具是项经费概算书暨实施计划书各一份,电请鉴核,迅赐照拨,俾资运用,以免中断,为祷等情,并附实施计划暨概算各一份。据查目前云和疫势确属严重,为省会安全,计亟应予以迅速扑灭。经核,该大队所送计划、概算均属尚符,除指令外,理合检同原件备文呈送,仰祈鉴核,俯赐拨款示遵。

卫生处长孙序裳叩未陷强印

计附呈防疫大队实施计划及概算各一份。

(浙江省档案馆　L029 - 004 - 252)

浙江省省会临时防疫大队1945年度云和防疫(鼠疫)实施计划书

(1945年)

夫鼠疫之防治,其对象为鼠为蚤为人,其理至为明显,惟云和地处偏僻,文化落后,故一切防疫工作之推行力量,必需十分加强,始能获相当效果,是以本年度计划以加强灭鼠灭蚤及预防注射为重心,并加强宣传以促进民众警觉及认识。今分四项如下:

一、灭鼠消毒

城厢住户约计二五〇〇户,建筑简陋,人口拥挤,鼠蚤繁殖堪虑。现计划(一)采用较坚固材料严密封闭鼠穴,使鼠类无法栖身。(二)奖励捕鼠运动,举办捕鼠奖金,规定捕鼠一头给奖金十元,奖券一纸,每收足一千头开奖一次,头奖一个五千元,二奖二个各二千元,三奖三个各一千元,四奖六个各五百元,五奖十个各二百元,合计奖金二万七千元。

二、灭蚤

彻底消灭跳蚤,发动每户举行大扫除一次,普遍洒用灭蚤剂,以减低跳蚤繁殖。

二、预防注射

预防注射最高有效期为三个月,故疫区居民应于每三个月注射一次,本队计划购备大量疫苗,按期实施普遍注射,借以防范疫势蔓延。

三、预防宣传

预防重于治疗,为防疫第一目标。过去因云和民众对于防疫认识不够,防治工作阻碍极多,现计划扩大防疫宣传,举办防疫讲演、防疫书报标语、发行小册子等,以唤起民众明了疫病危险,积极协助政府推行防治工作。

浙江省省会□□

款	项	目	科□	□□□	说明
一			省会临时防疫大队组费	1000,000	
	一		灭鼠消毒费	□00.000	
		一	封闭鼠穴材料费	105,000	估计约有消毒户数二五〇〇户,每户约用石灰一斤半,全部约需用石灰三五〇〇斤,每斤以三十元计算。约计如上数
		二	灭蚤消毒费	595,000	估计约有消毒户数二五〇〇户,每户消毒时用灭蚤消毒液一斤半,全部需用三五〇〇斤,每斤需用樟脑油半斤,价约一二五□软肥皂□□。价约四〇元。□叶二斤半,价约五元。合计每斤成本约□一七〇元,共需如上数
	二		技工工费	48,000	
		一	技工工费	48,000	完成全部消毒工作约需三十天,每天需用□从技工四名,每名每天以工资四百元计算,约需如上数
	三		办公费	65,000	
		一	文具	20,000	约需如上数
		二	邮电	5,000	
		三	消□	15,000	
		四	印刷	5,000	
		五	修□	5,000	

续表

款	项	目	科□	□□□	说明
		六	什□	15,000	
	四		购置费	50,000	
		一	器□	□	□□□□消毒用具约需如上数
	五		宣□□	□	
		一	宣□□	□	□□□□□耗棉□等资约需如上数
	六		预防□□费	50,000	
		一	疫苗费	□0,000	
		二	注射消耗费	20,000	针头针筒火酒棉花等消耗□如上数
	七		捕鼠资金		
		一	捕鼠资金	27,000	
	八		防疫人员奖励金	10,000	
		一	防疫人员奖励金	10,000	
	九		旅费	15,000	
		一	旅费	15,000	防疫人员出外工作时约予□□约需如上数
	十		预备费	50,000	
		一	预备费	50,000	临时□□急用途时呈准卫生处核准后动用

(浙江省档案馆　L029－004－252)

浙江省交通管理处处长汤澍松关于禁止云和车站其他车辆停留过夜案致卫生处孙处长函

(1945 年 9 月)

卫生处孙处长鉴:

　　查前据该处呈请禁止云和车站其他车辆停留过夜以免传播鼠疫一案,即经转饬交通管理处遵办在,案荐据该处未敬代电复称"文华未智代电,奉照除电饬本处云和站遵照外,理合复请鉴核"等情,据此令行电,仰知照。

　　　　　　　　　　　　　　　　　　省政府未华

奉电据卫生处呈请禁止云和车站其他车辆停留过夜以免传播鼠疫一案电请鉴核由

浙江省政府主席黄钧鉴：

　　文华未智可代电奉悉，除电饬本处云和站遵照外，理合复请鉴核。

　　　　　　　　　　　　浙江省交通管理处处长汤澍松叩浙交三印

关于浙江临时防疫大队防治云和鼠疫实施计划及
经费概算案事宜的往来文电

（1945 年 9 月）

代电

卫生处孙处鉴：

　　未陷强及申东强两代电暨附件均悉，案经提出，本府委员会第一四二二次会议决议"呈请中央拨发五百万元，先由财政厅垫拨三十万元"等因，记录在奏，除饬财政厅遵照外，仰即遵照拟办府稿呈请拨款。

　　　　　　　　　　　　　　　　　　　　　　　　省政府申华

代电

财政厅黄厂长鉴：

　　案据卫生处代电称"案据省会临时防疫大队兼大队长朱国基未养总1736 代电称□叙函，仰祈鉴核，俯赐拨款，示遵"等情到府。据经提出，本府委员会第一四二二次会议决议"呈请中央拨发五百万元，先由财政厅垫拨三十万元"等因，记录在奏，除电复外，合行电，仰遵照办理。

　　　　　　　　　　　　　　　　　　　　　　　　省政府申华

签呈

　　卫生处转送省会临时防疫大队防治云和鼠疫实施计划及经费概算共计需款一百万元，请赐核拨一案祈核议案。

　　　　　　　　　　　　　　（浙江省档案馆　L029 - 004 - 252）

浙江省卫生处处长孙序裳关于云和鼠疫防治及
请拨经费事宜致浙江省政府主席呈

（1945 年 9 月）

浙江省政府主席黄钧鉴：

案据省会临时防疫大队兼大队长朱国基未检防 10 代电，称"日来云和城区鼠疫仍续又发现而死鼠送检者甚多，几乎全属阳性，是以消毒材料如灭蚤剂、石灰等所费特钜，前者会卫生事务所所余之防疫经费，早经支用净尽，而续请拨发之经费又未奉拨。在此青黄不接之际，职队深感无未米为炊之困难，究应如何使防疫工作不致中辍之处理？合电请鉴核迅赐示遵"等情。据查，该队前经拟编防疫实施计划及概算到处，即经转呈核示在案。兹据前情，除指复外，理合续电陈请。仰祈鉴核，俯赐拨款。指遵。

浙江省卫生处处长孙序裳叩申东强叩

（浙江省档案馆　L029 - 004 - 252）

卫生处长孙序裳关于请求卫生署第四医疗防疫大队第六巡回
医防队来云和协助疫情防治事宜致浙江省政府主席呈电

（1945 年）

浙江省政府主席黄钧鉴：

查云和鼠疫之防治工作原由省会卫生事务所省立第二医院等机关负责，现以各该机关均须分别推进杭州嘉兴等地，以便及时办理各该地环境、卫生、防疫、医疗等工作。所有云和鼠疫之防治工作，经电准卫生署第四医疗防疫大队第六巡回医防队来云协助，已于八月卅日到云，其自龙来云，员工旅运等费约需二万余元，经由该队章队长面商酌予拨补本处，已允补助二万元款在本处，临时部分防疫费内开支除已照数拨补外，理合备文，电请鉴赐核备。

卫生处长孙序裳申鱼强印

（浙江省档案馆　L029 - 004 - 252）

三、湖南

薛岳关于湖南省发现鼠疫请求派员携药救治
及预防致军事委员会委员长呈

(1941 年 11 月 16 日)

据卫生处案呈四区欧专员等电,称敌机支辰在常德桃源投下颗粒,常德市区戌元已发现鼠疫,两日死亡十余人,经美国广德医院协同化验确系鼠疫菌等语,已饬积极预防,并派高级医员携药前往该地救治并预防。

即到

重庆军委会委员长蒋钧鉴:

据卫生处案呈四区专员欧冠、常德县长郑达、卫生院长方德诚戌寒电,称人密敌机支辰在常德桃源投下颗粒,常德市区戌元已发现鼠疫,两日死七十余人情况危急,经美国广德医院协同化验确系鼠疫杆菌等语。除饬积极预防外,并派高级专员携药即前往该地救治并预防外,谨电呈明。

湖南省政府主席薛岳叩来府卫三分 16.00 印

(台北"国史馆"　001000007066A)

侍从室第二处关于湖南省发现鼠疫请求协助救治致卫生署、军医署函

(1941 年 11 月 19 日)

卫生署金署长、军医署卢署长:

据湖南省政府薛主席来府卫三分 16.00 电,称据常德县长、卫生院长戌寒电,称敌机支辰在常德桃源投下颗粒,市区戌元已发现鼠疫,两日死亡十余人,情况危急,经美国广德医院协同化验确系鼠疫杆菌等语。即报□来特电注意,并希查明实情迅予协助救治具报为要。

中

戌皓侍秘

(台北"国史馆"　001000007066A)

中国红十字会总会秘书长潘小萼关于常德鼠疫致蒋介石呈

(1941 年 11 月 28 日)

窃据本会驻常德医务队中队长钱保康电告,支日敌机散布麦粒,文日以后发现鼠疫病四例,经显微镜检查确实等情。经立派细菌专家陈文贵驰往常德策划防遏,除电饬续报亦情并商呈卫生署详为研究严密防治外,理合签报钧座鉴察。谨呈

委员长蒋

中国红十字会总会秘书长潘小萼

(台北"国史馆"　001000007066A)

侍从室第二处关于制造定购鼠疫疫苗及药品事宜致军医署、卫生署函

(1941 年 11 月 30 日)

军医署卢署长、卫生署金署长均鉴:

卫(30)戌渝字第 801730 号防戌养代电及附件均悉,兹分别核示如次:(一)制造鼠疫苗既据称不易保藏应用,自不必大量制造以免虚耗,希先呈行政院酌拨必需之制造费。(二)拟制化学药品 Sulfathiazole 两吨、氰酸气十五吨及喷雾器一百五十套,准已分电行政院迅速向美定购。(三)所拟防制敌机散播鼠疫杆菌实施办法准已分电抄行政院及本会办公厅审核通饬施行。以上各项希即遵照。

中

戌陷侍秘

(台北"国史馆"　001000007066A)

侍从室第二处关于闽浙湘各省发生鼠疫请拨发经费制造购买药品与行政院及军委会办公厅来往电文

(1941 年 11 月 30 日)

(一)

行政院孔副院长勋鉴:

查敌寇屡在各地投掷鼠疫毒菌,迭据闽、浙、湘各省电报发生鼠疫,代验属

实。经军医、卫生两署呈复除调派医务人员供应防疫器材、药品赶施救治外，现各省份电请拨器药拟准备疫苗约三十万瓶，总价国币三百七十八万元。如中央能拨款补助，当即于两个月内悉数制成，惟鼠疫血清制造难而价尤高，效用时间有限，不易于保藏并拟改制化学药品 Sulfathiazole 两吨、氰酸气十五吨及喷雾器一百五十套。以上各种器材及运费拟请准予在美国租借法案内拨款项美购运并拟具防制敌机散播鼠疫杆菌实施方案呈请通饬各军旅防疫机关与各省市政府，以及负责防空机关转饬全国防空人员按照实施等情。前来查所陈：（一）制造鼠疫苗既据称不易保藏应用，自不必大量制造。除复令先呈行政院酌拨为需之制造费外，希于呈到时酌于必需准备数量之费用核拨俾济急需；（二）所拟准备化学药品 Sulfathiazole 两吨、氰酸气十五吨及喷雾器一百五十套一节应准照办，即请迅速向美照数定购，赶运济用为盼；（三）所拟防制敌机散播鼠疫杆菌实施办法除分交本会办公厅外，即请审核通饬施行为盼。

中

戊陷侍秘

（二）

本会办公厅商主任：

查近来敌机迭在各地投掷鼠疫杆菌，经饬据军医、卫生两署呈复除调派医务人员并供应即准备防疫器材、药品赶施救治外，谨拟具防制敌机散播鼠疫实施办法呈请通饬各军旅防疫机关与各省市政府，以及负责防空机关转饬全国防空人员按照实施等情前来；除分转行政院外，合亟将原实施办法随文转发，即希审核通饬施行为盼。

中

戊陷侍秘

（台北“国史馆”　001000007066A）

侍从室第二处关于防治鼠疫办法中宣布敌寇暴行事宜致薛岳函

（1941 年 12 月 15 日）

东阳湖南省政府薛主席勋鉴：

来府卫三真电悉密阅，于防治鼠疫办法前经行政院分别规定办法颁行在案,所请宣布敌寇暴行一节,已交中央宣传部与卫生署商洽办理。

中

亥删侍秘

（台北"国史馆"　001000007066A）

湖南省政府主席薛岳关于常德鼠疫发生经过及防治情形致蒋介石呈

（1941 年 12 月 31 日）

案准卫生署金署长防一戌陷电以奉钧座手令。常德鼠疫应切实防治详报等因,转属查照办理等由到府,自应遵办。兹谨将本案发生经过,及本府防治情形分呈于左:

甲、鼠疫发生之经过

一、敌机一架于十一月戌支晨五时,在常德桃源一带低飞散播谷米、小麦、红色小粒布条、军毡小条等物,以常德鸡鹅巷、关庙街等处散落最多。经常德县警察局检送常德卫生院,由该院会同该县美侨设立之广德医院以显微镜检验,发现类似鼠疫杆菌。

二、十一月十二日常德广德医院诊室一十二岁之蔡姓女孩,据云十一夜起发病高热、神志不清。经该院抽血液涂片检验发现类似鼠疫杆菌。患者十三日晨八时死亡,下午尸体解剖并作细菌培养检验,亦发现同样杆菌。

三、十三日复有聂述生者住关庙街,男性五十八岁赴广德医院求诊,腹股沟淋巴腺肿大,抽淋巴腺检验发现类似鼠疫杆菌,病者当晚死亡。次日该院又接红十字会第二中队自德山送来,淋巴腺液涂片经染色检验亦发现同样杆菌。

四、自十一月十日起至同月十九日止,常德共发现患者十五人,死亡者十二人,其中四人作尸体解剖均发现鼠疫杆菌。

五、自十一月二十日以后病例尚少,但至二十四日晚常德关庙街居民龚超胜,男性年二十八岁,忽患急病身死。经军政部战时卫生人员训练所检验学组主任兼中国红十字会救护总队部指导员陈文贵医师以培养及动物试验,均证明确系鼠疫身死,至此常德鼠疫遂得确实证明。

六、统计常德鼠疫自十一月十日起至同月二十四日止,共发现患者二十一人,内死亡者十五人,经镜检化验者五人均系当地居民。

乙、本府防治情形

一、本府接获各方报告及广德医院检验,证实确系鼠疫杆菌之消息后,当经:(一)电呈钧座暨孔副院长、何总长、六战区司令长官陈、九战区司令长官薛报告,并分电军政部、军医署及赣粤川黔粤桂诸省府查照。(二)电卫生署请迅派专家携药械前往防治。(三)电常德第四战区欧专员及郑县长督饬武装封锁疫区,并举办交通检疫,设置隔离病院。(四)分电各县注意防范,并指示紧急处置办法四项。(五)分电邻近县份举办检疫工作。(六)饬省卫生处:(1)派该处主任技正邓一韪、工程师刘厚坤、卫生稽查长梅朝章、检疫员李承材携带储备之鼠疫血清疫苗及各种药品、器材赶往防治。(2)续加购鼠疫血清及疫苗等药械。(3)汇款应付紧急开支。(4)加紧防治宣传,扩大杀鼠灭蚤运动。(5)速调巡回卫生工作队前往常德增员协防。

接获各方关于细菌学专家陈文贵鉴定证实确系鼠疫之消息后,认为真相大明事态严重,而敌人阴谋灭我种族散播毒菌,实施细菌战之毒计亦已明确。复经电呈钧座及中央各长官、六九战区长官报告并分电各方宣露敌寇暴行;电请卫生署统筹防治机构,指派专家主持以一事权,并请拨巨款及大量药械常川驻湘指导;一命令饬省卫生处处长张维携带最近订购寄到之鼠疫血清疫苗等药械驰复常德指导防治,为周密预防计并订定防御鼠疫实施办法十项分发各县张贴共同遵守。

二、本案发展情形俟接得报告随时续呈。

以上常德发生鼠疫经过及本府防治情形,理合缕呈察核伏候核示祇遵。

谨呈

军事委员会委员长蒋

湖南省政府主席薛岳

（台北"国史馆"　001000007066A）

军事委员会电转《防制敌机散播鼠疫杆菌实施办法》案审查会纪录

（1941 年 12 月 13 日）

时间:30 年 12 月 13 日下午 3 时

地点:行政院会议厅

出席:卫生署容启荣

　　　中国红十字会汤蠡舟

　　　军事委员会办公厅林秋义

　　　军医署李穆生

　　　财政部梁培湘

　　　行政院张群

主席:张群

纪录:郑英

审查意见:

（一）本办法经查尚无不合,拟通饬施行。（二）复查鼠疫之预防及治疗应并重,现在防治之药品,本国可以制造,已由院饬卫生署就必须数量赶制。至医疗主药为新出之美国化学药品 Sulfathiazole,卫生署现存者不过五万粒。中国红十字会所存者,确数不详但亦不多。美国红十字会捐赠我国,惟尚存港未运国内者五十万粒,计共不过百万余粒。按鼠疫患者,每人须服此药百粒,始能有效。即令存港之药全部内运,亦只能供一万人之用,一旦急需殊感不敷,拟一面令该署等多事准备;一面再由院令交通部予以航运之便利,并函运输统制局协助内运。附办法及须知各一份。

（台北"国史馆"　001000007066A）

军事委员会办公厅关于函送"防止敌机散播鼠疫杆菌实施办法审查会议纪录"致侍从室第二处函

（1942 年 1 月 13 日）

案奉交下行政院函送"防止敌机散播鼠疫杆菌实施办法审查会议纪录"一份。除承办会代电通饬会鼠属各机关遵照外,相应抄附上项纪录一份,函送查照为荷。此致

委员长侍从室第二处

附审查会纪录一份。

国民军事委员会办公厅启

防制敌机散播鼠疫杆菌实施办法

一、请军事委员会、行政院通令全国各军政机关饬知，敌人有利用细菌兵器之企图须严密防范。

二、请军事委员会通令全国防空机关转饬担任防空监视哨之军民人等，一致严密注意敌机掷下物品，并切实按照"处理敌机掷下物品须知"办理。

三、由军政部通令全国各地军旅防疫机关一致注意防范，并充实防疫及检验器材。

四、由卫生署通饬全国各地省市卫生主管机关转饬所属一体注意防范，并准备防疫及检验器材。

五、由军医署、卫生署及中国红十字会总会救护总队部积极准备预防及治疗鼠疫药品，并会同向国外函请捐助各种治疗及预防鼠疫器材，如氰酸气喷雾器及 Sulfathiazole 等。

六、由卫生署令饬中央及西北防疫处充分准备鼠疫疫苗发售。

七、由卫生署印发鼠疫宣传品。

八、由军政部、卫生署分别令饬各军旅、省市卫生机关设法训练各该地之担任防空人员，灌输防疫及消毒常识，俾能于必要时指置裕如。

九、在某地有鼠疫发生时，该省卫生主管人员应立即驰往该地，联合当地有关各方组织临时防疫联合办事处，务于最期间内予以扑灭。

十、请军事委员会通令全国对于防疫工作应军民合作，勠力同心，以赴事功。

十一、如某地发生鼠疫应由地方负责自筹经费极力防制，必要时得呈请中央拨款或派员协助防治。

十二、如有鼠疫或疑似鼠疫发生时，应即按照战时防疫联合办事处所订之"疫情报告办法"切实办理之。

处理敌机掷下物品须知

各地担任防空之军民人等于发现敌机掷下物品后，应注意下列各项：

（一）所有掷下物品均应认为有沾染毒菌或毒物之可能，务须避免用手直接接触该项物品，即用扫除或集合该项物品之器具，用后亦应消毒。

（二）严防掷下物品内掺有能传染鼠疫之跳蚤。

（三）对掷下物品以立刻就地消灭为原则。

（四）除当地有检验设备之卫生机关可通知其派员来取一部分外，余一概应予消灭，负责检集该项物品之人员尤须特别注意避免跳蚤之叮咬。

（五）对掷下物品之地区如面积不广，应先用消毒药水充分喷洒，然后将该项物品集合一处，加入燃火物彻底焚烧之，消毒药品可用百分之二来沙儿，或千分之一石炭酸，或煤焦油醇百分之五漂白粉溶液，或石灰水（石灰一份，水四份）。

（六）如掷下物品甚多，沾污之地区面积较广，必须先集合各物然后予以消毒时，仍应磺黄用消毒药水喷洒整个地区，如消毒药水不敷时，所有居民至好暂时离开。猛烈之阳光经六小时以上后，亦可收消毒之效。

（七）如掷下物品亦可供鼠食者更应注意彻底毁灭，否则若其中掺有染有鼠疫杆菌之跳蚤，鼠类易遭传染，随后播及人类。

（台北"国史馆" 001000007066A）

军委会办公厅关于常德鼠疫情形致侍从室第二处函

（1942年2月28日）

据卫生署金署长卅一防字第一四七号子江代电，称查此次常德发生鼠疫，本署先后据报证实病例已有八人，所有疫情业经编呈第十二号鼠疫疫情紧急报告送请鉴核在案。兹据本署派往常德防疫外籍专员伯力士博士（Dr. Pollitzer）自常德电称："常德鼠疫案情况证据确敌方所为，最后病例发现于哿（十二月二十）日。惟迄今无疫鼠发现，仍需继续考察详情，另行快函呈报。"等情；除俟详函到署另电呈报钧会外，谨先电陈敬祈鉴察等情到会除承办会电复悉外，相应函请查照转陈为荷。此致

侍从室第二处

（台北"国史馆" 001000007066A）

侍从室第二处关于《修正处理敌机掷下物品须知》
及《防制敌机散播鼠疫杆菌实施办法》施行事宜致军委会办公厅函

（1942年3月18日）

迳启者，顷准贵厅移送渝孝字第4526号关于军医署、卫生署会呈修正处

理敌机掷下物品须知代电一件，查该文内所称三十年十一月卫（30）戌渝字第 801730 号防戌养代电曾由本处承办，并以戌陷侍秘代电贵厅饬将防制敌机散播鼠疫杆菌实施办法加以审核后通饬施行，嗣并于贵厅一月三日函谓旆同饬会属各机关遵照在案。兹后据该两署呈请前来，相应将该原代电随函抄附还印查照并案核办为荷。此致

　　本会办公厅

（台北"国史馆"　001000007066A）

中央宣传部长王世杰关于暂不宣传敌机播散鼠疫案致蒋介石呈

（1942 年 4 月 4 日）

　　案奉钧座侍秘字第 10521 号代电，略开据薛主席电称敌机在常、桃播散鼠疫杆菌，请饬严防并宣布其暴行等语。关于宣布其暴行一节，饬与卫生署商办等因；奉此，遵经商请卫生署提供意见。兹准该署送来"防治常德鼠疫报告"一册，证明此次常德发生鼠疫确系由敌机散播鼠疫杆菌或染疫跳蚤传染所致。查敌机播散鼠疫虽经证明确实，但为避免引起一般人民之恐慌心理起见，现决定在国内暂不宣传。至于国际方面已由世杰于三月三十一日招待外籍记者席上对敌寇散播鼠疫之暴行详予声述，并由部将该原报告转送外交部，请其转送各同盟国政府注意，惟为加紧防范计，拟请钧座转饬行政院及军事委员会分别严令各省市政府、各军事机关暨与卫生防空有关各机关嗣后对于敌机投下之任何物品应严密监视，禁止人员捡拾，一概由指定之警察、卫生等人员处理。再卫生署拟在美采购防止鼠疫药品已由该署电美购办，拟乞电知送部长子文力予协助，俾获提前购运回国应用。奉电前因理合将办理情形备文呈复敬祈鉴核。谨呈

　　总裁蒋

中央宣传部长王世杰

（台北"国史馆"　001000007066A）

侍从室第二处关于拟写"敌机散放疫菌时之处理办法"
案致王世杰函

（1942 年 4 月）

中央宣传部王部长勋鉴：

四月四日渝美宣字第 25405 号呈悉，关于敌机散放疫菌时之处理办法，已由军医、卫生两署会拟，呈经行政院与本会同饬施行矣。

中

卯庚侍秘 11921 号

（台北"国史馆"　001000007066A）

军事委员会关于常德鼠疫应尽速扑灭令

（1942 年 4 月 19 日）

湖南常德鼠疫复炽，居民病死者日众，蔓延堪虞，应即由军医署与卫生署会派专员前往，尽速设法扑灭为要。

（台北"国史馆"　001000007066A）

侍从室第二处关于常德鼠疫应尽速扑灭致军医署、卫生署函

（1942 年 4 月 22 日）

军医署卢署长、卫生署金署长鉴：

据报湖南常德鼠疫复炽，居民死者日众，该地贵湘此要冲，蔓延堪虞，应即由该署会同卫生、军医署讯派专员前往，尽速设法扑灭为要。

（台北"国史馆"　001000007066A）

军医署署长卢致德关于派员赴疫区指导防治案致蒋介石呈

（1942 年 4 月 28 日）

军事委员会委员长蒋钧鉴：

卯号侍秘电奉悉，查此次常得鼠疫复炽，业经本署会卫生署派战时防疫联合办事处主任委员容启荣赶往疫区指导防治，以期迅速扑灭，并于四月十九日拟具部队方面对于常德鼠疫紧急处理办法案，内呈报在案谨电呈复，恭请鉴核。

军医署署长卢致德卯俭卫

（台北"国史馆"　001000007066A）

卫生署署长金宝善关于请派防疫专家指导常德防疫工作致蒋介石呈

（1942 年 4 月 30 日）

军事委员会委员长蒋钧鉴：

　　刻奉钧会卅一年四月廿日侍秘字第 12088 号代电，以常德鼠疫复炽，饬速派专员前往尽速设法扑灭等因。奉此，查自常德发生鼠疫以来，本署曾派防疫专家，本署外籍专员伯力士博士（Dr. Pollitzer）及医疗队第十四医防巡回对等驻常工作。目前又增派第二卫生工程队前往，该队一行业已到达疫区开始工作。复查此次常德鼠疫复饬，经据医疗防疫队第二大队长石茂年本月十九日电称已亲由芷江抵常德，并急电调第四防疫医院一部份及第十医防巡回队全队来常参加工作。此外，本署已分电各有关机关及转饬驻湘各防疫人员一体注意防治。特加派本署防疫处处长容启荣尅日由渝飞桂转湘，前往疫区指导防治工作。业经于本月二十九日以卅一防字第 7003 号防卯艳代电呈报钧会各有案，奉电前因理合将本署已派专员前往常德督导防治工作情形电呈鉴核为祷。

卫生署署长金宝善叩防引

（台北"国史馆" 001000007066A）

卫生署署长金宝善关于常德鼠疫猖獗须加紧防治案致军事委员会报备电

（1942 年 4 月 30 日）

军事委员会钧鉴：

　　查常德鼠疫近复猖獗，情势颇为严重，已另电饬驻常各防疫人员一体注意，加紧防治。兹再派本署防疫处处长容启荣尅日由渝飞桂转湘，指导防治工作；除电陈行政院外，理合电请鉴核备查。

卫生署署长金宝善叩卯艳印

（台北"国史馆" 001000007066A）

侍从室第二处关于薛岳来电已交行政院核办之文电

（1942 年 5 月 20 日）

东阳薛主席来府财删电悉，密，已交行政院核办。

中

巳哿恃秘

（台北"国史馆" 001000007066A）

侍从室第二处关于常德鼠疫情形及追加防疫经费案
致行政院陈秘书长函

（1942 年 5 月 22 日）

行政院陈秘书长勋鉴：

据湖南省政府薛主席来府财删代电，称常德鼠疫近承卫生、军医两署会派防疫处长容启荣来湘，经派卫生处长张维陪往视导，染疫之鼠几遍全城，春季死廿九人，桃源莫林乡继又发现腺鼠疫，旬日间死七人。当经派队防治，暂虽已告肃清，难免不再爆发。本府前呈防疫概算费七十万二千六百元，经费不敷甚巨，拟请俯允追增加为一百二拾万元，并先予以紧急支付四十万元以应急需，计划概算费另呈核等语。特转核办。

中

巳养

（台北"国史馆"　001000007066A）

行政院关于常德鼠疫防治经费核发情形致军事委员会电

（1942 年 7 月 1 日）

重庆军事委员会勋鉴：

巳号侍秘二代电敬悉，湖南省常德鼠疫案前据该省政府迭电呈请拨款防治到院，经提出本院第五六七次会议决议："准拨七十万元，并先以紧急命令拨四十万元"，并电饬湘省政府知照在案。上项经费似可足敷支应，准电前由相应电复查照为荷。

行政院午东计四印

（台北"国史馆"　001000007066A）

四、江西

行政院关于江西省请增拨防疫经费案与
财政部、江西省政府来往文电

（1943 年 12 月 3 日）

重庆行政院：

本省呈请追加防疫经费二十万元，奉准在省战时特别预备金项下开支。

惟查此项预备金业已支用余，万难挹注，而本省光泽县酉元又已发生真性鼠疫，迭有死亡情势严重，地方财力有限，诚恐一旦流染蔓延堪虞。谨再电恳伏，乞准予另拨二十万元，永弥惨劫，共戴洪施；除计划概算另呈外，谨候电示。

曹浩森叩戍哿财会卫印

行政院稿

电

　　泰和江西省政府密，戍哿财令卫电悉，该省防疫经费应遵照申敬庆四电办理，毋庸交议，已饬财政部提前拨发。

行政院亥东庆四印

训令

仰将江西省战时预备金提前□□拨发由

令财政部：

　　据江西省政府电称："本省呈请追加防疫经费云云，至共戴洪施。"等情；查本案前据该省电请，业经核准在该省战时预备金项下动支，并以仁嘉字21735号通知书通知在案。除电复该省仍遵前电办理外，合行令仰将该省本年度战时预备金提前□□拨发济用为要。此令。

（台北"国史馆"　014000002570A）

行政院关于江西省1943年度防疫计划及概算
致财政部、江西省政府令

（1943年12月18日）

公函、训令

令财政部：

　　据江西省政府呈送本年度防疫计划及概算呈请鉴核等情，核数尚符，应准备案。除分行外，相应抄送/发原件，函请查照/令仰知照。此令/此致国民政府主计处、审计部。

　　计抄送/发江西三十二年度防疫计划暨防疫经费概算表各二份。

指令

令江西省政府：

　　三十二年十一月廿三日呈，为补编三十二年度防疫计划及概算，请另拨防疫经费二十万元，以应急需，请核示由，呈件均悉，核数尚符应予分转所请，另拨经费一节应遵照亥东庆四电办理，仰即知照。此令。

（台北"国史馆"　014000002570A）

财政部部长孔祥熙关于追加江西省1943年度战防疫费致行政院呈

（1943年12月24日）

　　案奉钧院三十二年十二月三日仁嘉字第26623号训令。以据赣省府电称本省奉准在战时特别预备金项下动支追加防疫费二十万元，因战时特别预备金支用无余，祈准另拨一案；除电复仍遵前电办理外，仰将该省去年度战时特别预备金提前扫数拨发济用等因。查该省本年度战时特别预备金已连同其他项经费，于拾一月十九日一件饬库扫数拨济。奉令，前因理合呈请鉴核。谨呈

　　行政院

财政部部长孔祥熙

（台北"国史馆"　014000002570A）

行政院关于江西省鼠疫防治及拨发经费事宜与卫生署、江西省政府来往文电

（1944年8月16日）

渝行政院长蒋：

　　密电。本省南城发现鼠疫，死亡颇多，疫势日趋严重，现正加紧扑灭。惟本省财力有限，恳请援照浙闽成例，赐拨防疫经费一百万元，以资防治并乞电示遵。

职曹浩森叩未铣印

江西电请拨照浙闽成例赐拨防疫经费一百万元以资防治案

右案奉院长谕："交卫生署于文到五日内核复。"相应通知卫生署。

行政院秘书长张厉生

行政院会计处用笺

　　本案拟照卫生署核议意见办理。款准在县市建设费项下拨发五十万元,当否? 乞示。

李振鹭　谨签　9.13

奉交核议江西省政府电以南城鼠疫流行,请援浙闽成例拨发防疫经费一百万元以资防治一案,复请察核转陈由(卫生署公函)

　　案准贵处本年九月一日渝四A字第22824号交议案件通知单。以江西省政府电请援照浙闽成例,拨发防疫经费一百万元,以资防治一案,奉院长谕:"交卫生署于文到五日内核复。"等因;附抄送原电一件过署,自因遵办。经查江西光泽早有鼠疫发现,本年年初复见流行,未几平息,惟光泽南城相据仅一百一拾公里,旋被波及。本署前据赣省卫生处七月十五日电报共有二十八病例,蔓延正烈,嗣后未获续告。惟八月上旬南城省立医院迳报本署续有十八病例发现,本署前已调派医疗防疫总队第三队于七月中旬开抵南城协助防治。至赣省府电请援照闽浙两省成案酌予拨发一百万元一节,经核闽省鼠疫流行多年,已形成地方性症,蔓延广及五十余县市;浙省鼠疫虽属未久,然南部重要城邑。如丽水、松阳、龙泉、广元、景宁等县均被蔓及。闽省前经核定拨发三百万元,浙省核定拨发一百五十万元(原经核定二百万元,嗣后追加五十万元)。赣省鼠疫地区究较上述两省为小,拟请比照酌定拨发五十万元,俾利进行。是否有当,相应复请察核转陈为荷。此致

　　行政院秘书处

署长金宝善

行政院稿

电

　　泰和江西省政府密未铣卫电悉,该省鼠疫防治经费准拨发五拾万元,除分行外,特电知照行政院。

申铣渝四印

(台北"国史馆"　014000002570A)

熊式辉关于江西省鼠疫疫情严重请求协助拨款至张厉生函

（1944 年 10 月 16 日）

厉生吾兄勋鉴：

敬启者，顷接江西省政府卫生处方处长颐积文电，略称本省南城发生鼠疫，势甚严重，正在加紧扑灭中。惟本省本年度防疫经费仅列支十一万余元，不敷甚巨，经省政府以未铣电呈行政院请援照浙闽成例拨发防疫经费一百万元，迄未奉复，乞就便向中枢代陈困难，迅准拨发等语。查所称确系实在，且需款孔急，现该未铣电想已到院，拟请吾兄惠予协助，俾能早日批复专款有着，易于因应而免蔓延至祷。专此奉恳，顺颂勋祺。

弟熊式辉敬启　　十月十六日

（台北"国史馆"　014000002570A）

张厉生关于江西省鼠疫防疫经费案致熊式辉函

（1944 年 10 月 18 日）

便函

天翼先生勋鉴：

顷奉十月十六日惠书敬悉，一是关于江西省鼠疫防治经费，前据该省府未铣电顷到院，业经本院准在县市建设费项下拨发五十万元，并于本年九月十六日已申铣渝四电复在案。知注特覆，敬颂勋祺。

弟张厉生　　十月十八日

（台北"国史馆"　014000002570A）

行政院关于江西省发现肺鼠疫病及拨发防治经费与卫生署、
江西省政府来往文电

（1945 年 1 月 23 日）

查江西省南城鼠疫防治费，前经已义嘉字第 20008 号指令在县市建设费内拨助五十万元在案。兹据所称该省除鼠疫已复蔓至南丰一带外，近更发现肺鼠疫病，电恳再拨四百万元，以资防止等语，拟先交卫生署核复再办，当否？乞示。

李振鹭　谨签

行政院来电纸

渝行政院代院长宋：

　　本省南城鼠疫已蔓延至南丰金溪县境，近更发现肺鼠疫病一流染确为可虑。地方财力枯竭，而防治不容稍缓，敬恳迅准再拨四百万元，俾得加紧防治措施。谨电驰陈，并乞电示。

　　　　　　　　　　　　　　　　　　　　职曹浩森亥元卫印

行政院稿

电

　　泰和江西省政府密亥元卫电悉，该省南城鼠疫防治费，准再拨二百万元。除报请核定外，仰切实办理。

　　　　　　　　　　　　　　　　　　　　行政院子哿兴四印

公函/训令

核准追加江西省请增拨南城鼠疫费请查照转陈核定由/仰知照由

令财政部：

　　据江西省政府亥元卫电称："本省南城鼠疫已蔓延至南丰金豀县境云云，抄至并乞电示。"等情；核属需要，准再拨发二百万元，除分行主计处、财政部暨电知查照转陈核定为荷/报请国防最高委员会核定分行主计处、财政部查照。此致

　　国防最高委员会秘书处、国民政府主计处

　　抄送/发本院代编追加预算一份。

行政院会计处签呈纸

　　本案据卫生署核复称以赣省请追加拨南城防疫费四百万元确属需要，并请先予拨发三百万元，以利工作等情。查年度已过，需款似属过巨，所请拟准追加二百万元，由院代编追加法案，并复。当否？乞示。

　　　　　　　　　　　　　　　　　　　　　　　　李振鹭

交议江西省恳再拨鼠疫防治费四百万元一案应将核议意见函复由

行政院秘书处勋鉴：

　　准贵处卅三年十二月三十日渝四 A 字第 24379 号通知。以江西省电恳

再拨该省南城鼠疫防治费四百万元案,奉谕交卫生署核复等因;抄发原电一件下署。查近据江西省卫生处处长方颐积电称以赣省疫势日益猖獗,近更发现肺鼠疫病例,职再往南城督导,惟防疫经费短绌,仍恳特请追加防疫费四百万元,以利工作等情。本署前派专员范日新前往闽、赣两省视察卫生工作,业已返渝。据面称赣省近两年来未始见鼠疫发生,视察所得该省鼠疫确由闽省邵武传播而来。自抗战军兴,闽省鼠疫辄沿公路线向赣、浙传播,疫区日渐扩大。至卅三年九月中为止,该省发生鼠疫三县份,已见南城、光泽、黎川、南丰等四县。就南城一县而论,卅三年六月份发病人数见廿七人,七月至九月底计一四一人,十月二二八人,疫势渐蔓延;十一月上旬,患者廿九人,死十三人,中旬卅五人死十二人,情势颇严重。卅三年度赣省府仅准列防疫事业费十一万元,杯水车薪,实无济于事等情。查所称各节,当属实情。赣省所请加拨防疫费四百万元,确否需要? 相应电请察核转陈,赐予先拨江西省防疫费三百万元,以利工作,并祈赐复为祷。

卫生署防卅四子佳印

江西省请增拨南城鼠疫防治费案

卫生署勋鉴:

　　准贵处三十四年一月九日卅四防自第 430 号代电,核议江西省请增拨南城鼠疫防治费一案,经签奉核准,再拨二百万元;除由院代编追加预算转报核定,并电复江西省政府,相应复请查照。

行政院秘书处子兴四印

(台北“国史馆”　014000002570A)

行政院关于江西省请增拨防疫费与卫生署、
国防最高委员会秘书厅来往文电

(1945 年 4 月 30 日)

行政院秘书处勋鉴:

　　案查本署前为核议江西省请增拨南城鼠疫防治费一案,经准贵处三十四年一月二十三日平嘉字第 1603 号代电,以此项防治费经签奉核准,再拨二百万元，并电复江西省府外，嘱查照等由到署；经抄转赣省卫生处知照在案。刻据江西省卫生处处长方颐积寅齐电称："敌寇深入本省，本处已迁宁都，照常办公。现民众迁移之后，疫病滋生，蔓延堪虞。本省前请钧署转请行政院拨发防疫费三百万元，需用孔急，恳乞转催速发。"等情。查赣省防治鼠疫需款孔急，自属实情，相应电请查核办理赐复为荷。

卫生署防（34）铣印

事由：江西省鼠疫防治费案

公函

　　查江西省请拨鼠疫防治费二百万元一案，前经本院于本年一月廿三日以平嘉字第 1603 号公函代编追加预算，函请查照转陈核定在案。兹据该省电，称近日疫病滋生，此项防治费用亟待应用，恳予迅拨，以利工作等情。核自属实，相应函请查照，迅予转陈核定为荷。此致

国防最高委员会秘书厅

公函

　　准贵署卅四防字第 5190 号代电。为江西卫生处请迅予拨发防疫费三百万元嘱查核办理等由。查此案前经奉准核拨二百万元，并由院代编追加预算，报请核定在案。兹准前由，除由院再韩国秘厅迅予转陈核定外，相应复请查照。此致

卫生署

行政院秘书长张〇〇

（台北"国史馆"　014000002570A）

行政院关于江西省疫情严重请拨发防疫经费与顾祝同、
财政部等来往文电

（1945 年 5 月 19 日）

渝行政院宋代电：

　　赣省南城、光泽、黎川、南丰等县地鼠疫流行，情势严急，请赐速拨发省防疫经费，以利防治。

顾祝同辰文医辰皓东发印

行政院稿

电

宁都江西省政府:

　　密。该省南城等地鼠疫防治费二百万元,已饬财政部迅速拨发矣。

行政院辰艳兴四印

电

铅山三战区顾长官密:

　　辰文医辰皓电悉,赣省南城等地防疫费,前据该省电请已发二百万元矣,特复。

行政院辰艳兴四印

公函、训令

核准垫拨该省南城等地鼠疫防治费二百万元请查照由/仰知照由

令财政部:

　　查增拨江西省南城等地鼠疫防治费二百万元案,经以平嘉字第1603号公函报请核定并函达查照/饬知及分行在案。兹据三战区顾长官辰文医辰皓电称:赣省南城、光泽、黎川、南丰等地鼠疫流行,情势严重,请速赐拨发该省防疫费,以利防治等情;核属实情,该项鼠疫防疫费查尚未奉核定。兹准先在本年度县市建设费内垫拨,俟奉核定再行扣抵帐转;除电复并分行外,相应函请查照/合行令仰遵照,迅速拨发为要。此致/此令

　　国民政府主计处/审计部

(台北“国史馆”　014000002570A)

财政部长俞鸿钧关于追加江西省鼠疫防治费案致行政院秘书处函

(1945 年 6 月 18 日)

文号:库四字6922号

　　案奉钧院三十四年六月二日平嘉字第11767号训令。以据三战区顾长官电请速拨赣省防疫经费,以利防治一案,该项鼠疫防治费尚未核定,准先在本年度县市建设费内垫拨,俟奉核定再行扣抵转账,饬遵照迅拨等因。查前奉钧院平嘉

字第 1603 号训令，追加赣省卅三年度南城等县鼠疫防治费二百万元，业奉国防最高委员会 154 次常会核定，经于本年三月三日饬库照拨在案，似已无庸在本年度县市建设费内垫拨。奉令前因，相应函达，即请查照转陈为荷。此致

　　行政院秘书处

财政部长俞鸿钧

拟办：查该项鼠疫防治费二百万元，既经核定由部饬库拨发在案。本件拟存。

李振鹭　谨签　6.21
（台北"国史馆"　014000002570A）

五、福建

卫生署长刘瑞恒关于福建省防治鼠疫临时费概算案致行政院呈
（1937 年 11 月 6 日）

　　案查补助福建省防治鼠疫费岁出概算书，前奉钧院令饬编造，下署当经咨请福建省政府查照办理有案。兹准该省政府二十六年十月七日余酉虞府计丙第 82950 号函开："案查前准兹催编造补助本省防治鼠疫费三万元概算，以便呈转等由。经即转饬本省防疫总所遵编去后，兹据呈复以奉发军事委员会补助之二万元及由贵署转请行政院准拨支三万元合并作为五、六两月份筹备费用概算书，请察核存转前来查核列支各数，尚属相符。除指令外，相应检同原件兹请贵署查核存转，并希等由。"准此，除兹复外，理合检同原件具文呈请检核存转，实为公便。谨呈

　　行政院

卫生署署长刘瑞恒
（台北"国史馆"　014000002591A）

聂德声关于福清、仙游等县防治鼠疫经费案致行政院呈
（1937 年 11 月 11 日）

　　查前据福建省政府电为本省福清、仙游等县鼠疫流行，请拨款补助并派员携带药品前往以资防治一案。前经饬据卫生署呈复以此项防疫

工作约计需时半年,所有应需药械人员□水、旅费、办公津贴等项费用共计约需五万元,请特准拨助三万元交财政部即予拨领,其余二万元责成福建省政府自行筹措,以便即行赶速防治等情;经提出本院第 308 次会议通过,令饬财政部及福建省政府遵照。嗣据财政部函陈,此项补助福建省福清、仙游等县防治鼠疫费三万元,应追加二十五年度国家补助费岁出临时预算,其财源已函主计处汇案商办,请于卫生署岁出慨算编送到院时,先函主计处核转等情;复经另饬卫生署赶速编造岁出概算呈院核转各在案。

兹据卫生署呈此项岁出概算,已咨由福建省政府转饬该省防疫总所呈复,已奉发军事委员会补助之二万元及本院核拨之三万元,合并作为五、六两月份筹备费用,编据概算书呈由该省函送到署,检件呈请鉴核存转等情;查此案军事委员会补助之三万元,本院无案可稽,现在岁入方面既系依照本院决议案三万元之数编列岁出概算,自未便将此二万元并入编为五万元。拟将原概算发还指令查照本院决议拨助三万元原案,迅速重编送核,当否乞

核示。

聂德声　谨签　十一、十一

（台北“国史馆”　014000002591A）

行政院关于福建省防治鼠疫临时费概算案致卫生署令

（1937 年 12 月 13 日）

指令

令卫生署:

二十六年十二月六日计字第 10503 号呈为转送福建省防治鼠疫临时费概算书,请鉴核存转由。呈件均悉,此项追加概算,应照本院第 308 次会议决议补助三万元数目编列。具军事委员会补助三万元,本院无案可稽,应饬另案办理。仰即转行遵照重编候核,原概算书发还。此令。

（台北“国史馆”　014000002591A）

施万农关于福建省 1936 年度防治鼠疫经费呈

（1938 年 4 月 28 日）

查此项补助福建省防治鼠疫费三万元，前经本院第 308 次会议决议通过，并令据财政部函陈应追加二十五年度国家补助费岁出临时概算，其财源已函主计处汇案商办，请于卫生署岁出概算编送到院时，先函主计处核转等情；嗣据卫生署转拨闽省府收军委会补助之二万元，连同本院筹备费编具概算呈请核转前来。复经指令转行重编概算候核各在案。

兹据来呈关于补备法案，既据财政部一度与主计处商办。既在二十五年度国库收支期限早经届满，应归入何年度办理，似可由主计处酌定。拟函请主计处查核办理，并令知财政部暨指令。当否请

核示。

施万农　谨签　四、廿八

（台北"国史馆"　014000002591A）

内政部关于福建省防疫总所组织规划及请予备案等事宜之呈文

（1938 年 6 月 24 日）

查此案，内政部呈送福建全省防疫总所组织规划，请予备案等。察核该所之职责为杜绝疫厉传染并实施预防，且直隶于福建省政府。（第一条）其组织颇为庞大（参第六条至第九条）该省政府设置该项机关之用意，固属甚□。惟查该省已有福建全省卫生处之设置，该卫生处之组织规程，经本院准予备案，及报告本年四月十九日第 359 次次院会，并呈准国府备案在案。依照该卫生处组织规程第一条之规定，该处承省政府之命，掌理全省卫生事项，其第四条一、四各款，关于传染病之预防及流行病之遏止事项，及各市县法定传染病之报告事项，已均规定为其掌理事项范围之内。是该省防疫总所之职权，已包括于该省卫生处职掌之范围，且同隶于省政府之下，其荐委各职员，后就卫生处为□（参该卫生处组织规程第六条至第九条）该两种机关之职权何以划分，来呈置未叙照，不无疑义。查该卫生处既以掌理福建全省卫生事项，关于传染病之预防等等，后已照定为其职掌范围，则该省防疫总所有无设立之必要，不无从详斟酌之余地。参照国府时期各项支出紧编办法一四项之规定，该省防疫

诊所似予缓设置,其所办事业即予编并该省卫生处办理,以节糜费而一事权。此件似未顷遽予核准备案,拟交内政部迅行核复后,以凭办理,当否仍请核示。再,来文所称由本院第三零八次会议通过核准由财政部拨款三万元一节,现原卷无可稽考;惟核与该防疫总所之应否设置问题,似无关系,谨并陈照。

(台北"国史馆" 014000002558A)

内政部长何键关于福建省鼠疫防治情形及
防疫机构组织规则事宜致行政院呈

(1938 年 6 月 20 日)

卫生署案呈福建省政府咨送福建全省防疫总所组之规则等章,则请转呈备案一案,经将福建全省防疫总所组织规则酌予核正,呈请鉴核备案令遵由

卫生署案,呈准福建省政府二十七年一月五日咨内开:"查本省前因闽北松溪等县发生鼠疫,经商由贵署派员来闽调查防治,并设立闽北防疫处,于本府民政厅内复设防疫专员,即派贵署技正杨永年兼任,办理防疫工作,业经咨达在案。本年一月间福清县第一区迎兜地方发现鼠疫,旋蔓延于闽南惠安、晋江、莆田、仙游、永春、韶安、武平、南平、海澄、厦门等处势甚猖獗,其时适值闽北防疫所将次结束,所有民政厅卫生科技术人员,悉数分派防治,尚感不敷,复经电商贵署仍派杨永年携带人员、药械来闽办理防治事宜,并蒙行政院第三零八次会议通过核准由财政部拨款三万元,本省自筹二万元,专充防疫经费。又奉军事委员会委员长蒋饬由军需署拨款二万元协助,旋经筹拨设立全省防疫总所,其下分设闽南、闽西、闽北防疫所、福清惠安、松政防疫分所,及莆田、仙游、龙岩、松政防疫队,取消防疫专员,即派杨永年兼任总所所长,于五月一日在晋江正式成立,附属各防疫所防疫分所亦即次第委员充任,先后开办。各该所组织规程简则并据分别拟订,呈府修正饬遵照办理。兹据该总所将修正各项规则呈送前来,除指令外相应抄同原件咨请查核,转呈行政院备案,并祈见复。"等由;附送福建全省防疫总所组织规则、福建全省防疫总所闽南防疫所组织规则、福建全省防疫总所闽北防疫所组织规则、福建全省防疫总所闽南防疫所惠安防疫分所组织简则,又福清防疫分所组织简则,又莆仙防疫队组织简则、福建全省防疫总所龙岩防疫所组

织简则、福建全省防疫总所闽北防疫所松溪防疫分所组织简则到部。经核上项规则，以福建全省防疫总所组织规则一种系属主要规则，大致尚属可行。惟于官制上或条文上尚有应行修正之处，兹由部酌予分别核正，是否有当，理合缮呈核正规则，呈请鉴核备案，指令祗遵。至其余七种章则，均系上项规则之附属章则，而条文内容则闽南、闽北两防疫所之组织规则相似，各防疫分所暨防疫队之组织简则，亦大部可以通用，宜分别改订为福建省各地防疫所组织通则、福建省各地防疫分所组织通则、福建省各地防疫所防疫队办事通则。又龙岩防疫所组织内容与防疫分队相似，可适用防疫分所组织通则。关于诸种通则中，应依名称而修正文字之处，拟交由该总所查照改正以省手续。除咨复福建省政府查照饬遵外，合并陈明。谨呈

　　行政院

　　计附呈福建全省防疫总所组织规程一份。

内政部部长何键

（台北"国史馆"　014000002558A）

福建省防疫总所组织规程

（1938 年）

　　第一条　福建省政府为杜绝疫疠传染并实施预防起见，特设全省防疫总所（以下简称本总所）。隶属于福建全省卫生处，办理全省防疫事宜。

　　第二条　本总所址暂设于晋江县。

　　第三条　本总所为便利业务进展，期收防疫速效起见，得呈准省政府于适当地点设置防疫所、防疫分所、防疫队，并递报内政部备案。前项防疫所、防疫分所、防疫队组织规则另定之。

　　第四条　本总所设所长一人，荐任简任待遇。承省政府之命，办理全省防疫事务并监督所属从事工作。前项所长人选由省政府咨请内政部于卫生署技术人员中调兼之。

　　第五条　本所设左列各室

　　一、技术室：掌理防疫之计划调查、研究训练及宣传事项。

　　二、总务室：掌理文书、会计，撰拟收发缮校、译电、铨叙、考勤、典守、印

信;编制预算、决算、出纳款项;登录会计簿册;购置物品及不属于各室事项。

第六条　本总所设秘书一人,荐任。承所长之命,审核文书及所长交办事项。

第七条　技术室、总务室各设主任一人,荐任。总务室并设会计员一人,委任。

第八条　本总所设技正四人至六人,荐任;待遇技士六人至三十人;技佐十二人至二十人,均委任。承长官之命,办理防疫技术事项。

第九条　本总所设事务员八人,委任。承长官之命,办理应办事项。

第十条　本总所因事物上之需要,得酌用雇员。

第十一条　本规则如有未尽事宜,得随时呈请修正之。

第十二条　本规则自呈准公布之日施行。

（台北"国史馆"　014000002558A）

行政院秘书长关于福建省政府设置全省防疫总所致内政部笺函

（1938 年 6 月 28 日）

笺函

贵部本年六月二十日呈院(渝卫字第 37 号呈),以呈送福建全省防疫总所组织规则,请鉴核备案一案。查该省已有福建全省卫生处之设置,其组织规则经本院指令贵部准予备案,及报告第 359 次院会,并呈准国民政府备案在案。依照该卫生处组织规程第一条之规定,该处承省政府之命,掌理全省卫生事项,其第四条第一节之各项规定,关于传染病之预防及流行病之遏止事项,以及各市县法定传染病之报告事项,已均规定为其掌理事项范围之内。该省防疫总所之职权,亦为杜绝疫疠传染并实施预防,故隶于省政府之下,其组织员额且就该卫生处庞大,政府职权为何划分,原呈并未叙明。再该防疫总所之职掌事项,既已包括该卫生处之职掌范围,有无另行设置之必要,不无斟酌之余地。据呈等情,经奉院长谕:"应交内政部迅行核复。"等因;相应函达查照。此致

内政部

行政院秘书长

（台北"国史馆"　014000002558A）

关于福建省防疫总所与福建省卫生处任务不同之呈文

（1938 年 8 月 24 日）

查此案既据内政部陈明,福建全省防疫总所与福建全省卫出处之任务不同,所拟改行其组织规则第一条条文亦尚无妥适,该总所似应准予设置。拟提请院会通过后,转呈国府备案,俟奉指令再行饬知内政部。当否？祈示。

（台北"国史馆" 014000002558A）

内政部关于《福建省防疫总所组织规则》请予备案致行政院秘书处函

（1938 年 6 月 27 日）

函复关于奉交核复本部呈转福建全省防疫总所组织规则请鉴核备案一案,审核情形请查照转陈由（内政部公函）

案准贵处本年六月二十七日渝字第 5194 号笺函,关于本部呈转福建全省防疫总所组织规则请鉴核备案一案,以奉谕总所组织员额,较福建全省卫生处庞大,而职掌事项又包括于该卫生处职掌范围之内,该总所有无另行设置之必要,应交内政部核复等因,函属查照等由;准此,查自民国二十四年至二十六年间,闽南北各地方先后发生鼠疫,蔓延广袤,势甚猖獗,人民死于疫症者极多。前卫生署以准福建省政府报告,迭经派员前往协同防治,时福建省尚未有卫生主管机关之设置,临时于省政府内设置防疫专员主持其事,旋得逐渐扑灭。但据调查结果,如龙岩、莆田、仙游、松溪、政和等处鼠疫,多以变为消长性流行,非彻底灭绝,无以杜鼠疫之复发。当经福建省政府之委托,由卫生署所派专门人员,拟订防疫计划,按程实施。惟以兹事体大,自非设置机关,不足以专责成而其速效,故有该防疫总所之设置,更于鼠疫根源地纷设防疫所、防疫分所、防疫队等组织以利实施而便工作。复以总所以下各级组织之经费关系,凡属重要工作人员,多系由总所职员中调兼,以是该总所编制在表面上形成庞大之现象。嗣福建省政府鉴于鼠疫之危险及防治之不易,亟思励行公共卫生以树基础,始有全省卫生处之设置,是乃一通常卫生行政主管机关。虽亦主管防疫事项,但立于指导监督之地位,较之该总所之专为根绝鼠疫实地工作者,任务上不无稍异,故其编制亦较该总所略简。兹仰体钧院意旨,拟改订其组织规则地一条条文为"福建省政府为根绝全省鼠疫实施防治工作起见,特设全省防疫总所,直隶于省政府,并受全省卫生处之指导监督,办理防疫事宜",俾明示其职责,并使与全省卫生处发生联系。再该总所之设,纯系由福建省鼠疫之特殊情形,依照防疫计划,实施根绝工作,属于临时性质,且已实施有时,如果中途变更组织或恐影响计划,拟请钧院核准福建省政府设置该防疫总所,以指导所属各级组织,继续工作,俾竟全功,是否有当,相应函复,即请查照转陈为荷。此致

行政院秘书处

（台北"国史馆"　014000002558A）

内政部关于福建省设置防疫总所修组织规则
致国民政府主席林森呈

（1938年9月5日）

呈

据内政部呈送福建全省防疫总所组织规则核备案一案到院。当以该防疫总所有无设置之必要,经交由内政部核复在案。兹据该部函陈该防疫总所应准设立情形,经提出本院第三七八次会议决议"准予设置,组织规则修正通过。"理合缮同该规则具文呈请鉴核备案。谨呈

国民政府主席林

（台北"国史馆"　014000002558A）

国民政府主席孔祥熙等关于修正通过《福建省
防疫总所组织规则》致行政院令

（1938年9月8日）

令行政院:

二十七年九月五日渝字第990号呈一件,为据内政部呈送福建全省防疫总所组织规则经提出本院第378会议修正通过,缮呈鉴核备案由,呈件均悉,准予备案。附件存。此令。

国民政府主席孔祥熙
行政院院长孔祥熙
内政部部长何键
（台北"国史馆"　014000002558A）

行政院关于修正通过《福建省防疫总所组织规则》致内政部令

(1938 年 9 月 13 日)

令内政部:

　　该部呈送福建全省防疫总所组织规则,业经本院第 378 会议决议"修正通过",并业经呈奉国民政府二十七年九月七日渝字第 1123 号指令"准予备案"。合行抄发修正条文,令仰知照,并转行知照。此令。

(台北"国史馆"　014000002558A)

行政院关于核查办理福建省防疫总所 1936 年五六月份
筹备费概算案致主计处训令

(1939 年 5 月 6 日)

训令/公函

令财政部:

　　案据内政部二十八年四月二十七日渝会字第 660 号称:"案据卫生署二十八年四月十九日呈称云云,呈请鉴赐核办。"等情;查此项补助福建省防治鼠疫费三万元前经本院第 308 次会议通过,并令拨该部陈能应追加二十五年度国家补助费岁出临时预算,其财源已函主计处汇案商办,请于卫生署岁出概算编送到院时,先函主计处和转等情;嗣据卫生署转拨福建省政府收军事委员会补助之二万元,速同本院准拨之三万元合并作为二十六年五、六两月份筹备费,编具概算呈请核转前来。当以军事委员会补助之二万元应另案办理,指令该署转行重编概算候核各在案。兹据前情关于补备法案,既拨该部向主计处、贵处商办。现在二十五年度国库收支结束期限早经届满,应归入何年度办理应由、应请主计处、贵处酌定转陈核办除函请主计处查核办理、令知财政部暨指令外合行检发;相应检同原概算令仰知照函请。此令查核办理。此致

　　国民政府主计处

(台北"国史馆"　014000002591A)

关于福建省防疫总所 1936 年五六两月筹备费
概算请核转由致内政部令
（1939 年 4 月 27 日）

指令

令内政部：

　　二十八年四月二十七日渝会第 660 号呈,送福建省防疫总所二十五年度五、六两月筹备费概算请核转由,呈件均悉,已函请主计处查核办理,并令知财政部矣。此令。附件存转。

（台北"国史馆"　014000002591A）

蒋介石关于福建疟疾鼠疫蔓延情形请拨款购买奎宁鼠疫苗
等事宜致行政院孔祥熙院长电
（1939 年 8 月 10 日）

行政院孔院长勋鉴：

　　顷据福建省政府主席陈仪七月三十一日府卫甲世电,称疟疾为闽省最普遍厉害之疾病,全省一千二百万人口中,染此病者过半数,而恶性疟疾甚多,死亡率尤高,若不亟谋防治,影响抗战甚大。关于防治方面之灭蚊工作,因面积过广,非数十万元莫办;治疗方面仅以奎宁丸论每人最少限度以十粒计,全省亦派六千余万粒。再闽省鼠疫历年为患,现又蔓延达十五县,死亡枕籍,诚极痛心,若不设法根除,亦足影响于抗战。刻虽承卫生署拨助奎宁丸三十万粒、鼠疫苗十余万公撮,然杯水车薪不敷应用。凡该防治疟病、鼠疫均非本省财力所能及,恳赐五十万元及大批奎宁鼠疫苗以利进行,并候电遵等语。查此等疠疫为灾至堪悯念,又非仅给以金钱即可防制之事。希饬主管各部,妥为筹划施行有效之救济见复为荷。

（渝）中正办四佳印

（台北"国史馆"　014000002591A）

军委会关于福建省疟疫鼠疫蔓延情形请求
救济致内政部、财政部电

（1939 年 8 月 12 日）

右案奉院长谕：“交内政、财政两部从速核议具复。”相应通知内政、财政部。

（台北“国史馆”　014000002591A）

行政院会关于救济福建省疟疾鼠疫灾害案致内政部、财政部令

（1939 年 8 月 16 日）

军事委员会勋鉴办四（渝）第 7790 号代电，诵悉救济闽省疟疾鼠疫灾害
一案，已饬内政、财政两部从速核议具复。

行政院铣印

（台北“国史馆”　014000002591A）

戴愧生关于福建鼠疫疟疾禁烟等事宜情形致行政院报告

（1939 年 9 月 5 日）

案准戴委员愧生视察福建报告：（一）闽南各县鼠疫流行已经月余，闽西
北各县疟疾尤为厉害，各部队患者亦多。自海口被封锁后，金鸡纳丸来源断
绝，各县卫生院束手无策，请转饬卫生署发金鸡纳丸百万粒或五十万粒，交
福建省卫生处分发各县以资救济。（二）福建禁烟尚不彻底，如禁烟限戒所
给予烟民牌照，每日限购一钱，而土膏店虽一两二两亦不拒绝，甚至不持牌
照之人买烟亦与交易，若不严厉限制，烟害终无肃清之日，相应函达。即希
查照转饬主管机关核办见复为荷。此致

行政院

（台北“国史馆”　014000002591A）

行政院关于救济福建省鼠疫及疟疾灾害请内政部、
财政部迅速办理令

（1939 年 9 月 16 日）

右案奉院长谕：“交内政、财政两部，并催速复。”相应通知内政、财政部。

查此案关于救济福建省鼠疫及疟疾灾害部分，前准军事委员会代电到
院，经以律字第一六三六号通知奉交贵部及财政、内政部在案。为期已逾一

月,请即速复以便办理。

内政部长周钟岳关于办理福建省鼠疫及疟疾灾害救济案致行政院呈

（1939 年 10 月 11 日）

案奉钧院交下律字第 15825 号交办案件通知单,为中央执行委员会秘书处函转戴委员愧生关于闽省疟疾及禁烟报告,请转饬核办一案。查本案第一项关于救济福建省鼠疫及疟疾灾害部份,与前奉交律字第 13636 号通知,准军事委员会办四佳代电,据福建省政府电陈该省疟疾及鼠疫蔓延情形,请饬主管各部妥筹救济一案事由相同。本部已准财政部函以福建省财力有限准予酌拨,函请转饬卫生署迅拟有效防治办法,并将所拟办法及必须费用概算检送,以凭核议等由。本部即参酌实际需要,拟具福建省防治疟疾及鼠疫两年计划,及中央协助福建省卫生事业补助费第一、二年概算书等,现送请财政部会核,即行呈复钧院。又查本年内本部已饬由卫生署先后拨赠福建省政府鼠疫疫苗十万剂、氰化钙一千五百磅,及奎宁丸三十万粒各在案。除本案第二项关于禁烟部份另案呈复外,理合将办理情形备文呈复仰祈鉴核。谨呈

行政院

内政部部长周钟岳

行政院关于福建省疟疾及禁烟事宜办理情况致
中央执行委员会秘书处公函

（1939 年 10 月 17 日）

公函

贵处本年九月五日渝(28)机字第 12085 号公函诵悉,戴委员愧生视察闽省疟疾及禁烟之报告,经交据内政、财政两部,兹据内政部呈复办理情形到院,相应抄同函件函达查照。此致

中央执行委员会秘书处

附抄送内政部原呈一件。

行政院关于福建省鼠疫及疟疾灾害救济办理案致内政部令

（1939 年 10 月）

指令

令财政部：

　　本年十月十一日渝卫字第 184 号呈复戴委员愧生视察闽省报告，第一项关于救济福建省鼠疫及疟疾灾害部份办理经过情形由。呈悉，已函达中央执行委员会秘书处。仰祈知照。此令。

（台北"国史馆"　014000002591A）

内政部部长周钟岳关于办理福建省禁烟案致行政院长孔祥熙呈

（1939 年 11 月 8 日）

　　案准钧院秘书长二十八年九月十六日律字第 15825 号通知，以中央执行委员会秘书处函转戴委员愧生关于闽省疟疾及禁烟报告请转饬核办一案，奉钧谕"交内政、财政两部并催速复"等因，抄送原函一件通知到部。准此，除原函第一项关于救济福建省鼠疫及疟疾灾害部份已另文呈请鉴核外。兹查第二项关于福建禁烟设立限戒所，发给烟民牌照各节，并未经该省政府正式报告，仅据本部派委禁烟委员会调查员刘澄，于本年前赴该省视察禁政报告，略称该省设立烟民限戒管理所一千一百余所，分等征收照证费，均应赴所购吸，虽属为统治管理起见，但未实行凭照购售，流弊滋多等情。本部以此种戒烟所，既不凭照购售，即为变相烟馆，应即一律撤销并按各地烟民人数及吸量，规定土膏行店分期递减办法，确定期限，将全省土膏行店分期抽签递减等语。于二十八年十月十二日渝禁壹字第一零零四号，咨请福建省政府查照办理在案；至土膏店不凭照发售及无照烟民吸食鸦片，均应依法分别惩处，拟请钧院令行福建省政府查照本部前咨办理，并严饬各县政府切实查禁。奉交前因，理合将核议情形备文呈请察核令遵。

谨呈

　　行政院长孔

内政部部长周钟岳

（台北"国史馆"　014000002591A）

国民政府主席林森等关于福建省防治鼠疫筹备
临时费等事宜致行政院令

（1939 年 11 月 9 日）

令行政院：

为令饬事，案准国防最高委员会二十八年十一月四日国议字第 1891号函开："准政府核准福建全省防疫总所二十五年度防治鼠疫筹备临时费请改作二十七年度岁出追加概算一案，经交财政专门委员会审查，据报告称：'本案据列福建全省防疫总所筹备临时费三万圆，并据说明福建省于二十五年度发现鼠疫，曾由中央拨款设所防治，共拨五万圆。除军事委员会所拨三万圆另案办理外，兹就行政院所拨三万圆编送概算，本会审查金以防治鼠疫事关重大，此项防疫经费既经行政院会议通过，自应补备法案。惟二十七年度国库收支，现在亦已结束，拟请改作二十八年度追加岁出如数核定。'等语，提经本会第十八次常务会议决议，照审查意见通过。相应录案函达查照分令饬遵。"等由；准此，自应照办。除函复并分行外，合行令仰该院分别转饬遵照。此令。

国民政府主席林森
行政院院长孔祥熙
监察院院长于右任
内政部部长周钟岳
财政部部长孔祥熙
审计部部长林云陔

（台北"国史馆" 014000002591A）

恒荣关于福建省疟疾鼠疫蔓延情形办理拨款
补助事宜致军事委员会呈

（1940 年 1 月 9 日）

查前准军事委员会代电，以据福建省政府主席陈仪电呈该省疟疾鼠疫蔓延情形，请拨发五十万元及大批奎宁鼠疫品以资防治一案，嘱饬主管各部妥为筹划有效之救济等由过院，经交内政财政两部从速核议据报在案。兹据该两部核议呈复前来察核。该两部以闽省因地理气候关系本为疟区,鼠疫疫特别流行,虽经该省设法防治并经中央拨款补助,终以经费未甚充实,卫生机关有欠健全,未克收根绝之效。因饬据卫生署拟具福建省防治疟疾及鼠疫工作两年计划,以为彻底防治该省疟疾及鼠疫之计,自属切要之图,所拟计划及概算亦尚核实,其每年经费二十二万元定为中央补助半数,其余半数由该省自筹。于中央及地方财力均以兼筹并顾,似尚可行,拟提会通过后函请主计处查核办理,指令该两部知照并令知福建省政府,及代电军事委员会,当否祈

　　核示。

恒荣　谨签　一、九

（台北"国史馆"　014000002591A）

行政院关于办理福建省疟疾鼠疫蔓延救济案与军事委员会
主计处、内政部、财政部、福建省等来往文书

（1940 年 1 月 20 日）

公函

　　福建省政府电陈该省疟疾鼠疫蔓延情形请予救济一案,经饬据内政、财政两部呈拟福建省防治疟疾及鼠疫二年计划、中央拨助事业补助费概算书及分担金额表等件,提出本院第 448 次会议决议:"通过"。除分行外,相应抄同原件,函请查核办理。此致

　　国民政府主计处

指令

令财政、内政部:

　　二十九年一月八日渝二号会 1539 号公函财政、内政部呈核议福建省政府电陈该省疟疾鼠疫蔓延情形,请予救济一案,拟具计划及补助概算及分担金额表等件,请核示由。呈件均悉,案经提出本院第 448 次会议决议:"通过"。已函请主计处查核办理;令饬福建省政府遵照;代电军事委员会查照,并令知财政、内政部仰即知照。又所有防治工作,应由卫生署切实监督办理并仰知照。此令。

训令

令福建省政府：

　　该省政府电陈该省疟疾鼠疫蔓延情形请予救济一案，业准军事委员会代电转送过院。经饬据内政、财政两部呈拟福建省防治疟疾及鼠疫二年计划、中央拨助事业补助费概算书及分担金额表等件，提出本院第448次会议决议："通过"。至所有防治工作，应由卫生署切实监督办理。除指令并分行外，合行抄发原件，令仰知照。此令。

代电

军事委员会：

　　该省政府电陈该省疟疾鼠疫蔓延情形请予救济一案，经饬据内政、财政两部呈拟福建省防治疟疾及鼠疫二年计划、中央拨助事业补助费概算书及分担金额表等件，提出本院第448次会议决议："通过"。至所有防治工作，应由卫生署切实监督办理。除指令该两部知照，令知福建省政府暨函请主计处查核办理外，特抄同原件电请查照。

行政院鹙印

（台北"国史馆" 014000002591A）

国民政府主席林森等关于福建省防治疟疾及鼠疫计划
并请拨经费事宜致行政院令

（1940年3月30日）

令行政院：

　　为令饬事，案准国防最高委员会二十九年三月二十五日，国议字第7788号函开："准政府核转内政、财政两部会呈，拟具福建省防治疟疾及鼠疫二年计划，并请中央补助经费，造送二十九年度岁出临时追加概算一案，经交财政专门委员会审查，据报告称本案经开会审查，佥以福建省疟疾鼠疫蔓延甚广，兹应早日扑灭以保人民健康。该主管内政、财政两部遵奉院令拟具防治工作二年计划，并分别造送第一、第二两个年度卫生事业费概算各二十二万圆，请由中央拨助半数，余由地方自筹，尚属允协。除三十年度补助费一十一万圆已据主计处声明汇编该年度总预算外,二十九年度补助费一十一万圆,拟请核定即在中央总预备金项下动支等语。提经本会第二十八次常务会议决议,照审查意见通过。相应录案函达查照分令饬遵。"等由;准此自应照办。除函复并分行外,合行令仰该院分别转饬遵照。

　　此令。

国民政府主席林森

行政院院长蒋中正

监察院院长于右任

内政部部长周钟岳

财政部部长孔祥熙

审计部部长林云陔

(台北"国史馆"　014000002591A)

陈仪关于福建省防治疟疾及鼠疫工作及请拨经费事宜致行政院长呈

(1941 年 5 月 21 日)

拟办:拟交卫生署会同财政部核议

渝行政院长蒋:

　　查本省29、30 两年防治疟疾及鼠疫工作,前奉中央补助经费经遵照颁定计划,并参酌地方实际情形分别积极推进实施,已达成效颇着。策以地方特殊传染病为患以深,且流行区域约遍全省。扑灭期尚有待 31 年度起,拟请中央仍赐继续补助防治经费年一百万元,俾经费充实而收速效。当否乞核示。

职陈仪叩卫丙永皓印

(台北"国史馆"　014000002591A)

行政院关于继续补助福建省防治疟疾及鼠疫经费事宜
致财政部、卫生署通知

(1941 年 5 月 26 日)

　　右案奉院长谕:"交卫生署会同财政部核议。"除分函外,相应通知财政部、卫生署。

(台北"国史馆"　014000002591A)

财政部部长孔祥熙关于继续补助福建省防治疟疾及
鼠疫经费事宜致行政院秘书处函
（1941年8月3日）

案查前准贵处三十年六月三日A字第8559号通知,以福建省政府电请字三十一年度起继续补助防治疟疾及鼠疫经费壹百万元一案,奉谕:"交卫生署会同财政部核议。"等因;计抄附原电一件到部。查此案经函准卫生署函复以原案未附具详细计划无须核议,业于六月二十七日以卅防字9301号函请贵处特属闽省府补送计划及预算在案,俟到署后再行主稿会复等由,相应先行复请查照为荷。此致
　　行政院秘书处

　　　　　　　　　　　　　　　　　　财政部部长孔祥熙
　　　　　　　　　　　（台北"国史馆"　014000002591A）

卫生署署长金宝善关于继续补助福建省防治疟疾
鼠疫经费案致行政院秘书处函
（1941年6月27日）

案准贵处三十年六月三日发A字第8559号通知,以福建省政府电请字三十一年度起继续补助防治疟疾及鼠疫经费壹百万元一节,奉院长谕:"交卫生署会同财政部核议。"等因;抄原电一件等由。准此,查福建省鼠疫及疟病均极流行,抗战期间后方防治工作尤应加紧处理,所请于三十一年度继续由中央补助防治经费一节确切需要。惟所请补助款数为壹百万元,并未将详细计划及预算送来,故无从审核,拟请转属福建省政府补送计划及预算以凭办理,特函复查照转陈为荷。此致
　　政院秘书处

　　　　　　　　　　　　　　　　　　　　署长金宝善
　　　　　　　　　　　（台北"国史馆"　014000002591A）

沈成关于继续补助福建省防治疟疾及鼠疫经费案
致财政部、卫生署函
（1941年8月18日）

前据福建省政府电请于三十一年度继续补助干省防治疟疾及鼠疫经费

一百万元一案,经交卫生署会同财政部核议在案。兹据先后复称请转饬补送计划及预算,以凭合议等语。

查三十一年度各省收支,已决定改由中央统筹办理。该省所请继续补助一节似可毋庸置议,拟电复该省政府饬即编入三十一年度行政计划及概算并候核定,应由处函知财政部、卫生署。当否乞

核示。

沈成　谨签　8.18

(台北"国史馆"　014000002591A)

代理行政院秘书长关于继续补助福建省防治疟疾及
鼠疫经费案致财政部、卫生署函

(1941 年 8 月 26 日)

笺函

　　贵部、署本年六月二十七日、八月三日卅防字第 9301 号、库渝字第 31592 号公函诵悉,福建省政府电请于三十一年度继续补助该省防治疟及及鼠疫经费一百万元一案,经由院以"三十一年度各省收支,已决定改由中央统筹办理。该省所请继续补助防治疟疾及鼠疫经费一节,仰即编入三十一年度行政计划即概算并候核定。"等语,电复知照。相应函达查照。此致

财政部、卫生署

代理行政院秘书长蒋

(台北"国史馆"　014000002591A)

行政院关于继续补助福建省防治疟疾及鼠疫经费已纳入
1942 年度行政计划及概算案致永安陈主席电

(1941 年 8 月 26 日)

电

永安陈主席:

　　密。五月卫丙永皓电悉,(31)年度各省收支已决定改由中央统筹办理。

该省所请继续补助防治疟疾及鼠疫经费一节,仰即编入(31)年度行政计划及概算,并候核定。

行政院马计二印

(台北"国史馆"　014000002591A)

宋海清关于福建省 1942 年度防疫事业及卫生扩充事业
计划概算事宜致行政院呈

(1942 年 3 月 13 日)

关于所发防疫事业计划,着重治本工作而尚属可行。据照原核意见指示该省政府注意办理。至扩充卫生事业部份所有南平、永安两省五医院,拟准予充实以上两项所需经费,即在本院核准增加卫生支出一百万元内统筹支配,其余各项暂从缓议暨指令遵照。谨附呈核拟福建省三十一年度防疫事业及卫生扩充事业计划概算一览表。当否请示。

附呈一览表一纸。

宋海清　谨签　3.13

核拟福建省三十一年度防疫事业及卫生扩充事业计划概算一览表

原拟计划	概算数(元)	财政部、卫生署核复意见	审核意见
防疫事业计划	1,000,000	一、应积极充实防疫人员,补充防疫器材、防疫经费至少项以半数以上用于防治鼠疫,以谋彻底肃清。二、应积极充实卫生试验所制备鼠疫疫苗最低产量,足供本省之用。三、平时应充分训练防疫干部人员,随时准备交通工具,藉收事半功倍之效。四、设置大规模传染医院。	防疫事业在实际上分治本治标两种办法,如能并行实施,自易收效。拟照核复意见指示该省政府注意办理。
1. 继续研究调查	50,000		
2. 添购防疫器材	70,000		
3. 购储防疫药品	100,000		
4. 实地防疫工作费	40,000		
5. 防疫人员旅费	50,000		
6. 设立省立传染病院	25,000		
7. 改进环境卫生	120,000		
8. 扩充地方消毒设备	35,000		
9. 继续办理防疫大队	85,000		
10. 继续办理抗疟工作	200,000		

续表

原拟计划	概算数（元）	财政部、卫生署核复意见	审核意见
扩充卫生事业	1,035,000	一、制药厂应尽量设法推进研究技术改进。 二、充实南平、永安医院并利用收入随时呈准扩充。 三、设立龙岩医院。	南平、永安两地人烟稠密，鼠疟病疫极易蔓延。原有省立医院拟准予充实其余各项，暂从缓议。
1. 增加制药厂资本	200,000		
2. 购储药品材料	400,000		
3. 添设省立医院病房等	70,000		
4. 充实永安医院设备	65,000		
5. 筹设省立龙岩医院	374,450		

备注：

　　一、该省三十一年度卫生支出原列 1,293,965 元，增加 1,000,000 元，共计 2,293,965 元。除经常支出不计外，所有上列各项经费拟饬在增加之一百万元内统筹支出。

　　二、查该省三十一年度预备金共计核列五百二十余万元。据核复意见略以上列各项经费如仍属不敷，可在预备金内匀支等语；查该省他项支出尚多，拟不再予匀列，以留伸缩余地。

　　三、上列扩充卫生事业概算总数与细数不符，系将省立龙岩医院项下移列 74,450 元于经常门常时部分合并陈明。

（台北"国史馆"　014000002591A）

行政院关于福建省 1942 年度防疫并卫生事业计划

及概算案致福建省政府令

（1942 年 3 月 23 日）

指令

令福建省政府：

　　三十年十月二十四日府卫会永字第 11057 号呈一件。为呈送卅一年度防疫并卫生事业计划及概算书，请继续补助防疫及治疟经费一百万元，敬候示遵由，呈件均悉，经饬据财政部、卫生署会同核覆一节，称（甲）关于该省防疫事业部份应行注意事项，一、该省鼠疫流行已久云云叙至，亦确系事实上所必需；（乙）扩充卫生事业部份，所有南平、永安两省立医院拟准予充实，连同前项所需经费即在增加该省三十一年度卫生支出一百万元内统筹支配等情，核属可行仰即遵照。此令。

（台北"国史馆"　014000002591A）

行政院关于福建省卫生防疫计划及概算案致财政部、卫生署令
（1942 年 3 月 23 日）

准贵部、署二月二十五日会函核覆福建省卫生防疫计划及概算一案,经陈奉谕:"闽省防疫事业计划照部、署核议意见转饬注意办理。至扩充卫生事业部份,本年度暂先充实南平、永安两省立医院。暂从缓议所有应需经费,即在该省本年度概算增列之卫生支出一百万元内统筹办理支配。"□由院指令福建省政府遵照暨由处分函财政部、卫生署外,相应函达查照为荷。此致

财政部、卫生署

（台北"国史馆"　014000002591A）

福建省政府关于请拨鼠疫防治费与行政院来往呈电
（1942 年 4 月 6 日）

重庆行政院院长蒋:

密。据龙溪张县长电,称漳州鼠疫蔓延日广,情势严重,请拨防治费玖万元等情。经本府第 272 次委员会决先发防治费贰万元,在本年度及暂时特别预备金项下动支纪录在卷,情势紧急拟即拨付。除预算书另送外,特电请核示。

福建省政府永财丙鱼印

永安福建省政府密永财丙鱼电悉,核尚需要,准予动支。

行政院邥覃会二印

（台北"国史馆"　014000002591A）

行政院关于同意福建省动支防治鼠疫经费案致福建省政府等令
（1942 年 4 月 15 日）

公函/训令

令财政部:

据福建省政府永财丙鱼电称:"据龙溪张县长电云云持电请核示。"等情;经核尚属可行,准予动支。除函知主计处、审计部/令知福建省政府、财

政部外,相应函达/合行令仰知照。此令/查照。此致

审计部/国民政府主计处

（台北"国史馆"　014000002591A）

卫生署关于福建省龙溪、浦田等县鼠疫情形致行政院秘书处电

（1942 年 4 月 18 日）

行政院秘书处勋鉴:

准贵处本年四月十日 A 字第 11973 号通知。以福建省政府电为鼠疫复萌,计有龙溪、莆田等县继续发现。除已派员携药防治一案,奉谕交卫生署等因;抄附原电下署。查本署于本月四日接准福建省政府卫丙东电开案,同前由该省府并以目前情况已有流行趋势,若疫区蔓延过广,以现有人力、财力势难应付,电属本署迅予有效援助各等由到署。查福建省鼠疫流行有四十年历史,已成为地方性疫病,所有防疫机构及工作人员已奠定基础,较诸任何省份设备为强。复查该省三十一年度防疫经费已奉核定为一百万元,而本署本年所有防疫专款仅五十六万元,相比尤多一倍,工作推进当较便利,允宜积极处理,根除疫源以杜复燃而济兆民。又查本署前转奉钧院三十一年一月十五日顺陆字第 00761 号训令,转示军事委员会电饬对于防治鼠疫应行改进事项一案,业经于本年一月二十一日以卅一防字第 903 号防子马代电福建省政府请为严饬澈查统筹,拟具根除办法办理具报。又本署于目前曾电向中央防疫处购赠福建省卫生处鼠疫苗三千瓶,以资协助各有案;兹准通知,除先电复福建省政府仍请查案迅饬切实遵办具报外,相应电复至希督照转陈为荷。

卫生署防卯巧印

（台北"国史馆"　014000002591A）

行政院关于追加防治鼠疫经费致福建省政府电

（1942 年 12 月 6 日）

电

永安福建省政府:

密。永民卫嘉电悉,该省追加防治鼠疫追加费,业经由院以紧急命令饬

库先行垫拨贰百万元,仰即洽商卫生署核实撙节支用报院备查为要。

　　　　　　　　　　　　　　　　　　　　　　行政院亥鱼庆四印

　　　　　　　　　　　（台北"国史馆"　014000002591A）

刘建绪关于同意卫生署追加防疫费致行政院院长呈

（1942 年 12 月 10 日）

重庆行政院院长蒋:

　　准卫生署防宥电密特准追加防疫费三百万元,谨恳迅予拨发电遵。

　　　　　　　　　　　　　　　　　　　　　职刘建绪永民卫亥印

　　　　　　　　　　　（台北"国史馆"　014000002591A）

陈儒赓关于追加福建省防治鼠疫经费案致行政院呈

（1942 年 12 月 20 日）

　　查福建省防治鼠疫经费案,前经本院核准追加三百万元,经报请核定暨分行在卷。兹据该省电请速拨到院,兹为便于该省会同卫生署迅予防治,计拟以紧急命令饬奉先行垫拨二百万元,以应急需。当否敬请核示。

　　　　　　　　　　　　　　　　　　　　　陈儒赓　12.20

　　　　　　　　　　　（台北"国史馆"　014000002591A）

行政院关于追加福建省 1942 年度防治鼠疫费致财政部令

（1942 年）

紧急命令

令财政部:

　　据福建省政府三十二年永民卫生电,为该省追加防治鼠疫费三百万元,请予拨发应用等情;查本院核准追加福建省三十二年度防治鼠疫费三百万元,经行知在案。兹据前情,准予先行垫拨,上项追加经费国币贰百万元交福建省政府商同卫生署核实撙节支用,俟概算核定后,并依照国防最高委员会第十七次常务会议关于颁发紧急命令之决议,令仰饬库即行函照办理具报。此令。

　　　　　　　　　　　（台北"国史馆"　014000002591A）

福建省政府主席刘建绪关于修正《福州市卫生处防疫大队暂行组织规程》致行政院呈

（1943 年 3 月）

案查前据本省卫生处呈拟福州市卫生事务所暂行组织规程暨修正卫生处防疫大队暂行组织规程请鉴核等情到府,经审查提交本府三十一年十一月十八日委员会第306次会议决议,照审查意见通过;除分咨卫生署请予备案外,理合抄同附该所及该大队组织规程各一份,呈请钧院鉴核备案。谨呈

行政院

福建省政府主席刘建绪

（台北"国史馆"　014000002558A）

福建省政府关于拨发经费防治鼠疫案致行政院院长呈

（1943 年 7 月 19 日）

行政院院长蒋:

据本省卫生处呈以最近本省各地鼠疫流行,本处原存疫苗不敷供应。设疫情扩大更属无法应付,为未雨绸缪,计拟购储疫苗以资准备,所需价款请准予由库提拨等情。业经提出三十二年四月二十九日本府委员会第325次会议议决"准在战时特别预备金项下拨拾万元,并由库先行垫发。"等语,纪录在卷。兹谨检同前项计划及概算七份,电乞察准示遵。

福建省政府永财丙印

计划概算

过去概况

查防疫用各种疫苗,历年均系应事实之需要,充分购储备用,尚无匮乏。本年因气候之不正,疫疠极易滋生,各项疫苗,自应大量购备,尤以鼠疫苗,更为切要。惟此项防疫药品器材费,上年度共为二十四万元,已减少半数。复经本年四月二十二日第324次省府委员会会议议决,拨助省立卫生试验所一万四千七百元,龙岩中心卫生院五千二百零一元,两共二万元。本年政费紧缩时,又减去三百元,则仅余九万九千七百元,所能购得之疫苗为数无多,势难应付需要。

计划要点

兹为适应需要起见,呈请准在战时预备金项下拨发疫苗补助费十万元,拟增购鼠疫苗三千五百瓶,及霍乱伤寒混合苗一百瓶以资补充而免匮乏。(附增购疫苗品量计划书)

三十二年度拟向试验所增购疫苗品量计划书

品名	单位	增购数量		单价	合计
		数量	每瓶容量		
鼠疫苗	瓶	3,500	100 公撮	28.00	98,000.00
霍乱伤寒混合疫苗	瓶	100	100 公撮	20.00	2,000.00
表列两项共需拾万元正					

福建省卫生处三十二年度鼠疫疫苗概算

科目	本年度概算数	备考
第一款疫苗购置费	100,000.00	附计划书。
第一项鼠疫苗及霍乱伤寒混合疫苗	100,000.00	
第一目鼠疫苗	98,000.00	鼠疫苗 3500 瓶,每瓶 28 元计如上数。
第二目霍乱伤寒混合疫苗	2,000.00	霍乱伤寒混合疫苗 100 瓶,每瓶 20 元,计如上数。

处长陆涤寰 会计主任王世馥

(台北"国史馆" 014000002591A)

卫生署关于福建省请拨疫苗补助费及
防治鼠疫济救事宜致行政院秘书处电

(1943 年 8 月 17 日)

案奉院长谕:"交卫生署迅即切实核复。"相应通知卫生署。

兹将核复福建省卫生处请拨疫苗补助费及电请筹防治鼠疫有效济救办法情形电复由

行政院秘书处勋鉴:

案准贵处本年八月十七日会爱字第四四五零四号通知及 A 字第 18357 号

通知,关于福建省政府为据该省卫生处呈请由战时特别预备金项下拨发疫苗补助费十万元。又闽省府电请再饬迅筹防治鼠疫有效救济办法两案,奉谕交卫生署迅即切实核办各等因;附抄原电各件到署。查福建省政府请拨发拾万元购储鼠疫疫苗 3,500 瓶及霍乱伤寒混合疫苗 100 瓶各节,经核鼠疫疫苗 3500 瓶仅可供给五万六千人预防注射之用;又霍乱伤寒混合疫苗 100 瓶仅可注射一千六百人之用。所请由战时特别预备金项下拨款十万元,拟请准予照办,并请饬福建省政府依据事实之需要随时酌量补充。至本署最近业已拨购闽省府之鼠疫疫苗,共计五三二六八零公撮,足供二十一万余人之用。又其他贵重防疫药品共七种,特送清单一纸即请查核;所有本署最近协助闽省防治鼠疫情形,经于本年八月五日以卅二防 12771 号未微代电贵处查照转陈在案。仍祈转饬福建省政府遵照钧院三十一年一月十五日顺陆字第 00761 号训令,关于防治鼠疫工作应行改进事项,对闽省鼠疫严令澈查详报,拟具根除办法一案,迅速办理具报以重民命。相应将本署核复以上两案情形,电达查照转陈为荷。

卫生署防江未梗印

附一件

卫生署发给福建省卫生处防疫药品清单

品名	数量	发给年月
1. Anti-plague Vaccine	532,680 c. c.	32/8
2. Sulfathiazole	20,000 tabs.	31/6
2. Sulfathiazole	15,000 tabs.	32/7
3. Sulfanvridins	15,000 tabs.	31/8
4. Quinis 5 gms	500,000 tabs.	32/7
5. Peptone	10 lb	32/4
6. Hethylene blue	75 gms	32/4
7. Hrightls Stain	50 gms	32/4
8. Basic Euchsin	50 gms	32/4

（台北"国史馆"　014000002591A）

福建省政府主席刘建绪关于福建鼠疫流行
及增拨防疫经费事宜致行政院呈

（1943 年 8 月 20 日）

渝行政院长蒋：

密。闽省本年鼠疫流行，闽东南北各县，业经电呈并奉准派员携药在案。现福州延平等处复发生肺鼠疫死亡，载途亟应设置隔离病院以免蔓延。惟本省级预算原有项目均已指定用途，且年度逾半动支几尽无可腾挪，所有急需建筑隔离病院设检查站，以及增购药品等项均需 100 万元，谨恳俯念疫疬惨重另行拨发，以资补救。除计划概算呈外，敬乞电遵。

职刘建绪叩永会甲哿 5568 印

（台北"国史馆" 014000002591A）

福建省政府主席刘建绪关于鼠疫猖獗蔓延需积极防治致行政院呈

（1943 年 9 月 15 日）

查本省鼠疫之发生远在五十年前，虽经历年努力防治，疫势稍衰但终未根绝。本年尤为猖獗，蔓延至二十五县之广，死亡将达万人，非亟加扑灭为正本清源之计，则影响所及不堪设想。除治本办法另案详拟呈核外，关于治标办法亟待举行者为：（一）扩充防疫机构；（二）充实防疫药械；（三）重要地区奖励扑鼠，三项约计共需经费六百万元。除原有五十余万元外，拟恳如数增拨，以便积极进行，事机迫切，务乞迅予察核示遵。谨呈

院长蒋、副院长孔

附呈改进福建省防治鼠议工作计划。

福建省政府主席刘建绪

（台北"国史馆" 014000002591A）

改进福建省防治鼠疫工作计划

（1943 年）

一、本省鼠疫例年流行概况

一八九四年香港鼠疫暴发后，本省厦门亦受波及，旋即侵入沿海如晋

江、福州、龙溪、韶安等县市。由此藉民船之往来,沿水路逐渐内犯沿岸各地。闽省鼠疫遂日益猖獗,但当流行之初因未经正当检查,人多昧昧不知为何症。迨至一九零五年西人马士敦医师始正式确定漳浦、永春之时疫即为鼠疫,过去各地流行之疑疫始是白于世。因本省河流错杂,水路交通较便,复以缺粮县份较多,粮船之往来亦多,此为鼠疫到处蔓延之主因;抗战军兴,粮食之动态愈繁,益以战时种种不卫生之变态加多,故鼠疫愈加猖獗,疫区益为扩大,几乎每年均有流行。本年入春以来更为惨烈,迄今蔓延有莆田、仙游、永定、建阳、同安、南安、罗源、安溪、晋江、顺昌、福清、古田、浦城、连江、长乐、建瓯、水吉、惠安、宁德、将乐、沙县、南平、闽侯、福州、邵武等二十五县市。过去曾经发现鼠疫县份尚有漳浦、南靖、德化、松溪、海澄、永春、政和、龙岩、漳平、韶安、云霄、永安等县,全省不过六六县市,有流行鼠疫经历县市三七之多,即超过半数以上,疫区之广可想而知。历年虽经防疫人员之努力防治,疫势以呈衰竭状况,为正本清源计不得不加强防疫力量,以减少将来再燃之机会也。

二、本省鼠疫之性状

本省流行之鼠疫以腺鼠疫为主,肺性及败血性其少。根据本省防疫总所报告,该所自廿五年一月至廿七年十二月共诊病例八六八名,其中腺性占七五三例,肺性占三九例,败血性占五例,本省鼠疫死亡率甚高,平均占百分之七八。

关于鼠疫之传播情形,如腺鼠疫在闽数年来之调查研究尚未发现有由人直接传人之例,均因鼠蚤之媒介而来。关于鼠疫之调查,曾在鼠疫最烈之政和县继续检验一整年。一、二两月份虽验鼠三八七头,并未发见一只疫鼠。由三月至十二月,按月均发现疫鼠最多者为十月份,疫鼠竟达百分之二二点一,但该县发见鼠疫病人仅在六月至十二月,足证鼠疫未流行之时亦有疫鼠之存在,此为防疫工作所值得注意之问题。

三、过去防疫工作情形

以前本省曾有防疫处之设,附设闽南、闽北、闽西三防疫所及福清、惠安、浦田、仙游、松溪、政和等县防疫队,分配各重要疫区工作,旋以疫区逐渐扩大,原有之防疫队所有人员设备过少无法支应,需要加强,但因经费困难无法增加,不得已将防疫处及防疫队取消,用节省之经临各费将防疫所扩充至七所,分驻各重要地点分区防疫。嗣又以加强防疫事业费节省行政费,将各防疫所集中为防疫总队一队、防疫医院三处。本年又因经费困难,而将各防疫医院并入省立医院以资节省。

关于工作方面,除疫时分派各地实行治疫外,至于平时注重有关鼠疫流行之(一)调查研究工作最著者,如各地鼠蚤指数、鼠蚤种类、鼠蚤繁衍时期及传播径路之调查研究。(二)防疫人员技术训练工作。(三)改进各地环境卫生及灭鼠工程。(四)防疫药械之储备。(五)严密疫情报告。(六)扩大防疫宣传及灌输民众防疫常识等项,积极之防治工作。

四、改进计划

第一、治标办法

(一)扩充防疫机构人员

现在交通困难,防疫人员调动难免迟滞,有碍于防疫工作之处甚大,为谋迅速起见似宜在各重要疫区成立防疫所,分设福州、福安、晋江、龙溪、南平、建阳、松溪七处作各地区经常之检疫及其他防疫工作。

省防疫大队扩充至150名(现有66名),以便随时调赴各地方协防为应急之措置。

防治鼠疫技术特殊,非一般卫生人员所能胜任。近年来卫生署派外学习防治鼠疫之人甚多,似宜大部份派在本省加强扑疫工作,避免学非所用。

(二)充实防疫药械

充实防疫药械可分三项办法(1)增加防疫药械购备费;(2)卫生署由外国募到之有关防治鼠疫药械,似宜大部份拨加本省应用,不必采各省平均分配办法,以免有用之材掷于无用之处而浪费;(3)本省增加自制血清设备,以便治疗。

(三)全省各重要地区经常奖励扑鼠

鼠数减低至当地合数半数以下之时,可以防止鼠疫之流行,为多数专家公认之事实。故各重要疫区如经常奖励人民扑鼠,自可减少流行。

(四)增加防疫经费

以多疫之本省每年防疫费仅有五十余万元,其困难可知,如谋改进防疫费必须特别增加,若按前述治标办法中(一)、(二)、(三)项办法办理防疫费,至少须增加至六百万元。

第二、治本办法

根除鼠疫良非易事,观于英国统治印度多年,以英国之人力、财力、物力迄今尚未将印度之鼠疫消灭,其困难可知。惟如能作到比较彻底办法,鼠疫虽不能根除,亦可减少其流行频度。兹择其较为重要者二项列左:

(一)改善疫区之环境卫生、加强防鼠设备

环境卫生之改善、加强防鼠设备足以减少鼠疫之流行,例如本省过去龙岩流行鼠疫,即因彻底改善全城环境卫生,加强全城防鼠工程结果极为圆满,数年来未能再发。惟改善环境卫生,加强防鼠工程须有合理严密之计划,并巨量之经费方能收效,故本省根本消灭鼠疫似宜用巨额资金,由改善各疫区之环境卫生、加强防鼠工程入手。不过此项工程需费浩大,并需要大量铁板、铁网,另当项目呈核。

(二)加强本省有关鼠疫之调查研究工作

年来本省卫生及防疫人员虽于防治工作之外,兼作有关鼠疫之调查工作,但因人力、财力、物力之限制,需要再作进一步加强之处甚多。如能予以加强,则将来裨益于根除鼠疫之处,自非浅鲜。

(台北"国史馆"　014000002591A)

福建省政府主席刘建绪等关于本省防治鼠疫及经费致行政院院长呈

(1943 年 9 月 16 日)

重庆行政院院长蒋钧鉴:

查本省本年入春以来气候失常,疫疠流行,各地为避免蔓延起见,经饬由卫生处防疫大队特派大批人员携同药械分赴各地防治,计需药械及旅运费共壹拾万元。兹因本年度省及预算经常门临时部份第四款二项九目原列防疫大队、防疫药械、服装、旅运费内无法容纳,经提出本府委员会第 335 次会议议决通过准在战时特别预备金项下开支,纪录在卷。当经饬据编送计划概算前来,经核准确属切要,理合检同前项计划概算各七份,随电送请察核示遵。

福建省政府主席刘建绪公出

委员兼民政厅长高登艇代行永会甲铣

追加本大队旅运费及防疫药械费计划

查本省本年度疫鼠甚炽,仙游、福州、永定、建瓯、南平、沙县等地先后相继发生鼠疫,均经本队派员分别驰往各该地区防治。计自四月至七月发行旅运费十万余元,药械除奉卫生处拨助并上年余留外,亦交付相当数目。兹各地鼠疫流行外,职员计算应再交付旅运费五万元,添置防疫药械五万元,始可勉于交应。

(台北"国史馆" 014000002591A)

卫生署关于福建省政府请拨发经费购置鼠疫疫苗致行政院秘书处电

(1943 年 9 月 18 日)

行政院秘书处勋鉴:

案准贵处三十二年元月十日庆四 A 字第 18546 号通知。以福建省政府电请拨发鼠疫苗药品及建筑病院检查站费用二百万元案,奉谕交卫生署于文到七日内核议具复等因;抄送原电一件到署。查闽省今年鼠疫传播区域甚广,计有仙游、永定、南平、建阳、莆田、同安、南安、晋江、蒲城、罗源、安溪、建瓯等十二县及福州市。截至六月底止,统计患者共有 1023 例,死亡 917 例。现福州晋江、水吉一带疫势仍甚猖獗,殊为可虞。本案(一)关于请拨发鼠疫疫苗一节,查本署前准贵处八月十七日会爱字 44500 号通知,属核复闽省府呈请由战时特别预备金项下拨发疫苗补助费拾万元。经核该省请拨拾万元购储鼠疫疫苗 3500 瓶(每瓶 40 公撮),仅可供给五万六千人预防注射之用,已请贵处转陈准予照办,并请饬福建省政府依据事实之需要,随时酌量补充。至本署最近业已拨赠闽省府之鼠疫疫苗共计 532,680 公撮,足供二十一万余人之用(此项鼠疫苗已据闽省卫生处电晨派员赴筑,本署接收洽领有案），及其他贵重防疫药品共七种。又请转饬闽省府遵照钧院三十一年一月十五日顺陆 00761 号训令，关于防治鼠疫工作应行改进事项，对闽省鼠疫严令彻查详报，拟具根除办法一案，迅速办理具报各节暨关于本省加派外籍鼠疫专家伯力士专员协同医防第四大队大队长施毅轩等携带防治药品，赴闽协助防治鼠疫及办理训练事宜等等。统于本年八月廿三日以卅二防 13693 号未梗代电，复请察照转陈在案。现闽省请款增购药品核甚需要。（二）关于请款建筑隔离病院，设立检疫站一节，综观以上疫势严重情形，实属必要。惟请款二百万元数目巨大，未便遽议，拟请饬将计划概算编呈核交到署，再行详核。以上，本署遵照核议闽省府请款二百万元一案意见是否有当，相应电复。至希查照转陈为荷。

卫生署防（32）申篠印

（台北"国史馆" 014000002591A）

陈儒赓关于福建省防治鼠疫及经费使用情形致行政院呈

（1943 年 9 月 24 日）

签拟如次：

一、该省本年度鼠疫流行区域计有十二县与一市区。惟卫生署业已派遣外籍鼠疫专家伯力士等驰赴该省治疗，并另由该署拨赠疫苗 532,680 公撮，足供二十余万人用。至该省电请另拨苗费十万元，拟予照准，饬由该省新兴事业费内动支（该省新兴事业费尚余十一万元）。

二、所请建筑隔离病院，设置检疫站一节，依照卫生署核议各点，拟饬将计划概算呈院核办。

三、该省呈送扑灭鼠疫治本治标办法，未附应需经费详细概算，拟饬迅编呈核。至呈内所称治标经费约需六百万元一节，是否以包括永会甲哿电内所称设立隔离病院与防疫站经费二百万元，拟并电饬知暨函复卫生署当否敬候核示。

陈儒赓 谨签

（台北"国史馆" 014000002591A）

福建省政府主席刘建绪关于核拨防疫经费案致行政院院长呈

（1943 年 9 月 25 日）

行政院长蒋：

　　密。闽省本年鼠疫流行几遍，闽省南北各县卫生处防疫大队全部巡回各县防治，原定派运费不敷支应，签请追加派运药械费十万元，以资接济。经本府委员会第 275 次会议议决在战时特别预备金项下用支在卷。惟款待支付，除饬编计划概算另文呈核外，拟请准先拨用，当否敬乞电遵。

职刘建绪公出

高必行永安卫会 09.25 叩

（台北"国史馆"　014000002591A）

行政院关于追加福建省防治鼠疫经费案致财政部、福建省政府电令

（1943 年 10 月 14 日）

公函、训令

令财政部：

　　查闽省鼠疫近年来略闻发生。本年度迭据该省呈，略以各地鼠疫流行势甚猖獗，蔓延达廿四县与一市区，死亡将近万人，为正本清源，计除治本办法另案呈核外，至治标办法亟待举行者为扩充防疫机构，充实防疫药械与重要地区奖励扑鼠三项，共需经费六百万元等情到院。查该省鼠疫本年度流行地区广，危害人民生命殊为可虑。兹为彻底根除该省鼠疫，计特准项目追加三百万元，饬由该省会同卫生署妥为防治，除指复暨分行主计处、财政部报请国防最高委员会核定外，相应函请查照转陈迅赐核定为荷，令仰知照。此令。此致

　　国防最高委员会秘书处、国民政府主计处

代电

永安福建省政府：

　　32 年五皓府财丙永 70024 代电及附件；永会甲哿 5508 电九月十五日签呈及附件；永民卫会 925 电均悉，查该省鼠疫本年度流行地区甚广，至深轸会。兹特准项目追加三百万元，仰即会同卫生署切实妥筹防治办法，限期扑

灭，并补编详细计划暨概算呈核。至所请拨发疫苗十万元，建筑隔离病院，设置防疫站与旅费各节，均应在此次追加之三百万元内统筹支配；除报请国防最高委员会核定暨分行财政部、主计处外，仰即遵照。

行政院酉寒庆四印

（台北"国史馆"　014000002591A）

行政院秘书长关于追加福建省防治鼠疫经费案致卫生署函

（1943 年 10 月 14 日）

笺函

　　贵署三十二年未梗防字第 13693 号；申篠防字第 14770 号函诵悉，查福建省政府电，请拨发鼠疫疫苗、药品及建筑病院、检查站、旅费与筹防治鼠疫有效办法一案，经陈奉院长谕："查福建鼠疫至为可虑，特准追加叁佰万元，应由卫生署遴派委员会会同福建省政府切实妥筹防治办法限期扑灭。至所请拨发苗疫费、建筑病院、防疫站等经费均应在追加之三百万元统筹支配，不再另予拨款。"等因；除由院报请国防最高委员会核定，并分行主计处、财政部，指复福建省政府外，相应抄送该省签呈与防治鼠疫办法一件，函请查照办理见复。此致
　　卫生署

行政院秘书长

（台北"国史馆"　014000002591A）

行政院关于追加福建省防疫大队旅费案致福建省政府电

（1943 年 10 月 22 日）

代电

永安福建省政府：

　　三十二年阳申铣府会甲永 37356 号代电暨附件均悉，该省卫生处防疫大队计需旅费十万元，仰就本院酉寒庆四仁嘉字 23017 号代电，所准项目追加该省防治鼠疫费三百万元内统筹支配，毋庸另请追加，仰即遵照。

行政院酉养庆四印

（台北"国史馆"　014000002591A）

卫生署关于福建省鼠疫防治事宜致行政院秘书处电

（1943 年 10 月 28 日）

拟办：拟存查

陈儒赓　谨签　10.30

行政院秘书处勋鉴：

准贵处本年十月十四日仁嘉字第 13017 号函，以闽省府请款防治鼠疫一案，奉谕准追加三百万元，饬由卫生署派员切实会商防治鼠疫办法，寻因属查照办理见复等由。抄附福建省政府签呈与防治鼠疫工作计划各一件。准此，自当遵办。兹派本署医疗防疫总队第四大队大队长施毅轩，代表本署会同福建省政府切实妥筹防治鼠疫办法，并由本署外籍专员伯力士协同设计办理。除电请福建省政府查，并另抄发福建省政府原签呈与防治鼠疫工作计划各一件，令饬本署医防总队转饬遵办具报外，相应电复至希查照转呈为荷。

卫生署防(32)酉俭印

（台北"国史馆"　014000002591A）

卫生署关于福建省防治鼠疫急需拨款致行政院秘书处电

（1944 年 1 月 13 日）

行政院秘书处勋鉴：

关于本署派员会同福建省政府商办防治闽省鼠疫一案，经于卅二年十月八日以卅二防 16535 号酉俭代电，察照转陈在案；兹据福建省卫生处七日电，称防疫工作开始，需款孔急，恳请催发卅二年度防疫费三百万元以利疫治等情。查所请确属需要，相应电请查照转陈迅赐催发以利工作，并希见复为荷。

卫生署防(33)子元印

（台北"国史馆"　014000002591A）

行政院秘书长关于福建省防治鼠疫经费致卫生署函

（1944 年 1 月 28 日）

公函

准贵署卅三年一月十三日以卅二防字第 558 号代电，将核准追加闽省卅二

年度防疫费三百万元转陈迅拨，以利工作等由。经查本案业经由院以紧急命令
饬库垫拨二百万元，并以亥鱼庆四香，饬令该省在案。相应函复查照。此致
　　卫生署

秘书长

（台北"国史馆"　014000002591A）

陈儒赓关于福建省防治鼠疫工作计划及经费预算案致行政院呈

（1944 年 2 月 3 日）

　　拟办：查此案据称：已电福建省政府拟具工作进度及经费预算。拟俟该
项预算到院再行核办。

2.10

行政院会计处用笺

　　查防治鼠疫计划概算业由该省编呈到院，并由院饬交卫生署核复中。
本件似可俟该署核复到院，再行并同办理。当否乞
　　示。

陈儒赓　谨签　2.14

（台北"国史馆"　014000002591A）

卫生署关于福建省防治鼠疫及经费预算案致行政院秘书处电

（1944 年 2 月 3 日）

行政院秘书处勋鉴：

　　查本署派员会同福建省政府洽商防治闽省鼠疫一案，兹准由福建省政府卅
二年十二月亥元府民卫乙永 107694 号咨略开：关于防治闽省鼠疫办法曾与施大
队长及伯力士专员会商，并拟定改进福建省防治鼠疫工作计划，提经本府委员会
第 352 次会议通过。除电请拨款并饬卫生处分别切实推行外，相应检同原计划咨
请查照等由，附计划到署；查所拟计划尚属妥善，惟应具工作进度及经费预算以便
会核。除电复外，特先抄送福建省防治鼠疫工作计划一份，电请查照转陈为荷。

卫生署防（33）子江印

（台北"国史馆"　014000002591A）

改进福建省防治鼠疫工作计划

(1944 年)

查本省鼠疫历年不断发现,本年疫势尤为猖獗,流行区域几达全省县市之半数,经防疫人员之努力防治,虽均得逐渐平息,而各是消极之防治仅能获一时之局,妄殊非永久之计。以本年流行情形,观之疫区颇有扩大之趋势,设不急图彻底之遏制办法,其危险不堪设想,但以本省现有之防疫力量,实施上深恐难达期望,曾迭电中央请予有力之援助,俾得早除本省之大患。现经卫生署加强驻闽防疫队之机构,并派外籍专员伯力士博士来闽协助本省之防疫工作及防治鼠疫干部人员之训练。兹就实际需要情形,并参照伯力士博士之防治意见及会商之实施办法分别拟具改进工作计划,期能逐步实施而早日根除本省之首要疫患。

甲、加强防疫机构

一、组织防疫委员会

组织省防治鼠疫委员会,由主席为主任委员,各厅及首长、党部书记长、宪兵团长为委员,内分总务、技术两股。总务股由卫生处负责,技术股由伯力士博士、卫生署驻闽第四医防大队及卫生处负责。另于各重要疫区设立分会,内分总务、技术两组,由当地党、政、军机关及各界团体组织之,俾资督导,而利工作之推进。

二、省防疫大队之调整与充实

将省防疫大队之组织照核定规程彻底予以充实,及调整分全队为四个分队,以三个分队分别设置于重要地区,各再酌分小队分驻于各县,以一个分队控置永安,使调遣灵活联系紧密,并加强技术人员之训练,尽量充实各项设备以利工作之实施。

三、加强县(市)防疫机构

关于各县(市)之防疫机构,严饬遵照省府规定将防疫委员会防疫队,及县际情报网均须一律组织成立,由省随时督导,务使组织健全工作确实,俾省县间与各县间得以相互策应而增强防疫效能。

四、署防疫队与省防疫队驻地之分配

卫生署第四医防大队设南平所辖之四个中队,分驻于建阳、邵武、浦城及福州,并另于建阳设卫生工程队,再于闽北各疫区调驻小队,其余各地区则由省防疫队分别调派设置。

乙、充实防疫药械

一、疫苗血清与药品

所需疫苗除本省能以制出之数量外,不敷之数拟请中央尽量予以补助,并向中央价购以足需要医疗用血清。在本省尚未能制造前设法向中央充分购储备用,至灭鼠及治疗之重要药品拟请中央充分拨发。

二、防疫用器材

关于各项防疫用器材,拟就省方原有者尽量予以整修并设法仿制,再请中央充分拨助。

丙、工作实施

一、鼠疫苗预防注射

预计下年度全省至少注射一百万人,拟饬各县区将全年度防疫经费百分之五十从速准备,早日汇省由省统筹配售,以期注射得以普遍。

二、灭鼠与防鼠

查防止鼠疫之流行,杀灭鼠类最为重要,鼠数减低至当地合数半数以下,有防止鼠疫流行之可能,此乃多数专家所公认。除由防疫人员实施灭鼠工作外,拟鼓励民间蓄猫与捕鼠,但于疫患流行时,应仍通知民众遇有捕获之鼠及死鼠均不得自行移动,应立即报由卫生机关代为处理,以防疫患传播。至于防鼠,拟设法积极改善环境卫生,加强防鼠设备,使鼠类无以维生,减低繁殖以减少鼠疫之流行,如龙岩过去曾为鼠疫流行区域,因其改善环境卫生及防鼠工程实施之澈底,近年来即无鼠疫之发现。惟此项工作须有严密合理之计划及巨量之经费与物质,方能收效,短时间内大规模普遍实行,在此战时则不无困难,拟先由各冲要城市在可能范围内着手试行,再逐渐推广于各地。

三、改善各地米仓及运输米谷及食物船只之管理

米仓构造不良则易蓄养鼠类,成为酝酿鼠疫之源。食米之运输亦多为鼠疫流行之重要原因,据伯力士博士之调查研究,认为闽北一带及南平与福州本年鼠疫之流行,食米运输实为传播之主因。关于米仓之改善,拟通饬各县对于所有屯米处所务使选择高燥地点,仓房须凌空,仓房构造应绝对严密,以防鼠

类藏匿;至食米运输之管理,拟对于各地运输米谷及其他食物之船只均加以严密之检查,如有鼠类发现,在未经适当受理前,不准装卸及通行。

四、改善环境卫生

环境卫生之改善,在防疫实施上至关重要,拟通饬各县(市区)加强清洁运动最为重要者。对于垃圾、粪便应作合理之处置,所有沟渠均须加以彻底之疏通,再随时由各防疫队予以指导与协助。

五、扩大防疫宣传

扩大防疫宣传以灌输民众防疫常识,俾得相当之协助,以利工作之推进。除由省防疫队随时于各地尽量宣传外,拟饬令各县可因地制宜,随时利用机会举行防疫宣传运动,并于县境及境内各冲要地区务须设置较大醒目之标语木牌,其木牌之大小及标语之词句拟由省规定通饬遵行,以期整齐一致而免秩序紊乱,失去宣传之意义。

六、加强治疗工作

充实各省立医院隔离病房室之设备及药品,尽量增设病床,并通饬各县(市区)均须预有妥善隔离场所之准备,俾疫患发生时得以随时隔离,加以适当之治疗。

七、有关鼠疫之调查与研究

此项工作裨益于鼠疫防治之处,实非浅鲜,拟对于所需之人力、物力均设法予以充实,俾利工作之推进。

丁、经费之预计

各项工作推进在在需款,故须有较足之经费方可收预期之效果,照上述之各项工作计划计之至少需六百万元。

(台北"国史馆"　014000002591A)

卫生署关于福建省追加防疫费计划概算案致行政院秘书处电

(1944 年 3 月 2 日)

行政院秘书处勋鉴:

案准贵处卅三年二月十六日发渝四信字第 5215 号通知,以福建省政府代电呈送追加防疫费三百万元计划概算案,奉谕交卫生署于文到十五日内

核复等因,抄送原代电一件暨检附原计划概算各一份到署。本案兹经核:
(一)闽省府呈院之"改进福建省防治鼠疫计划概要"印件依上原送本署之
"改进福建省防治鼠疫工作计划"催编而成。本署经于本年二月三日后请编
送工作进度及预算书,并以卅三防字第2598号子江代电贵处察核转陈各在
案;(二)追加防疫费三百万元概算表计列,(1)防疫药品器材费一百四十万
元。(2)环境卫生改善费一百万元。(3)旅运费五十万元。(4)防疫宣传费
及(5)补助地方防疫费各五万元等五项,尚属可行;(三)闽省对于防治鼠疫
工作仍应据照原计划妥订之工作进度。以上核议意见是否有当相应电请察
照转陈,赐由钧院饬将工作进度编呈核交本署以利考核为荷。

卫生署防(33)丑东印

（台北"国史馆"　014000002591A）

行政院关于福建省防治鼠疫经费案致财政部、
审计部、福建省政府电令

（1944 年 3 月 15 日）

公函/训令

令财政部:

　　查福建省防治鼠疫经费一案,前经本院核准追加三百万元并饬编呈分配预
算分行在卷。兹据该省政府云子元府会1809代电呈送防疫经费三百万元计划概
算到院,经核尚无不合,应准备案。除指复暨分行审计部、财政部/主计处外,相
应检送/合行检发原件函请查照/令仰遵照。此令/此致

　　国民政府主计处

公函

　　查福建省防治鼠疫经费一案,前经本院核准追加三百万元,并呈奉国防
最高委员会核定在卷。兹据该省政府编送防疫经费三百万元工作计划概算
与分配预算到院,经核尚无不合,应准备案。除指复暨分行主计处、财政部
外,相应检送原件函请查照。此致

　　审计部

代电

永安福建省政府：

云子元府会甲丑 1809 代电暨附件均悉，经核尚无不合，准予备案。至该省防疫工作仍应按照原计划妥订工作进度呈核为要。仰即转饬遵照。

行政院寅删渝四印

（台北"国史馆"　014000002591A）

陈儒赓关于核准福建省防疫经费案拟办文

（1944 年 3 月 22 日）

拟办：查追加福建省防疫费三百万元案，其中来拨之一百万元，早经由院饬财部迅拨在卷。

拟办：本件拟存。

陈儒赓　3.22

（台北"国史馆"　014000002591A）

卫生署关于福建省防疫经费致行政院秘书处函

（1944 年 3 月 22 日）

行政院秘书处勋鉴：

查关于闽省追加卅二年度防疫经费三百万元案，前准贵处本年一月廿八日义嘉字第 1937 号函，以已由院紧急命令饬库垫拨二百万元在案。兹据福建省卫生处三月□寅东熙会永 0542 号代电称：查本省防疫费二百万元业已照收。惟本省防疫工作积极推进需款孔亟，尚有未拨二百万元，仍恳即请据前照拨，以利工作等情；相应查核办理见复为荷。

卫生署防(33)寅养印

（台北"国史馆"　014000002591A）

财政部关于福建省政府电请迅拨防疫费与
行政院秘书处等来往函件

（1944 年 3 月 27 日）

案准贵处三十三年三月十一日 A 渝四字 20836 号通知。以福建省政府

电催迅将其余防疫费一百万元电拨济急一案,奉谕"交财政部迅速拨发"等
因,通知到部。查福建省防疫费一百万元案于本年二月廿五日饬库电拨该
省府济用在案,准通知前由,相应复请查照转陈为荷。此致
　　　行政院秘书处

　　　　　　　　　　　　　　　　　　　　财政部长孔祥熙

行政院来电纸
重庆行政院院长蒋:
　　　密。本省奉谕追加防疫费三百万元,恳饬财政部电拨济用。

　　　　　　　　　　　　　　　　　　　　刘建绪 12.31 印

　　　拟办:查追加福建省防疫费三百万元,业经本院以紧急命令饬库先行电
拨二百万元,并分转该省在案。
　　　拟办:本件拟存。

　　　　　　　　　　　　　　　　陈儒赓　谨签　　1.6

行政院来电纸
　　　重庆行政院院长蒋(32)年度尚有防疫费一百万元,请赐电拨济急。
　　　职刘建绪 叩(03.02)印
　　　拟办:拟饬财政部从速拨款

　　　　　　　　　　　　　　　　陈儒赓　谨签　　3.5

福建省政府电催迅将其余防疫费一百万元电拨济急案(行政院交办案件通知单)
　　　右案奉院长谕:"交财政部迅速拨发。"相应通知财政部。
　　　　　　　　　　　　　　　　　　行政院秘书长张厉生
　　　　　　　　　　　　　　　（台北"国史馆"　014000002591A）

行政院秘书长关于拨发福建省防疫费致卫生署函

（1944 年 4 月 1 日）

公函
　　　准贵署卅三年参月廿二日防字第 4307 号代电,以据福建省卫生处代电,略以该

省防疫经费尚有一百万元未拨,恳转请提前照拨等情,请察核办理见复等由。准此,查本案前经由院饬财政部迅拨在卷,相应函复查照,并转饬遵照为荷。此致
　　卫生署

秘书长

(台北"国史馆"　014000002591A)

六、其他省份

军事委员会办公厅关于广西防止鼠疫流行相关事宜致行政院函
(1941 年 1 月 6 日)

行政院勋鉴:

　　据桂办公厅主任李济深感卫代电以"据江南总监部先后报请防范鼠疫,推行灭鼠运动及敌机播散鼠疫菌流行状况防治情形。特请统筹有效防止办法,通令全国遵行"等情(原电已据分呈)。据此,除电饬军政部迅饬军医核议预防办法具报;并先电知本会所属各机关注意防范暨电复外,特电请迅饬卫生署核议预防办法,并希见复为荷。

军事委员会办公厅二(鱼)印

(台北档案管理局　B5018230601/0029/803/0824)

军事委员会办公厅关于桂林办公厅电陈敌机播散鼠疫菌核议防止办法致军政部何部长电
(1941 年 1 月 6 日)

文号:办四渝二字第 15096 号

军政部何部长勋鉴:

　　据桂林办公厅主任李济深感卫代电称:"案据江南兵站总监部总监陈劲节,十二月十日报告称□实为公便等情。"据此,陈电行政院迅饬卫生署核议预防办法见复;并先电知本会所属各机关注意防范暨电复外,特电希迅饬军医署核议预防办法具报,勿延为盼。

军事委员会办四渝二(麻)印

(台北档案管理局　B5018230601/0029/803/0824)

军事委员会办公厅关于桂林办公厅电陈敌机播散鼠疫菌请筹
防止办法案致军委所属各机关电
（1941 年 1 月 6 日）

文号：办四渝二字第 15097 号

　　本会直属各机关（除军政部）、本厅各单位（均照表分请）、昆明行营龙主任、成都行辕张主任、贵阳滇黔绥靖副主任公署吴副主任、曲江广东绥靖公署余主任、第七战区余司令长官、桂林广西绥靖公署李主任、成都川康绥靖公署邓主任、柳州第四战区张司令长官、长沙第九战区薛司令长官、宪兵司令部贺司令、重庆卫戍总司令部刘总司令勋鉴：

　　据桂林办公厅主任李济深感卫代电称："案据江南兵站总监部总监陈劲节，十二月十日报告称□实为公便等情。"据此，陈电行政院迅饬卫生署暨军政部迅饬军医署核议预防办法，并先电知本会所属各机关注意防范及电复外，特电希饬属注意防范为要。

军事委员会办四渝二（麻）印

（台北档案管理局　　B5018230601/0029/803/0824）

军委办公厅关于桂林办公厅电陈敌机播散鼠疫菌请筹
防止办法通令所属各机关注意防范电
（1941 年 1 月 6 日）

桂林办公厅李主任勋鉴：

　　感卫代电悉已电行政院迅饬卫省属暨电军政部迅饬军医署核议预防办法，并先电知本会所属各机关注意防范外，特电复知照。

军事委员会办四渝二（麻）印

（台北档案管理局　　B5018230601/0029/803/0824）

军委办公厅关于浙江省部分地区鼠疫盛行请注意
防范致所属各机关电
（1941 年 1 月 6 日）

西安办公厅熊主任、西昌行辕张主任、兴集太原绥靖公署阎主任、第二战区阎长官、南平福建绥靖公署陈主任、关中绥靖公署潘主任、洛阳第一战区卫长官、上饶第三战区顾长官、老河口第五战区李长官、恩施第六战区陈长官、兰州第八战区朱长官、苏鲁战区于总司令、沈副总司令、晋城附近庞副总司令:

密"据报敌机近袭金华,播散鼠疫病菌,宁波、衢县均发现鼠疫。有掷下小麦谷类及跳蚤,有散布白烟,即有鱼子状颗粒发下,经检验发现鼠疫杆菌可证。查鼠疫传染性甚烈,现经发现于浙江,敌性残暴,将来难免不随处散播,妨害驻军及民众生命,请迅筹防止办法等情。"据此,陈电行政院迅饬卫生署暨电军政部迅饬军医署核议预防办法,并先电知本会所属各机关注意防范及电复外,特电希饬属注意防范为要。

军事委员会办四渝二(鱼)印

(台北档案管理局　　B5018230601/0029/803/0824)

第二章 行政公文(1945—1949年)

一、中央

卫生部关于东南各省鼠疫流行令积极防治致浙闽赣粤滇卫生处电令

(1948 年 1 月 7 日)

浙江、福建、江西、广东、云南省卫生处:

　　查我国东南各省历年鼠疫流行,各省市卫生机关办理防治鼠疫工作尚能积极进行,惟因人力、物力两感缺乏及平时准备各所未尽之矣,以致疫疠一旦发生,未能迅赴切实推动,星火燎原,殷鉴不远,亟宜未雨绸缪,以免临时缓不济急,该处应即转请省政府将防治鼠疫计划列为卅七年度重要工作之一项并宽筹防疫经费,先购储防治鼠疫器材,以备不时之需,而收迅速防治。故除分电外,合行电仰遵照为要。

防(36)亥虞印

(台北"国史馆" 028000003130A)

卫生部关于东南各省鼠疫流行令积极防治致
沈阳东北行辕政务委员会电令

(1948 年 1 月 7 日)

沈阳东北行辕政务委员会公鉴:

　　查我国辽宁、辽北、吉林等省历年鼠疫流行,各省市卫生机关办理防治鼠疫工作尚能积极进行,惟因人力、物力两感缺乏及平时准备各所未尽之矣,以致疫疠一旦发生,未能迅赴切实推动,星火燎原,殷鉴不远,亟宜未雨绸缪,以免临时缓不济急。拟请转知辽宁等省政府将防治鼠疫计划列为卅七年度重要工作之一项并宽筹防疫经费,先购储防治鼠疫器材,以备不时之需,而收迅速防治。故除分电外,相应电请查照办理为荷。

防(36)亥虞印

(台北"国史馆" 028000003130A)

卫生部关于东南各省鼠疫流行令积极防治致东南鼠疫防治处电令

(1948 年 1 月 7 日)

令东南鼠疫防治处:

本年十二月十九日榕(卅六)字第一六零三号呈一件为浙闽粤各省明年所需鼠疫苗如何储备应请核示由。呈悉。已分电浙、闽、赣、粤等省卫生处转请各省府将防治鼠疫计划列为卅七年度重要工作之一,并宽筹防疫经费,预先购储防疫鼠疫器材,以备急需,仰即知照。此令。

(台北"国史馆" 028000003130A)

国民政府主席东北行辕政务委员会关于电请行政院拨发
1948 年度防治鼠疫经费致卫生部电

(1948 年 2 月 8 日)

南京卫生院公鉴:

三十七年一月七日防(37)字第零二四一号代电。敬悉。经转饬各省市政府切实遵照办理,并电请行政院拨发本年度防治鼠疫经费流通券两亿元备用在卷;仍请贵部转饬中央卫生实验院东北分院协同防治为荷。相应电复查照。

国民政府主席东北行辕政务委员会丑齐务民六印

(台北"国史馆" 028000003130A)

卫生部关于 1948 年度防疫经费及请协同防治事宜
致中央卫生实验院电

(1948 年 2 月 28 日)

中央卫生实验院:

查历年各省鼠疫不断流行,蔓延堪虞,经分电各省政府将防治鼠疫计划

列为卅七年度重要工作之一项,并宽筹防疫经费,预备防疫器材各在案。兹
准东北行辕政务委员会卅七年二月八日务民字第 6878 号代电,略以关于东
北各省市本年度防疫工作,已电请行政院拨发专款备用,仍请贵部转饬中央
卫生实验院东北分院协同防治等由到部。合行电仰转饬知照。

卫生部防(37)丑感印

(台北"国史馆"　028000003130A)

卫生部关于东北鼠疫情形及防治经费事宜致行政院秘书处函

(1948 年 3 月 6 日)

行政院秘书处公鉴:

准贵处卅七年二月廿七日会四字第 14443 号通知:"据东北行辕政委员
请拨本年度防疫专款两亿元,作预储器材及调派人员旅费一案,奉谕:'交卫
生部核复'。"等因;附抄原代电一件过部。查东北鼠疫连续流行达五十余
载,已成为地方性重要之传染病,更以历年惨遭匪祸,人民颠沛流离,疫氛传
播蔓延堪虞,防治工作不容或缓。本部曾电请东北行辕政务委员会转知东
北省将防治鼠疫计划列为本年度重要工作之一项并编列防疫经费,预先购
储防治鼠疫器材以备不时之需;并请将尚年八月廿六日奉钧院核拨,前东北
行辕政治委员会卅六年度追加之防疫专款流通券四千万元,善为利用各在
案。据请为本年度防疫工作拨发专款核有需要,惟目前东北发现鼠疫地区
已遭奸匪窃据,防治工作暂时无法推进,所请即缓。拟请将上年度防疫专款
流通券四千万元分配情形及工作报告,请并案补送过部后再行核拨;相应电
请转陈为荷。

卫生部防(37)寅鱼印

(台北"国史馆"　028000003130A)

范日新关于东北鼠疫情形及缓拨防疫经费和防治情况致卫生部呈

(1948 年 3 月 3 日)

附件　抄原代电一件

案由:据东北行辕政委会请拨本年度防疫转款两亿元作预储器材及调派人

员旅费

查东北鼠疫已有五十余年历史,每年均有病例发生,久已成地方病。伪满时期,东北各省市县旗被染波及之情形,亦有资料文献,堪以引证。惟以现今国军驻区内尚无鼠疫发现,而绝大多数之鼠疫惯发县旗,仍被共匪割据,我方防疫人员无法派往工作,此其一。

又查于卅六年八月廿六日,由行政院第十八次会议决议"准追加肆亿陆仟万元(折流通券肆千万元),交东北行辕政治委员会分配";本部于仝年十一月,东北行辕政治委员会改组为政务委员会后,即以防(36)戌灰代电致政务委员会署以……对于本年度追加之防疫专款四千万元(流通券),希善为利用,并将疫情及防治概况随时报部,以资联系。由卅六年十一月上旬以至本年三月初,已愈四阅月,迄未据报,此其二。

复查于卅六年十一月,行总东北分署临结束时,曾将鼠疫防治必需药品如 D. D. T. 及 Sulfathiazole 拨交中央卫生实验院东北分院,而东北分院于卅六年五月在沈阳成立后,即参加东北防疫委员会予以技术之协助。在卅六年五月至十月期间前政治委员会卫生处,曾以常委兼总干事名义,召开东北防疫委员会议四次,对于办理战地防疫工作,东北分院均曾踊跃参与。及至卅六年十一月政务委员会成立后,东北防疫委员会似应由该会政务处负责领导,发挥防疫行政效能,各参加机关必能依照已定工作计划,共策进行。而事实上,关于卅六年八月核拨之防疫专款支配应用情形,及各月疫情报告均未报部,此其三。

就以上三点而论,对于该会所请卅七年度防疫专款两亿元(流通券)一案,拟请缓议,并拟催报应行陈报事项,以凭核办。所签是否有当,尚祈核夺。谨呈

司长容、技监方、次长金、部长周核转

　　　　职中央卫生实验院东北分院院长奉派在防疫司办事　范日新

　　　　　　　　　　　　　　　　　　　　　卅七年三月三日

　　　　　（台北"国史馆"　028000003130A)

二、东南鼠疫防治处

东南鼠疫防治处关于拟就隔离医院及检疫站
组织规程草案致卫生署呈

（1947 年 4 月 9 日）

案奉

钧署令饬本年度增设隔离医院一所、检疫站三所,遵经于本年二月二十日呈备成立,并经呈报在案。兹仅拟就隔离医院及检疫站组织规程草案各壹份,是否有当? 理合检同原案呈请鉴核批示祗遵。谨呈

署长金

附呈隔离医院及检疫站组织规程草案各一份。

卫生署东南鼠疫防治处处长左吉公出

技正吴云鸿代

（台北"国史馆"　028000003111A）

卫生署东南鼠疫防治处隔离医院组织规程草案

（1947 年）

第一条　本规程依卫生署东南鼠疫防治处组织条例第十六条之规定制定之。

第二条　卫生署东南鼠疫防治处隔离医院(以下简称本院)直隶于卫生署东南鼠疫防治处,掌理鼠疫病人之隔离治疗事项。

第三条　本院得设置门诊部、药房、检验室、隔离病室等,遇必要时得设分院二所至四所。

第四条　本院设院长一人(由东南鼠疫防治处呈请卫生署聘任之)承东南鼠疫防治处处长之命,综理一切院务并监督所属职员。

第五条　本院设主任二人至六人、聘任医师六人至十人,荐派者四人,余均委派由院长遴请聘派之。主任承院长之命掌理各主管技术,并辅助院长处理院务。医师承院长之命、主任之指导专任诊疗事宜。

第六条　本院设护士主任一人、荐派护士长三人至七人、护士十七人

至二十五人,均委派。护士主任承院长之命督率护士长、护士专任护理事宜。

第七条　本院设药剂员二人至六人、检验员二人至六人,均委派。统承院长之命、主任之指导分任调配药剂及细菌病理检验事宜。

第八条　本院设事务主任一人、荐派事务员五人至九人均委派。事务主任承院长之命督率事务员处理总务、文书、会计、出纳、庶务等事项。

承办会计事务员并接受东南鼠疫防治处会计室之监督指挥。

第九条　本院得雇用助理员六人至十四人、雇员四人至八人。

第十条　本院办事细则由院拟订呈请东南鼠疫防治处核定之。

第十一条　本规程自公布施行。

卫生署东南鼠疫防治处第一、二、三检疫站组织规程草案

第一条　本规程依卫生署东南鼠疫防治处组织条例第十六条之规定制定之。

第二条　卫生署东南鼠疫防治处第一、二、三检疫站(以下简称本站)应以办理鼠疫病人及鼠族蚤类之检验,于此工作为主要任务,必要时得兼办其他有关鼠疫防治事项。

第三条　本站设置地点视实际需要情形由卫生署东南鼠疫防治处呈请决定之。

第四条　本站设主任一人,荐派由卫生署东南鼠疫防治处遴请派用。承处长之命综理全站业务,并监督所属职员。

第五条　本站设技士二人至四人、荐派技术佐理员五人至八人,委派由主任遴请东南鼠疫防治处转呈派用。

本站设事务员二人至四人,均委派。分任文书、会计、出纳、庶务事项。

前项承办会计事务员并受东南鼠疫防治处会计室之监督指挥。

第六条　本站得酌用雇员二人至四人。

第七条　本站办事细则由站拟订呈请东南鼠疫防治处核定之。

第八条　本规程自公布日施行。

(台北"国史馆"　028000003111A)

卫生部关于隔离医院及检疫站组织规程草案事宜致行政院、东南鼠疫防治处呈令

（1947 年 5 月 17 日）

指令

令东南鼠疫防治处：

　　卅六年四月九日，榕秘字第四零四号呈一件。呈送隔离医院及检疫站组织规程草案，请核示由。呈件均悉。原组织规程草案经分别修正，仰候转呈行政院核示，拟再行饬遵此令。

呈

　　案查接管案内前据东南鼠疫防治处卅六年四月九日榕秘字第四零四号呈称："案奉钧署令饬本年度增设隔离医院一所、检疫站三所。遵于本年二月廿日筹备成立，并经呈核在案。兹谨拟就隔离医院及检疫站组织草案各一份，理合检同原件呈请核示祗遵"等情；附隔离医院及检疫站组织规程单案各一份。据此，查浙、赣、闽等鼠疫为患已久，为预防防蔓延计亟须设置检疫站，以杜传播。成立隔离医院，以利诊疗，所有各院站组织规程拟请迅赐核实，俾使推展工作。除将原组织规程单案分别修正指复外，理合检同修正卫生部东南鼠疫防治处隔离医院及检疫站组织规程单案各一份，备文呈请鉴核指示祗遵。谨呈

　　　　行政院

（台北"国史馆"　028000003111A）

江西省立上饶医院关于上饶县沙溪镇鼠疫情形致卫生部电

（1947 年 5 月 20 日）

南京卫生部部长周钧鉴：

　　本县沙溪镇近又发生疫病，死亡数人。十八日本院及派检验员同县卫生院王院长驰往防治，已无病例续发。惟该镇郑家底患者王永茂，年五十七岁，经血片检验疑似鼠疫杆菌"刻已死亡"，本院因检验设备欠缺，已将原血片转送江西省卫生处，重请专家检定谨明。

　　　　　　　　　　　　　　江西省立上饶医院院长黄枢辰昶印

（台北"国史馆"　028000003128A）

卫生部关于江西省鼠疫蔓延及请拨1947年度防疫专款致行政院呈

（1947年5月23日）

查鼠疫在赣东各县为患已久且于本年三月间传至南昌市,情势严重,迭经前奉署调派医防队及防疫人员前往策划协助防治,并加强检疫工作,以期杜绝蔓延。惟以疫区辽阔,所需大量防治鼠疫之药品、器材,亟待筹备补充,以应需要。查接管卷内前奉署卅六年度防疫专款三亿元已奉钧院拨发五千五百万元,其余二亿四千五百万元恳请迅赐转饬财政部一次拨付,以资因应,实为公便。谨呈

行政院

（台北"国史馆" 028000003128A）

行政院关于拨发1947年度核定防疫专款致卫生部令

（1947年6月3日）

卅六年五月廿三日防(36)字第472号呈为赣省鼠疫为患,情势严重,亟待筹备补充大量药品器材,前奉核定防疫专款三亿元,仅拨列五千五百万元,其余二亿四千五百万元,请迅赐转饬财政部一次拨付由。呈悉。已令饬财政部查照前转分配预算拨发,并分引主计处、审计部仰即知照。此令。

（台北"国史馆" 028000003128A）

行政院关于东南鼠疫防治处隔离医院及检疫站等组织规程致卫生部令

（1947年6月10日）

令卫生部:

卅六年五月十七日防(36)字第三三四号呈送东南鼠疫防治处隔离医院及检疫站组织规程,请核示由。呈暨附件均悉。该两规呈经酌加修正,除呈请国民政府备案外,修正本随令抄发,仰即知照。此令。

附抄发东南鼠疫防治处隔离医院暨检验站组织规程各一份。

院长张群

（台北"国史馆" 028000003111A）

东南鼠疫防治处隔离医院处织规程

（1947 年 6 月 10 日）

第一条　本规程依卫生署东南鼠疫防治处组织条例第十六条之规定制定之。

第二条　东南鼠疫防治处隔离医院（以下简称本院）隶属于东南鼠疫防治处，掌理鼠疫病人之隔离治疗事项。

第三条　本院设左列各部室

一、门诊部

二、医务室

三、护理室

四、总务室

第四条　本院置院长一人，承东南鼠疫防治处处长之命，综理院务并监督所属职员。

第五条　本院置主任三人、主治医师二人至四人、医师六人至十人、护士长三人至六人、护士十六人至廿五人、药师一人、药剂员一人或二人、检验员二人至四人、事务员一人至二人、办事员三人至六人，分掌各项事务。

第六条　本院得雇用助理员四人至十四人、雇员四人至八人。

第七条　本院各级人员之任用依卫生毕业人员任用条例办理。

第八条　本院置会计员佐助理员一人至二人，均委派。依照主计法规之规定办理会计、统计事务。

第九条　本院置人事管理员一人，依照人事管理条例之规定办理人事管理事项。

第十条　本院得按照实际需要情形呈准设至分院。

第十一条　本院办事细则另订之。

第十二条　本规程自公布日施行。

（台北"国史馆"　028000003111A）

东南鼠疫防治处检疫站组织规程

（1947 年 6 月 10 日）

第一条　本规程依卫生署东南鼠疫防治处组织条例第十六条之规定制

定之。

　　第二条　东南鼠疫防治处检疫站(以下简称本站)办理鼠疫病人、鼠族蚤类之检验诊断、鼠疫疫情、鼠族染疫情形之报告及其他有关鼠疫防治事项。

　　第三条　本站设置地点视实际需要情形由东南鼠疫防治处呈请卫生部定之。

　　第四条　本站设主任一人,承处长之命办理全站业务并监督所属职员。

　　第五条　本站设技术员二人至四人、技术佐理员三人至七人、办事员二人至四人。

　　第六条　本站得酌用雇员二人至四人。

　　第七条　本站人员之任用依卫生事业人员任用条例办理。

　　第八条　本站办事细则另定之。

　　第九条　本规程自公布日施行。

（台北"国史馆"　028000003111A）

卫生部关于制定隔离医院处织规程案致东南鼠疫防治处令

（1947 年 6 月 27 日）

令

　　兹制定东南鼠疫防治处隔离医院处织规程公布之。此令。

　　附规程一份。

　　兹制定东南鼠疫防治处检疫站组织规程公布之。此令。

　　附规程一份。

（台北"国史馆"　028000003111A）

卫生部关于发布隔离医院及检验站组织规程
致东南鼠疫防治处令

（1947 年 6 月 27 日）

训令

令东南鼠疫防治处:

　　查该处隔离医院及检验站处织规程经本部呈,奉行政院卅六年六月十日从洪字第贰贰壹壹伍号指令内开："呈暨附件均悉。该两规呈经酌加修正，陈呈请国民郑福备案外，修正本随令抄发，仰即知照。此令。"等因；附抄发东南鼠疫防治处隔离医院及检验站组织规程各一份到部。合行抄附该两规呈修正本各一份，令仰知照。此令。

（台北"国史馆"　028000003111A）

江西省卫生处关于购办疫苗及编制防治鼠疫预算案致卫生部电

（1947 年 6 月 27 日）

南京卫生部钧鉴：

防卅六第一八三七号代电。奉悉。查疫苗本省已购办，前奉院从玖一三六九九号令准拨五千万元，当经编具防治鼠疫预算且因事实急迫，已挪移他款垫用，务乞如数照拨，免扣疫苗费，俾资归垫为祷。

赣卫生处处长熊悛巳感（廿七日）衔会叩

（台北"国史馆"　028000003128A）

卫生部关于赣省 1947 年度防治鼠疫计划及预算案致行政院秘书处电

（1947 年 9 月 24 日）

行政院秘书处公鉴：

案查关于江西省政府卅六年度防治鼠疫计划及预算案，前准贵处本年七月廿五日服内四字第 57720 号通知："奉谕交本部核复。"等由；经将本部拟核原预算为四亿五千万元，并检附修改是项计划及预算意见各一份，以防（36）字第 6790 号未梗代电，请贵处察核转陈在案。兹以赣省鼠疫迄未遏止，防治工作急待推展，需款孔亟，赣省政府及省立卫生处迭电催询到部，相应电请詧核转陈迅赐核定。再本部修改江西省防治鼠疫计划第四项"实施方法"（2）（丑）"粮食运输之管制及检疫"，为杜绝鼠疫传播之重要措施，并请转陈赐饬赣省政府切实办理，以收成效并希见复为荷。

卫生部防（36）甲印

（台北"国史馆"　028000003128A）

行政院秘书处关于修改江西省防治鼠疫计划

及经费预算案致卫生部函

（1947 年 9 月 29 日）

贵部卅六年九月廿四日防(36)字第九六二七号代电："为江西省防治鼠疫计划嘱迅陈核定。"等由。查贵部前送修改江西省防疫计划及经费预算一案,业经奉交粮食部核议具覆。准电前由,除催请粮食部迅速办理外,相应函请查照。此致

卫生部

秘书长甘乃光

（台北"国史馆"　028000003128A）

卫生部关于赣省鼠疫蔓延亟应严密防范及拨发防疫费事宜

致防疫总队、东南鼠疫防治处电

（1947 年 9 月 30 日）

医疗防疫总队/东南鼠疫防治处：

查赣省鼠疫为患有年,疫区蔓延日广,本部曾代电该总队调派医防队院长期驻赣协助,复派防疫司司长容启荣前往视导,并召集当地各有关机关开会商讨,缩小疫区范围及消灭疫氛方法。本年八月间奉行政院交核江西省卅六年度防治鼠疫计划及经费概算案,经参照本部司长容启荣视察情形,将赣省防止鼠疫计划及经费预算酌加修改电复在案,惟南昌市惟赣省省会所在地,扼水路交通之要冲,疫氛未戢传播堪虞,亟应严密防范,以免鼠疫波及沿江各地。至所需防疫经费,在赣省防治鼠疫计划及经费预算未奉行政院核定前,按照江西省鼠疫防治技术委员会组织规程第十一条"本会所需费用,由委员各就本机关鼠疫防治事业费项下设法支拨"之规定,该　总队/处应在本部卅六年度善后救济总署拨助防疫费分配江西省鼠疫防治费　一亿八千万元/二亿元　项下拨款配合工作,以应急需。除分电外,合行电仰该总队/处　遵办具报。

卫生部防(36)申陷印

（台北"国史馆"　028000003128A）

卫生部关于善后救济总署、世界卫生组织拨助江西省鼠疫防治费事宜致卫生部医疗防疫总队电

（1947 年 10 月 4 日）

卫生部钧鉴：

　　防（36）深陷代电。奉悉。查三十六年度善后救济总署拨助防疫费分配江西鼠疫防治费壹亿捌千万元款，以照数拨交本总队驻赣第一大队。又在三十六年度世界卫生组织过度委员会卫生专家派驻中国，协助卫生业务临时费项下分配本总队防治费壹亿元，内于九月十一日拨驻赣第一大队叁仟万元外，并于九月三十日汇赣东鼠疫防治处伍佰万元各在案。兹再汇江西省卫生处鼠疫防治补助费壹仟万元。除分别函知各该卫生机关并饬第一大队遵办具报外，理合据情电呈鉴核。

　　　　　　　　医疗防疫总队总队长容启荣、副总队长蔡方进会酉（支）叩

　　　　　　　　　　　　　　　　（台北"国史馆"　028000003128A）

卫生部关于南昌市鼠疫防治费事宜致江西省卫生处、东南鼠疫防治处电

（1947 年 10 月 7 日）

福州东南鼠疫防治处：

　　查本部前以防（36）字第 9957 号申陷代垫饬该处拨款配合防治南昌鼠疫工作，计已收揽。兹据江西省卫生处酉东电称："南昌鼠疫防治费已用罄，无法筹措而全市预防注射及消亚待进行，恳即拨款，以应急需。"等情经饬据本部医防总队复称，一、本总队已饬驻赣第一大队酌予核发；二、九月卅日汇拨南城赣东鼠疫防治处五百万元；三、即由本总队速汇江西省卫生处一千万等情。仍仰该处遵照前电迅速拨款补助，以利防疫具报为要。

　　　　　　　　　　　　　　　　　　　　卫生部防（36）酉虞印

南昌江西省卫生处：

　　酉东电。悉。经饬据本部医防总队复称，一、本总队已饬驻赣第一大队酌予核发；二、九月卅日汇拨南城赣东鼠疫防治处五百万元；三、即由本总队速汇江西省卫

生处一千万等情。除函电本部东南鼠疫防治处迅速拨款补助外,特电复知照。

卫生部防(36)酉虞印

(台北"国史馆"　028000003128A)

卫生部东南鼠疫防治处关于拨款补助南昌防疫费事宜致卫生部呈

(1947 年 11 月 1 日)

案奉钧部(36)防字第 9957、10652 号代电:"饬拨款补助南昌防疫费。"等因;业经先后呈复各在案。兹查该项补助费已于本月二十七日,由国库电汇江西省卫生处五百万元。理合呈报,仰祈鉴核。谨呈

部长周

卫生部东南鼠疫防治处处长左吉公出

副处长代理处务查良钟

(台北"国史馆"　028000003128A)

江西省鼠疫防治技术委员会关于拟将用毕乳剂 D. D. T. 空筒
标卖筹措防治事业费事宜致卫生部呈

(1947 年 11 月 10 日)

查本会防治事业费支绌影响工作至巨,拟将用毕乳剂 D. D. T. 空筒标卖,所得款项作为本会防治事业费,是否可行? 请付会讨论案。当经决议请示钧部核示等语;除记录在卷外,理合备文呈请鉴核示遵! 谨呈

卫生部部长周

江西省鼠疫防治技术委员会兼主任委员熊悛

(台北"国史馆"　028000003128A)

卫生部关于拟将乳剂 D. D. T. 空筒标卖一案
致江西省鼠疫防治技术委员会令

(1947 年 11 月 26 日)

卅六年十一月十日呈一件,为防治事业费支绌,拟将乳剂 D. D. T. 空筒标卖,呈请鉴核示遵由。呈悉。仰迳呈江西省政府核办。此令。

(台北"国史馆"　028000003128A)

卫生部关于《申报》刊载南昌回电黎川鼠疫近一月死 600 人请确认一案致南昌卫生处电

（1947 年 11 月 18 日）

南昌卫生处沪申报有载南昌回电黎川鼠疫近一月死 600 人，确否？ 电复。

卫生部防成（感）印

（台北"国史馆"　028000003128A）

卫生部防疫司关于江西鼠疫防治及经费等情形致卫生部呈

（1947 年 11 月 27 日）

查关于江西鼠疫之防治，本年六月间容司长及职曾前往赣省视察督导洽商整个防治计划，并联合当地各有关机关成立江西省防治鼠疫技术委员会，嗣江西省政府拟具三十六年度防治鼠疫计划及预算呈行政院核办，本部奉交核议，经将计划予以修正并拟请拨发经费四亿五千万元，已准行政院秘书处公函通知，于第二十八次院务会议通过。为依据计划切实推行防治工作起见，本部似应派人前往督导，查东南鼠疫防治处副处长查良钟在该处左处长出国期间代理处长职务，对于江西鼠疫实际情形自应彻底明瞭，拟令派该员前往江西督导防治，以赴事功。是否有当？ 理合签请鉴核。谨呈

部长、次长

（台北"国史馆"　028000003128A）

卫生部关于派员前往江西会同有关机关办理防疫事宜致江西省政府、卫生处、查良钟令

（1947 年 12 月 6 日）

令东南鼠疫防治处副处长查良钟：

案查关于江西鼠疫之防治，本部于本年六月间派防疫司司长容启荣前往赣省市查督导，决定整个防治方针，并联合当地各有关机关成立江西省防治鼠疫技术委员会，接江西省政府拟定三十六年度防治鼠疫计划及预算案，业经行政院院务会议通过。余并经本部抄同附件，以防（36）字第一三七八

八号戍有代电饬知在案。兹为依据计划切实推行防治鼠疫工作起见,派该员前往江西会同各有关机关商洽办理所有,该员代理该处处长职务及主持遣送闽省华侨医卫事宜,仰暂指派委员代理,以专责呈并仰将到赣日期、工作情形及代理人具报为要。此令。

南昌江西省政府公鉴:

查关于赣省卅六年防治鼠疫计划及预算案,业经行政院院务会议通过,本部以抄附原件,以防(36)字第 13788 号戍有代电请查照在案。兹为依据计划切实推行防治鼠疫工作起见,派本部东南鼠疫防治处查副处长良钟赴赣会同各有关卫生机关洽商,办理防治鼠疫工作。除分令暨电请江西省政府查照外,合行电仰知照为荷。

防(36)亥印

南昌江西省卫生处:

查关于赣省卅六年防治鼠疫计划及预算案,业经行政院院务会议通过,本部以抄附原件,以防(36)字第 13788 号戍有代电请饬知在案。兹为依据计划切实推行防治鼠疫工作起见,派本部东南鼠疫防治处查副处长良钟赴赣会同各有关卫生机关洽商,办理防治鼠疫工作。除分令暨电饬江西省卫生处知照外,相应电请查照为荷。

防(36)亥印

(台北"国史馆"　028000003128A)

浙江省卫生处关于兰溪鼠疫情形及防治事宜致卫生部电

(1947 年 12 月 3 日)

南京卫生部〇密:

兰溪鼠疫严重,疫苗不敷应用,拟恳拨发一百瓶并转饬医防总队第一大队刑大队长来杭与商浙赣线鼠疫防治事宜。

浙卫生处亥江(三日)三印

(台北"国史馆"　028000003129A)

东南鼠疫防治处关于兰溪鼠疫情形及派员协助防治案致卫生部电

（1947 年 12 月 3 日）

南京卫生部○密：

准浙卫生处亥江电，兰溪鼠疫严重。本处江日电调第二检疫站及弟六医防队赶往协防。谨电鉴核。

东南鼠疫防治处

（台北"国史馆"　028000003129A）

浙江兰溪旅沪专科以上学校同学会关于鼠疫疫情及拨药拨款救济事宜致卫生部呈

（1947 年 12 月 4 日）

上月中旬兰溪县城发见鼠疫，嗣后每日均有死亡且蔓延之速，亦为人民先所预料，因兰溪医师过少，防疫药品如 D. D. T. 等更形缺乏，死活听其自然。经一月末之传染死亡者已达数十人，且现已由城南蔓延至城北及火车站一带，患者与日俱增。盖兰溪人、物俱乏，致无法扑灭而疫势反日渐猖獗，人心惶惶，无旦夕之安。按兰溪为浙东商业中心，地居浙赣路之旁，水路交通亦便，若该项严重疫病不加扑灭，不单兰溪遭难甚大，其他相邻县鼠疫罗及。本会有鉴于此，除向民众扩大防疫宣传，与函请兰溪县政府严加防范外，理合呈文贵部迅予济药或拨款到兰扑灭疫灾。则兰溪人民幸甚，全国人民幸甚。谨呈

卫生部

浙江兰溪旅沪专科以上学校同学会呈

本会会址：设江湾国立复旦大学淞庄九十号内

（台北"国史馆"　028000003129A）

卫生署医疗防疫总队关于上饶疫情及防治意见致卫生部电

（1947 年 12 月 4 日）

卫生部部长周钧鉴：

据第一大队大队长刑大春本年十一月二十三日电开："上饶火车站发现

鼠疫十三人,死八人,死鼠甚多,米棉堆积如山,情势严重,除防治外,电交部转饬浙干路局切实协助及十一月二十七日报告上饶鼠疫防治情形,请转商交通部将所有车辆在上饶、沙溪两站暂不停靠。"等情。查上饶疫情严重,上饶、沙溪两两站堆积米棉甚多,为免疫鼠随货传播,俾积极防治,计拟请钧部转请交通部迅饬浙赣铁路管理局将所有车辆经过上饶、沙溪两站暂不停车,并拨借铁篷车数辆,以便将该两站堆积之米棉以氰化钙蒸熏消毒,以免疫势蔓延而杜传染,并请钧部电浙赣铁路局协助办理,以期迅速。是否有当? 理合呈请鉴核示遵!

卫生部医疗防疫总队(36)技亥支印

（台北"国史馆"　028000003129A）

韩立民关于上饶车站疫情严重请求力谋扑灭致卫生部电

（1947 年 12 月 4 日）

南京卫生部部长周钧鉴○密:

　　上饶车站疫情严重,除由刑大队长力谋扑灭外,祈向交通部及赣省速商协助防治办法。

职韩立民叩支(四日)

（台北"国史馆"　028000003129A）

浙赣铁路局关于上饶、沙溪两地鼠疫及防治情形致卫生部电

（1947 年 12 月 7 日）

南京卫生部长金严次长赐鉴○密:

　　顷准南京贵部防疫总队支代电以:"上饶、沙溪两地发现鼠疫患者及死鼠甚多,嘱将上饶、沙溪两站暂不停车。"等由。来电未叙明公路、水路已否断绝交通,且上饶现为本路业务繁站实施不无困难,一旦交通中断,地方更受影响。除已规定沙溪站列车站不停止,上饶站凭注射证购票车外,究竟应否立即断绝交通,请即商交通部迅予电示以便遵办。

弟侯家源叩亥虞(七日)总四九零五号

（台北"国史馆"　028000003129A）

卫生部关于兰溪鼠疫流行请拨发疫苗致
上海中央生物化学制药实验处电

（1947 年 12 月 10 日）

上海中央生物化学制药实验处鉴：

　　案据浙江省兰溪县政府电以："该县属鼠疫流行，请拨发疫苗。"等情。兹向该处定购四十公撮装鼠疫疫苗五百瓶。除电复兰溪县政府派员或托便前往该处洽提外，特电仰遵照制交，收据具报所需价款由部支付。

卫生部防（36）亥灰印

（台北"国史馆"　028000003129A）

卫生部关于派员前往上海提取鼠疫疫苗致兰溪县政府电

（1947 年 12 月 10 日）

浙江兰溪县政府鉴：

　　感复艮电："请为请拨发鼠疫疫苗。"等情；兹饬本部中央生物化学制药实验处在沪制交该县政府四十公撮装鼠疫疫苗五百瓶，仰即派员或托便前往上海江西路一三八号该处洽提备用，收到后缮具正负收据各一份呈部备查。

卫生部防（36）亥灰印

（台北"国史馆"　028000003129A）

东南鼠疫防治处关于派员前往江西省视察
疫情推进防治工作致卫生部呈

（1947 年 12 月 11 日）

　　案奉钧部本年十二月一日防（36）字第一四四九号训令开："案查关于江西鼠疫之防治，本部于本年六月间派防疫司司长容启荣前往赣省视察，督导决定整个方针并联合当地有关机关成立江西省防治鼠疫技术委员会。旋江西省政府拟订三十六年度防治鼠疫计划及预算案，经行政院院务会议通过后，并经本部抄同附件，以防（36）字第一三七八八号戍有代电饬知在案。兹为依据计划切实推行防治鼠疫工作起见，派员前往江西会同各有关机关商洽办理所有，该员代理该处处长职务及主持遣送闽省华侨医卫事宜，仰暂指派妥员代理，以专责成,并仰将到赣日期及代理人源具报为要。此令。"等因;奉此,自应遵办。查伯力士博士已于八日由沪飞抵福州,本拟偕同飞往南昌,惟近日以来因赴南昌旅客众多,一时无法购到飞机票,加以浙江兰溪鼠疫严重,经与伯力士博士商讨结果,预定于十二月十二日(即明日)就榕沪班飞机偕行飞沪,迳赴杭州会同浙江省卫生处徐处长往兰溪转道赴上饶视察疫区。即赶赴南昌估计一星期后可以到达,所有公差期间处务暂派技正吴云鸿代行主持,至遣送闽省华侨医药卫生事宜,暂指派本处技正赵俊办理。除工作情形项目呈报外,理合将赴赣启程日期及职务代理人先行备文呈报,仰祈鉴核备案。谨呈

部长周

卫生部东南鼠疫防治处处长左吉公出
副处长代理处务查良钟
(台北"国史馆"　028000003129A)

卫生部关于上饶、沙溪两地疫情及防治工作致相关机构电

(1947 年 12 月 11 日)

浙赣铁路管理局/交通部/杭州浙江、南昌江西省政府公鉴:

据本部医疗防疫总队代电称:据第一大队长刑大春戌梗电称:"上饶火车站发现鼠疫云云,以期迅速。"等情;正拟办间,复准贵部/浙赣铁路管理局亥虞总 4905 号电开:"顷准南京贵部防疫总队云云,以便遵办。"等由。查铁路运输便于客货,可直达杭市、上饶车站,附近五桂山一带系鼠疫疫区,若不切实执行交通管制,疫氛即有迅传杭市,威胁京沪之虞。本部医防总队第一大队所请转请贵部转饬浙赣铁路局将所有车辆经过上饶、沙溪两站暂不停车,系指停止两站旅运而言,并不影响浙赣线之全部交通,且上饶鼠疫疫情严重,疫鼠及鼠虱可藉旅运传播,若旅客仅凭注射证购票车亦不足以杜绝蔓延。目前上饶、沙溪两站堆积米棉甚多,所请贵部/浙赣铁路管理局拨借铁篷车辆,以便施行熏蒸消毒候起运,亦属切要。又上饶水道抵达江西公路车站,距火车站疫区范围较远,运输量较少,应否断绝交通一节以电请浙赣两省政府/贵部体察情形,于非必要时立即停止水陆旅运,除分电交通部及浙赣两省政府查照办理/浙赣两省政府查照办理暨电复/交通部及浙江、江西省政府查照办

理暨电复外,相应电复查/请查照办理为荷。

卫生部防(36)亥真印

医疗防疫总队/福州东南鼠疫防治处:

案据该处/医防总队(卅六)京八技字第 4056 号亥支代电以:"据第一大队报告上饶鼠疫蔓延情形,转呈核示/称据第一大队大队长云云,以期迅速。"等情。

(医疗防疫总队):正拟办间,复准浙赣铁路管理局亥虞电开:"顷准南京贵部防疫总队云云,以便遵办"等由。查预防疫氛传播,应切实执行交通管制,所请转谘交通部迅饬浙赣铁路管理局将所有车辆经过上饶、沙溪两站暂不停车,并拨借铁篷车,以便将该两站堆积之米棉加以燻蒸消毒各节,除特电交通部暨电复浙赣铁路管理局查照办理并电浙赣两省政府,于必要时停止水陆旅运外,合行电仰知照。

(东南鼠疫防治处):本部为预防疫氛传播,缩小疫区范围起见,除特电交通部暨浙赣铁路管理局及浙赣两省政府查照办理外,合行电仰该处迅与第一大队及浙省卫生处会同商洽办理,加紧防治为要。

卫生部防(36)亥真印

（台北"国史馆"　028000003129A）

查良钟关于与伯力士一起飞沪转浙赣事致卫生部电

（1947 年 12 月 12 日）

南京卫生部○密:

十二日偕伯力士飞沪转浙赣,另呈详。

职良钟

（台北"国史馆"　028000003129A）

卫生部关于已请兰溪县政府赴上海自取疫苗及派员协助防治事宜

致浙江兰溪旅沪专科以上学校同学会电

（1947 年 12 月 13 日）

上海江湾国立复旦大学淞庄 90 号兰溪旅沪专科以上学校同学会鉴:

本年十二月四日呈。悉。查兰溪发现鼠疫,本部前据兰溪县政府电:

"请拨发疫苗济急。"等情;经本饬本部中央生物化学制药实验处制拨四十公撮鼠疫疫苗五百瓶,并电复兰溪县政府迳向该处洽领。至关于浙赣线防治鼠疫工作,已饬本部医防总队第一大队大队长刑大春迅与本部东南鼠疫防治处及浙江省卫生处会同洽商,加紧防治。

卫生部防亥元印

(台北"国史馆" 028000003129A)

卫生部关于拨发疫苗事宜致浙江省卫生处电

(1947 年 12 月 13 日)

杭州浙江省卫生处鉴:

卫亥鱼三电。悉。兹饬本部药品供应处在京拨发该处五百片磺胺吡啶、四十瓶四十公撮装鼠疫疫苗五百瓶,仰迳洽提并缮具收据正副二份呈部备查。又此项药品系来作防治鼠疫之用,将来应来案呈部报销并仰知照。

卫生部防(36)亥元印

(台北"国史馆" 028000003129A)

卫生部关于请拨疫苗及药品事宜致浙江省卫生局电

(1947 年 12 月 18 日)

杭州市卫生局览:

十二月九日卫二字第 212 号亥佳代电:"为请拨鼠疫疫苗、氰化钙等药品以资防治鼠疫。"等情;兹饬本部药品供应处在京拨发该处 40 公撮装鼠疫疫苗 200 瓶,仰迳洽领备用。至碳酸钡、氰化钙等药品本部京库房有,俟由渝运京后再行另案核拨。

卫生部防(36)亥巧印

(台北"国史馆" 028000003129A)

东南鼠疫防治处关于派员分别驰往上饶及兰溪指导
疫情防治事宜致卫生部呈

(1947 年 12 月 18 日)

奉钧部(36)亥真防字第一四八二号代电以:"江西上饶发现鼠疫饬迅与

第一大队及浙江卫生处等会同洽商,加紧防治。"等因。查上饶及兰溪鼠疫严重,本处前据报告,经派员分别驰往防治并呈报各在案。兹为严密督导筹划起见,副处长良钟复于十二月十二日偕同伯力士专家乘机飞沪转浙赣两省督导防治。奉电前因,理合备文呈请鉴核。谨呈

　　部长周

卫生部东南鼠疫防治处处长左吉公出

副处长代理处务查良钟公出

技正吴云鸿代

（台北"国史馆"　028000003129A）

交通部关于上饶、沙溪、兰溪等三处发现鼠疫请派员
实施防治事宜致卫生部电

（1947 年 12 月）

卫生部公鉴:

　　据浙赣铁路局本月十三日电称:"本路沿在线饶、沙溪、兰溪等三处发现鼠疫,为防止传染,列车经过沙溪站暂行不停外,在上饶、兰溪两站旅客须凭防疫注射证方准购票乘车。近据报告各该站迄未大规模注射防疫针,所有旅客均无注射证不便售票,致交通形困断绝,为免旅客责难及实施预防起见,拟特转咨卫生机关迅筹防疫设备,派员驻站实施注射针药,发给注射证,以利旅客而便交通,并请对于各该地之水路码头、公路、车站驻站注射,以期周密。"等情;相应电请查照,迅赐办理并见复为荷。

交通部亥篠路运京

（台北"国史馆"　028000003129A）

卫生部关于上饶车站必要时可不停车案致查良钟电

（1947 年 12 月 18 日）

江西上饶省立医院上饶医院转查副处长良钟:

　　上饶站不停车一案。顷悉。交部以亥灰路运京电嘱侯局长与当地

防疫人员密切联系,必要时可不停车等语;仰酌情决定,迳洽办理具报呈部。

卫生部防(36)亥篠印

(台北"国史馆"　028000003129A)

卫生部关于上饶车站不停车案致浙赣铁路局侯局长电

(1947 年 12 月 18 日)

浙赣铁路管理局侯局长:

亥删总文 5103、5104 两电。均敬悉。上饶不停车一案。顷悉。交部以亥灰路运京电知贵局于必要时可不停车,希迳与本部防疫人员洽办并请转饬上饶站借拨铁篷车,以便将待运米棉货物消毒为荷。

卫生部防(36)亥篠印

(台北"国史馆"　028000003129A)

卫生部关于上饶、沙溪、兰溪等地鼠疫严重该三地交通
通行相关事宜致浙、赣两省卫生处电

(1947 年 12 月 18 日)

杭州浙江卫生处、南昌江西卫生处:

准浙赣铁路局总文 5035 号亥侵电开:"本路沿线云云,伏候核示"等由。查上饶、沙溪、兰溪等地鼠疫严重,有蔓延京沪之可能,本部经以亥真代电请交通部及浙赣铁路局,将所有车辆暂不停靠上述三站,并电请浙赣两省政府体察情形,于必要时立即停止水陆旅运,以策万全。在交通部尚未决定执行交通管制之前,该处对于兰溪、上饶火车站、公路车站、航道冲要地点应即迅速加强检疫工作,严格执行预防注射,以免疫氛传播,除电饬江西、浙江省卫生处知照外,合行电仰知照。

防(36)亥巧印

(台北"国史馆"　028000003129A)

卫生部关于上饶、沙溪、兰溪水陆交通疫情防治
工作事宜致交通部电

（1947 年 12 月 20 日）

交通部公鉴：

　　准贵部路运京字第 10517 号亥篠代电以上饶、沙溪、兰溪等处发现鼠疫，据浙赣铁路局电请转属本部前准浙赣铁路局总文 5035 亥文电同前由，经以防(36)15203 号代电转饬浙赣两省卫生处及本部医防第一、四两大队对兰溪、上饶水陆交通各站迅速加强检疫工作，严格执行预防注射各在案。相应电复查照为荷。

卫生部防(36)亥养印

（台北"国史馆"　028000003129A）

查良钟关于上饶、沙溪疫情缓解车站可以开放事宜致卫生部电

（1947 年 12 月 23 日）

南京卫生部：

　　防亥篠电奉悉。上饶八日后无新病例。不停车已不需要，车站原存米棉后放行。沙溪十五日后无新病例，该车站即可开放。

职良钟 廿三日叩

（台北"国史馆"　028000003129A）

浙赣铁路局关于上饶、沙溪、兰溪无新患者发现致卫生部电

（1947 年 12 月 25 日）

南京卫生部公鉴：

　　本路上饶、沙溪、兰溪疫情据报经实地调查(1)上饶自亥齐以后无新患者发现。(2)沙溪自亥铣以后无新患者发现。(3)兰溪自亥齐以后无新患者发现。谨闻。

浙赣铁路局局长侯家源叩亥有总

（台北"国史馆"　028000003129A）

卫生部关于赴赣商洽办理防治鼠疫工作事宜致
东南鼠疫防治处令
（1947 年 12 月 26 日）

令东南鼠疫防治处：

　　卅六年十二月十一日呈一件为遵令赴赣商洽办理防治鼠疫工作，呈报启程日期及职务代理人祈鉴核备案由。呈悉。准予备案，仰知照。此令。

（台北"国史馆"　028000003129A）

浙赣铁路局关于兰溪疫情缓解请取消凭证购票规定致卫生部电
（1947 年 12 月 27 日）

南京卫生部公鉴：

　　案据本局运输处电话称："兰溪防疫站已由当地防疫大队嘱即取消请核示。"等语。查兰溪站前经宣布为疫埠，设立防疫站检查旅客并规定凭证购票，以防传染在案。嗣复迭据报告兰溪已连续十余日无鼠疫新患者发生，是兰溪疫势已杀。除饬站停止凭证购票以利交通外，谨电请查照。

浙赣铁路局亥感总文

（台北"国史馆"　028000003129A）

卫生部关于防治鼠疫经过及召开浙赣线鼠疫紧急联防会议
情形致浙江省卫生处令
（1948 年 1 月 7 日）

令浙江省卫生处：

　　卅六年十二月廿二日卫(36)亥养三 7350 代电，呈报防治鼠疫经过及召开浙赣线鼠疫紧急联防会议情形，检附纪录请核示由代电暨附件。均悉。准予备案。此令。

（台北"国史馆"　028000003129A）

卫生部关于兰溪、上饶、沙溪疫情得到扼制致交通部、
浙赣铁路局致谢电

(1948 年 1 月 10 日)

交通部浙赣铁路局公鉴:

　　查此次浙赣线兰溪、上饶、沙溪等地发现鼠疫,经各有关机关加紧防治并承贵部、局协助照办,随时供给,疫势得告戢止。除电浙赣铁路局、交通部致谢外,相应电玫谢忱,即希查照为荷。

卫生部防(37)子灰印

(台北"国史馆"　028000003129A)

浙江省医疗防疫大队关于呈送兰溪县防治鼠疫工作报告致卫生部电

(1948 年 2 月 13 日)

卫生部部长周钧鉴:

　　查本省兰溪县于去岁时一月间发生鼠疫,经本队竭力防治后,终于短期内得以扑灭。兹据本队驻兰溪第二医防队编制该项防治工作经过报告项目呈送到队。除分呈及指复外,谨检具原报告一份电请核备。

浙江省医疗防疫大队大队长吴惠公叩丑元

(台北"国史馆"　028000003129A)

东南鼠疫防治处第一检疫站关于惠安县发现鼠疫致卫生部电

(1947 年 12 月)

卫生部钧鉴:

　　顷据惠安县卫生院十二月八日函报,惠安城区忠烈保十二月五日发现腺鼠疫病人一例不治身死并有死鼠发现。除函该院再将详情查复外,理合电请钧部备查。

东南鼠疫防治处第一检疫站亥防叩

(台北"国史馆"　028000003130A)

江西省卫生处关于黎川县已无鼠疫病例但仍加紧防治事宜致卫生部电

(1947年12月9日)

卫生部部长周钧鉴:

案据黎川县卫生院院长胡崇恺亥支电称:"本县鼠疫戌世起无病例发现。除仍加紧防治外,谨闻。"等情;理合电请鉴核。

江西省卫生处处长熊俊叩佳卫四印

(台北"国史馆" 028000003130A)

东南鼠疫防治处关于在福州、南昌、厦门设立隔离医院分院及拟具隔离医院住院规则草案致卫生部呈

(1947年12月10日)

查本处隔离医院就各地方需要,业在福州设立并于江西南昌及福建厦门先行筹设分院各一所,以资收容鼠疫病人隔离治疗。在南昌设置者第三分院,业于本年十一月一日正式成立,并经本年十一月十九日榕(卅六)防字第一三七七号呈报在案。厦门者为第一分院,已派员前往积极设置,一俟呈报成立及行项目报核。兹为各该分院便于管理病人,以利推行业务,计拟具本处隔离医院住院规则,是否有当?理合检同前项规则草案一份,备文呈送,仰祈鉴核示遵! 谨呈

部长周

附呈隔离医院住院规则草案一份。

卫生部东南鼠疫防治处处长左吉公出

副处长代理处务查良钟

(台北"国史馆" 028000003111A)

卫生部东南鼠疫防治处隔离医院住院规则草案

(1947年)

第一条　本院医疗疾病除法令另有规定外,病人来院就诊时应依照本规则之规定。

第二条　就诊病人之亲属、监护人或其他关系人,非经医师许可,不得

擅入该诊察室窥视。

第三条　病人如欲住院，须经本院医师认为有住院诊治之必要，始准发给住院证住院治疗。

第四条　本院只收治鼠疫病人，如鼠疫病人较少得酌情收治伤寒斑疹、伤寒赤痢、天花、霍乱、白喉、流行性脑脊随膜炎、猩红热、回归热等十种法定传染病人。

第五条　病人住院应填具住院诊治志愿书，如病人尚未成年或无知觉时由其亲属或监护人填具之。

第六条　病人伙食费除取得地方政府防疫委员会，或救济团体在本院设置之免费病床予以免费外，应于入院时按照本院每日所规定代办病人膳食费预缴五天。住院如不满五天者，仍照扣退还；超过者每五天预缴一次不得拖延。

第七条　住院病人所需衣物被褥及清洁用具，均由本院供给。其入院时所着衣服，应点交住院处，所带银钱、金饰、证章符号及其他物件应点交住院处保管，分别领取收条，出院时凭条退还。

第八条　病室病人均由负责护士昼夜护理，非经医师许可，不得自带家人随身服侍。

第九条　住院病人之饮食由本院代办，非经本院医师许可，不得自备食物。

第十条　病人不得命工役购办什物，工役不得向病人索取小费，如工役索费或对病人有无理之处，病人得随时通知值班护士或报告主管员处理之。

第十一条　住院病人不得在病室内吸烟、饮酒、喧哗、妨碍安宁秩序。

第十二条　住院病人对于本院设备及衣物器皿均须加以爱护，如有损坏应照价赔偿。

第十三条　病人亲友非经特别许可一概不得探视病人。

第十四条　病人须经医师视为痊愈而无传染性时，始得发给出院许可证，并向住院处将各费结算清楚方可出院。

第十五条　凡住院病人不得延请其他中西医师自行诊治疾病。

第十六条　本院以施诊施药为原则,惟病人急需某药治疗而本院无此种药品时,经医师许可,病人可向外自购以免耽误病机。

第十七条　挂号费、住院费、检验费及证书费一律免缴。

第十八条　本规则如有未尽事宜得随时呈请修改之。

第十九条　本规则自呈奉核之日施行。

(台北"国史馆"　028000003111A)

东南鼠疫防治处关于浙闽干粤各省疫情及注射
疫苗事宜致卫生部电

(1947 年 12 月 29 日)

查福建、浙江、江西、广东各省本年患染鼠疫县份截至目前止,已达四十六县市,近来福建之古田、浙江之兰溪、江西之上饶疫情更为严重,似此情形明年春夏间,鼠疫流行堪虞。兹为未雨绸缪计,鼠疫疫苗之储备,似属刻不容缓,假定明年传染地区为五十县,合约计一千万,并假定每县传染乡镇为半数,则直接受鼠疫威胁之人口约为五百万,根据以往经验,政府采用强迫注射方法,实际所能注射人数,不过百分之六十。换言之,东南疫区内可能强迫注射之人数为三百万,以每人需要疫苗二西西半计算,则全部共为七百五十万西西,惟查本处现存者不过三万西西,距需要量甚远。但本处又无此项经费大量购储如许疫苗,明年度是项鼠疫苗之供应,是否由钧部统筹办理,抑由钧部令饬浙、闽、赣、粤各省卫生处自行购置,所需经费如何筹措,事关防疫设施。理合备文呈请,仰祈鉴核示遵! 谨呈

部长周

卫生部东南鼠疫防治处处长左吉公出
副处长代理处务查良钟公出
技正吴云鸿代

(台北"国史馆"　028000003130A)

浙江省政府关于本省疫情及请医防大队加强协防工作致卫生部电

（1947 年 12 月 31 日）

卫生部周部长勋鉴：

查本省历年鼠疫均有散在性发现，本年度经尽力防治后，疫区渐次缩小，仅有永嘉、瑞安比较严重，倘经费充裕一、二年内不难扑灭。不幸十一月间浙赣路上饶、沙溪突发鼠疫，未及旬日波及本省兰溪，情势颇为严重，饬由卫生处派省医防大队积极防治，在金华、衢县、建德等处分设检疫站实施水陆交通检疫，惟兰溪密迩杭垣，接近京沪，传播堪虞。兹为加强防治工作起见，拟请贵部于三十七年度组派医防大队一大队驻浙协防。其驻防地点拟分配如下：大队部驻杭州各医防队，分驻永嘉、瑞安、庆元、金华或兰溪等县；检验队驻衢县医院设永嘉卫生工程队及材料库驻金华。相应电请查照办理见复为荷。

浙江省政府沈鸿烈卫（卅六）亥世三印

（台北"国史馆"　028000003129A）

卫生部关于修正隔离医院住院规则致东南鼠疫防治处令

（1948 年 1 月 5 日）

令东南鼠疫防治处：

本年十二月十日榕（卅六）医字第一五一零号呈一件，为拟具本处隔离医院住院规则草案，呈请鉴核示遵由。呈暨附件均悉。查该处隔离医院住院规则业经本部分别修正，合行检发是项规则修正本一份，令仰遵照。

此令。

（台北"国史馆"　028000003111A）

医防总队关于浙江、云南两省办理鼠疫防治及抗疟工作事宜致卫生部呈

（1948 年 1 月 8 日）

查本总队三十七年度原计划增设两大队，分驻浙江、云南两省办理鼠疫

防治及抗疟工作。嗣以三十六年度国家预算延长半年,未克成立复还都,业已二载,于兹各大队驻地及中心工作均有重新调整之必要,正在慎重研究中,若该省疫情严重,可酌派一大队前往协助,拟先代电复。

医防总队 签

　　拟办:拟照医防总队签请意见代电复。

(台北"国史馆"　028000003129A)

卫生部关于伯力士及卞德生赴粤调查鼠疫策划防治请予协助电

(1948 年 1 月 27 日)

广州卫生处朱处长:

　　本部专门委员伯力士及世界卫生组织专家卞德生 9928 飞粤调查鼠疫,策划防治,希予协助。

卫生部防(37)子感印

(台北"国史馆"　028000003130A)

查良钟关于浙赣部分地区鼠疫防治工作致卫生部呈

(1948 年 1 月 28 日)

　　查年前浙赣在线饶、兰溪、沙溪等地鼠疫流行,职曾奉部令前往疫区督导防治,经偕钧部专门委员伯力士先后抵达南昌、上饶、兰溪、杭州各地与各有关机关洽商办理拨诸此次疫疠流行各有关方面(如浙赣路医务当局等),确能密取联系,通力合作,故得能迅即遏止,深引为幸。本年元月八日,职等再度抵杭。浙省卫生处于九日召集防治鼠疫工作会议,佥以浙省鼠疫连续流行已达八年,蔓延至十六县,此次兰溪鼠疫虽经得力防治,近无新病例发生,但疫鼠未亡,疫疠仍有复发可能,经决议应如何成立防治统一机构及请中央调队驻浙各议案,凡此经过,职来京述职时曾面陈钧部荣司长,兹悉医防总队已决调医防第三大队赴浙协助,至为兴奋。职拟在返闽之前,仍先往杭州与各方再事究讨防治方针,惟兹事大,各项工作应如何配合得宜,拟请钧部指派容司长及蔡兼代医防总队总队长同时赴杭,召集浙省卫生处处长、杭市卫生局长暨浙赣路局、京沪、沪杭两路局医务主持人等会商浙省鼠疫防

治问题，以期疫疬得以早日消灭，是否有当，敬请钧裁。谨呈

部长、次长

（台北"国史馆"　028000003129A）

卫生部关于派本部容司长及蔡技正前往杭州会商浙江省鼠疫防治事宜致浙江卫生处、杭州卫生局电

（1948 年 1 月 31 日）

浙江省卫生处/杭州市卫生局：

　　查年前浙赣在线饶、兰溪、沙溪等地鼠疫流行，本部曾电饬　该处及赣/浙赣两省 卫生处迅速加强兰溪等地交通检疫工作，并派本部东南鼠疫防治处副处长查良钟及专门委员伯力士先后抵达南昌、上饶、杭州、兰溪各地，与各有关机关洽商办理，咸能密切联系通力合作，惟浙赣路即行全线通车，鼠疫防治工作亟待策划加强，以期周密。兹派本部防疫司司长容启荣及技正兼代医防总队总队长蔡方进前往杭州，与各有关卫生机关首长会商联系办法。除分电杭州市卫生局知照外，合行电仰知照并转知浙赣铁路局及京沪、沪杭两路局医务主持人员查照为要。

　　浙江省卫生处知照外，合行电仰知照。

卫生部防(37)子世印
（台北"国史馆"　028000003129A）

浙江省政府关于派医防大队来浙江协助工作致卫生部电

（1948 年 2 月 16 日）

卫生部公鉴：

　　防(37)字第一七四九号子赚代电。敬悉。承派一医防大队来浙协助工作，至深感纫。嘱核借大队部及各工作单位需用房屋，自当照办。除已电饬杭州、兰溪、衢县、金华、永嘉各县市政府速为核定外，相应电复查照并希转知为荷。

浙江省政府卫(卅七)丑铣三印
（台北"国史馆"　028000003129A）

卫生部关于调派医防大队协助浙赣路沿线各地防治鼠疫工作致交通部、浙江省卫生处、医防总队令

（1948 年 2 月 24 日）

交通部公鉴：

路运京字第一七五一号真代电。敬悉。查时届春令，跳蚤日渐繁殖，本部为妥谋防治浙赣两省鼠疫起见，经决定将原驻汉口之第三医防大队调往杭州，并与现驻南昌之第一医防大队及两大队所属之工作单位，分布于浙赣路沿线各地加强防治工作。准电前由，除分行医疗防疫总队及浙江省卫生处知照外，仍希转饬浙赣铁路局医务人员与本部驻浙赣各医防队及地方防疫工作人员密切联系，互相协助，以利防治为荷。

卫生部(37)丑回印

令浙江省卫生处、医疗防疫总队：

准交通部路运京字第 1751 号代电开："据浙赣铁路局云云，已绝根源。"等由。查本部第三医防大队已决定调往杭州协助办理浙赣路沿线各地防疫工作，仰转饬各工作单位密切联系，互相协助，以利防治。除电复外，合行令仰遵照。

此令。

（台北"国史馆"　028000003129A）

东南鼠疫防治处关于发现南城县毕云乡坪上疫情致卫生部电

（1948 年 2 月 26 日）

南京卫生部钧鉴：

准江西省卫生处(37)卫肆字第零零六七号丑佳代电："以据南城县防疫委员会丑东电报该县毕云乡坪上发现鼠疫患者五人，均已死亡。"等由；谨电鉴核。

东南鼠疫防治处(37)丑寝叩

（台北"国史馆"　028000003128A）

卫生部关于调派第三医防大队赴浙所需房屋案致医防总队电

（1948 年 2 月 27 日）

医疗防疫总队：

查本部为加强协助防治浙赣线各地鼠疫工作，经决定调派第三医防大队前往浙江。关于该大队部及所属各工作单位驻地之所需房屋，经电请浙江省政府予以拨用在案。兹准浙江省政府卅七年二月十六日卫5378 号代电略开："子蒹代电。敬悉。云云为荷。"等由到部。合行电仰转饬知照。

卫生部防（37）丑感印

（台北"国史馆"　028000003129A）

卫生部关于组派医防大队赴浙滇协防鼠疫防治及抗疟工作并请拨用房屋事宜致浙江省政府电

（1948 年 2 月 27 日）

杭州浙江省政府公鉴：

府卫（卅六）亥世代电。敬悉。查本部医疗防疫总队原计划于卅七年度增设两个医防大队，分驻浙滇两省办理鼠疫防治及抗疟工作。旋奉院令将卅七年度总预算依照卅六年度总预算延长半年，以致是项计划未克实施，惟查近两年来各地传染病流行情况已有转吉，又浙赣疫情尤属严重，浙赣路即将定成，疫势堪虞，故本部各医防大队驻地及中心工作均有重新调整之必要。现正计划调派一医防大队前往贵省协助工作，并决定大部队驻于杭州，各工作单位分驻于兰溪、衢县、金华等地，但大队部及各单位驻在地所需房屋至为迫切，拟请贵省政府设法拨用。又各工作员工之食米及其他配给，并请按需要照浙省公务员之待遇办理，以安生计。相应电复查照办理见复为荷。

卫生部防（37）子蒹印

（台北"国史馆"　028000003129A）

东南鼠疫防治处关于请速拨五十万人量鼠疫苗致卫生部电

（1948 年 3 月 17 日）

南京卫生部○密：

请速拨五十万人量鼠疫苗并请电示。

东南鼠疫防治处叩

（台北"国史馆"　028000003130A）

交通部关于浙赣局协助驻沿线医务人员转饬致卫生部电

（1948 年 3 月）

卫生部公鉴：

防(37)字第 3278 号丑回代电。敬悉。已饬浙赣录局遵办矣。特电复请查照为荷。

交通部江路运京

（台北"国史馆"　028000003129A）

江西省鼠疫防治技术委员会关于 1948 年春季鼠疫防治工作实施计划及支付预算书致卫生部呈

（1948 年 3 月 23 日）

查江西省三十七年春季鼠疫防治工作实施计划及经费支付预算,业经本会拟就。除分送各有关机关查照办理外,理合检具上项工作实施计划及支付预算书各一份,随文呈请鉴核备查。谨呈

卫生部部长周

兼主任熊悛

（台北"国史馆"　028000003128A）

江西省鼠疫防治技术委员会关于防疫计划及经费和疫苗过期事宜致卫生部防疫司函

（1948 年 3 月 23 日）

案准贵司本年三月十日防字第四四号笺函:"为行政院核拨赣省鼠疫防治费四亿五千万元之用途如何,及现存鼠疫苗两批均已逾期,过去何以嘱未

予充分利用,查照见复。"等由;准此,查行政院核拨赣省鼠疫防治费四亿五千万元,除业经本会妥为支配,收支预算书呈部核备外,兹再检该项预算及江西省卅七年春季鼠疫防治计划各一份,送请查照。关于现存鼠疫苗两批均已逾期,则因去岁九月间,虽曾积极推行预防注射工作,但一般市民多不愿意接受预防注射,以致所存疫苗未能实时用出。兹准前由相应函覆,敬请查照为荷。此致

卫生部防疫司

（台北"国史馆" 028000003128A）

卫生部关于调派第三医防大队驻衢办理防治鼠疫工作所需房屋请予解决致衢县绥靖公署电

（1948 年 3 月 23 日）

衢县绥靖公署余主任勋鉴:

查年前浙赣在线饶、兰溪、沙溪一带发生鼠疫后,本部及浙赣两省政府与路局有关各机关均嘱转饬所属密切联系,切实防治。本部为加强防疫事宜,现已决调第三医防大队所属各单位迁驻衢县协同工作,惟在衢所需房屋极为迫切,兹派本部东南鼠疫防治处处长左吉前来接洽。相应电请查照,惠予协助,至为感荷。

卫生部防(37)寅梗印

（台北"国史馆" 028000003129A）

卫生部关于上海中央生物化学制药实验处制造浓缩鼠疫疫苗事宜致东南鼠疫防治处电

（1948 年 3 月 27 日）

福州东南鼠疫防治处:

十七日电悉。已饬上海中央生物化学制药实验处,在沪制播该处一百撮装浓缩鼠疫疫苗五万瓶。特电复知照。

卫生部防(37)寅感印

（台北"国史馆" 028000003130A）

卫生部关于加强防疫工作致江西省鼠疫防治技术委员会令

（1948 年 4 月 12 日）

令江西省鼠疫防治技术委员会：

卅七年三月廿三日计字第一零八号呈一件,呈送江西省卅七年春季鼠疫防治工作实施计划及支付预算书请鉴核备查由。呈悉。兹分别指示如下:一、是项计划及预算尚无不合,准予备查;二、应特别注意疫区粮食运输及仓库之检疫消毒工作;三、九江、湖口、上饶等地应加强防治工作;四、鼠疫疫苗应充分利用,以免逾期失效;五、办理各地防治工作情形及确实数字应按月报部。

仰知照。此令。

（台北"国史馆"　028000003128A）

卫生部关于 1948 年春季鼠疫防治计划及经费预算书及
加强防疫工作致江西省政府电

（1948 年 4 月 24 日）

南昌江西省政府公鉴：

卫字第 85 号卯元代电暨附件。均悉。查赣省卅七年春季鼠疫防计划及经费预算书等前据江西省鼠疫防治技术委员会呈送来部,经以防(37)字第 6230 号指令饬特别注意疫区粮食运输与仓库之检疫消毒工作,及加强九江、湖口、上饶等地防治工作。所有鼠疫疫苗应充分利用,并将办理各地防治工作情形确实数字,按月报部有案。相应电复查照为荷。

卫生部防(37)卯回印

（台北"国史馆"　028000003128A）

卫生部关于乐清县发现鼠疫请积极防治致浙江省卫生处、
东南鼠疫防治处电

（1948 年 6 月 11 日）

浙江省卫生处、东南鼠疫防治处：

顷据乐清县卫生院本年五月廿六日卫总字第 202 号代电称:"县属东联

乡于辰冬发现鼠疫,受染民众八例,死亡六例。"等情;并附呈该县五月份上、中、旬鼠疫发现病例纪录表一份。据此,除分电外。合亟电仰积极防治,以杜蔓延为要。

卫生部防(37)真印

(台北"国史馆" 028000003129A)

卫生部关于江西省部分地区防疫情形致江西省卫生处电

(1948 年 7 月 7 日)

江西省卫生处:

查赣省于卅六年发现鼠疫区域,计有南昌、南城、临川、南丰、黎川、崇仁、贵溪、光泽及上饶等九县市,除赣东各县已由赣东鼠疫防治处编就该年度工作报告呈部外,其中南昌及上饶两地尚付缺如,本部曾于五月三日以防(37)字第 7890 号代电饬将该两地卅六年全年度鼠疫疫情及防治情形,包括防注射、隔离治疗、检疫验鼠及灭鼠等工作分月详为列表报部在案。为此等久,迄未据报,兹以亟待汇计,仰即遵办具报,毋再稽延为安。

卫生部(37)午虞印

(台北"国史馆" 028000003128A)

浙江省医疗防疫大队关于乐清县疫情致卫生部电

(1948 年 8 月 3 日)

卫生部部长周钧鉴:

案奉钧部防(37)第一一七七四号巳东代电开:"三十七年六月十七日技字第 1815 号及代电及附件。均悉。查前据乐清县卫生院报告本年五月间,乐清东联乡亦发现鼠疫患者七例(小东洋四例、连桥三例),死亡六人,并经镜检证实。龙门乡尚有吴乃姆一名,于五月十二日起病,十五日至昱等情;惟原电报告内均无此项纪录,该队对于疫情调查殊欠详画,又报告中未述及工作实施日程。合行电仰知照并查明补报为要"等因;奉此,遵经饬据本大队第一医防队第一一七号电复:"技字第一九二一号代电。敬悉。

兹特据案逐条呈覆如下(一)查乐清县卫生院及各开业医师根本无显微镜之放置,故其中'镜检证实'一词,实系朦报,太不负责;(二)查乐清以时局关系,卫生院工作人员根本不敢下乡,即本队据电派员前往调查时,其陪同下乡人员即晚返城,且据称是项疫情系询诸乡间来人传说,即据以分报,故是项疫情根本不确实。本队之报告确系就地实际调查所得,当时省卫生处朱视导莅乐曾亲自询该县卫生院范院长,渠亦自承疏忽,并经根据本队报告查案,呈请更正有案可稽,是以本队之报告尽系实在情形也;(三)乐清、龙门二乡疑似疫情,经本队分别派员前往防治后,迄无续发报告,故是项防治工作显已奏肤效矣;(四)本队防治东联乡疫情系五月十九日抵乐,二十日下乡即展开工作,二十二日工作完后回城防治;龙门乡疫情系五月二十九日赴乐,三十日下乡即展开工作,六月二日工作完毕后返城。奉电前因,理合据情声复如上,尚祈鉴核是祷。"等情;据此。奉电前因,据情呈复仰祈鉴核。

浙江省医疗防疫大队大队长吴惠公叩
(台北"国史馆"　028000003129A)

卫生部关于指派伯力士前往浙赣等地督导鼠疫防治事宜之证明书

(1948 年 8 月 10 日)

证明书

兹派本部专门委员伯力士(Dr. R. Politzer)自八月廿七日起至九月廿六日止,前往江西、南昌、浙江衢县一代督导鼠疫防治事宜。特此证明。

(台北"国史馆"　028000003128A)

卫生部关于乐清鼠疫疫情与省队所报不符案致浙江省卫生处电

(1948 年 8 月 13 日)

浙江省卫生处:

前据该处六月三日卫三巳日 9715 号电,报及五月份疫情报告表,表报乐清县鼠疫疫情与省医防大队技字 1815、1992 号代电所报颇有出入。合亟抄发省队 1992 号原电一件,仰即具报为要。

卫生部防(37)元印

(台北"国史馆"　028000003129A)

浙江省卫生处关于更正五月份乐清鼠疫患死人数致卫生部电

(1948 年 8 月 17 日)

卫生部钧鉴:

　　查本处卫三 10352 号呈报本年五月份上、中、下旬疫情旬报统计表内,五月中旬所列平阳鼠疫患二死六,系属乐清疫情,因缮写时误填,请赐更正。又乐清鼠疫五月上旬患二死六,下旬无病例,系据省第一医防队调查该县东联乡疫情所报。旋又续据该队报告,龙门乡调查疫情报告五月上旬患二死二,中旬患二死一,下旬死一(共患四死四),未及合并计入(已于七月份补报疫情中补填)。总计乐清县五月份鼠疫疫情应为,上旬患九死四,中旬患四死七,下旬死一。除分电各省市有关机关更正外,理合电呈鉴核备查。

浙江省卫生处处长徐世纶卫三(卅七)未篠叩

(台北"国史馆"　028000003129A)

江西省鼠疫防治技术委员会关于本省鼠疫
防治实施计划致卫生部呈

(1948 年 8 月 31 日)

　　查本省鼠疫已成为严重性地方疾病,防治不密兹蔓堪虞。本年元月份迄七月份防治工作,以三十六年度四亿五千万元鼠疫防治费及美援鼠疫防治费之补助,故得顺利推行,收效甚巨,惟刻本省鼠疫防治费已届,极窘困地步且必要工作仍须赓办理,故特就本省实际情况编就八月至十二月鼠疫防治实施计划及支付预算检呈钧部核示,并盼早日拨补防治经费,以利防治工作是为公便。谨呈

　　卫生部部长周

主任委员熊悛呈

(台北"国史馆"　028000003128A)

浙江省卫生处关于乐清鼠疫疫情与省医防大队
所报有出入致卫生部电
（1948 年 9 月 2 日）

卫生部部长周钧鉴：

防(37)字第 1457 号未元代电暨附件。均悉。敬查乐清疑似鼠疫病例前以统计数字错误，经于八月十七日卫三字 10852 号电呈更正在案。至本省医防大队所呈各节与事实稍有出入，所称乐清县根本无显微镜一节亦属不符，本年度该县公立医院已购置一具，原有卫生院一具亦经修理后可以应用，目前实有两具。除电饬省医防队纠正以后不得含混越级呈报外，奉令前因，理合将实在情形电祈鉴核备查。

浙江省卫生处处长徐世纶卫(卅七)申冬三印

（台北"国史馆"　028000003129A）

卫生部关于 1948 年度上半年防治鼠疫工作统计表漏
未附送案致江西省卫生处电
（1948 年 9 月 11 日）

江西省卫生处：

(37)卫四字第 0593 号未敬代电及附件。均悉。查三十七年上半年度防治鼠疫工作统计表漏未附送，仰补送。

卫生部防(37)真印

（台北"国史馆"　028000003128A）

卫生部关于江西省请拨补防治经费及请协助防疫事宜致
江西省鼠疫防治技术委员会
（1948 年 9 月 14 日）

南昌江西省鼠疫防治技术委员会：

本年八月卅一日技字第 169 号呈暨附件。均悉。查美援业经结束，所请补助经费一节本部无款可拨，应由省县地方设法宽筹。至防治鼠疫工作可由本部东南鼠疫防治处及第一医防大队协助办理，特复知照。

卫生部防(37)申寒印

（台北"国史馆"　028000003128A）

三、浙江

浙江省政府主席关于长兴县防疫委员会组织办法
准予备案致长兴县政府令

（1946 年 7 月 31 日）

指令

令长兴县政府：

　　卅五年七月四日卫字第十四号呈一件并据卫生处案呈二件，为呈送长兴县防疫委员会组织办法校备由。

　　呈件均悉，查核所送该县防疫委员会组织办法尚无不合，应准备案，仰即知照，件存。此令。

主席沈〇〇

（浙江省档案馆　L036－000－59）

长兴县县长程萱庭关于拟定本县防疫委员会组织办法
致浙江省政府主席呈

（1946 年 7 月 4 日）

案奉

　　钧府辰有一〇六三四号卫宁代电附发浙江省各县市三十五年度防治霍乱实施办法，饬切实筹办，积极预防，并将实施经过情形报核等。因奉经遵照前项实施办法，于本月二日召集各机关团体及地方热心人士组织长兴县防疫委员会，并拟订长兴县防疫委员会组织办法提会讨论通过，纪录在卷。除按照组织办法妥为筹备、加紧预防并分报省卫生处外，理合缮具组织办法一份备文呈报，仰祈。鉴核备查指示祗遵！谨呈

　　浙江省政府主席沈

　　计呈防疫委员会组织办法一份。

长兴县县长程萱庭

（浙江省档案馆　L036－000－59）

长兴县防疫委员会组织办法

一、本组织办法遵照浙江省各县市防疫实施办法订定之。

二、本会定名为长兴县防疫委员会,由县长为主任委员,下设委员六十三人,由县参议会议长、县党部书记长、中医师公会理事长、商会理事长、警察局长、救济院院长、县五中学校长、卫生院院长、各乡镇长、士绅组织之。

三、本会所需经费,除县预算所例防疫经费外,更由各委员向当地殷户劝募、购办防疫药械。

四、本会除遵照防疫实施办法实行各项防疫工作外,更规定中心工作如后:

(1)预防注射:积极推行伤寒、霍乱预防注射计划,注射城区全部人口及各乡镇半数人口以上。

(2)巡回治疗:由卫生院及当地医师组织巡回治疗队,每周赴各乡镇巡回治疗一次。

(3)消毒饮水:除严禁于河边洗涤污物外,每晨用漂粉消毒埠头饮水一次。

(4)隔离治疗:于疫病流行时成立临时隔离病院,暂备二十床位。

五、本会每半月开会一次,商讨一次防疫事宜。

六、本组织办法呈请省政府核备施行。

(浙江省档案馆　L036 - 000 - 59)

长兴县县长程萱庭关于拟定本县防疫委员会组织办法案
致浙江省卫生处处长呈

(1946 年 7 月 4 日)

案奉

浙江省政府辰有一〇六三四号卫宁代电附发浙江省各县市三十五年度防治霍乱实施办法,饬切实筹办,积极预防,并将实施经过情形报核等。因奉经遵照前项实施办法,于本月二日召集各机关团体及地方热心人士组织长兴县防疫委员会,并拟订长兴县防疫委员会组织办法提会讨论通过,纪录在卷。除按照组织办法妥为筹备、加紧预防并分报省政府外,理合缮具组织

办法一份备文呈报,仰祈。鉴核备查指示祗遵! 谨呈

　　浙江省卫生处处长孙

(浙江省档案馆　L036-000-59)

绍兴县县长林泽关于厘定防疫委员会组织规程案

致浙江省政府主席呈

(1946 年 7 月 10 日)

　　查本县地处交通要道,当此复员期间,各地人口移动频繁之际,疠疫时病极易传染。为谋防止疫病流行以策安全起见,节经遵照奉颁防疫实施办法第三条之规定,厘定防疫委员会组织规程,业已邀集有关机关成立防疫委员会专责办理防疫事宜,除分呈外,理合缮具防疫委员会组织规程备文呈送,仰祈。鉴核示遵。谨呈

　　浙江省政府主席沈

绍兴县县长林泽

(浙江省档案馆　L036-000-59)

绍兴县防疫委员会组织规程

(1946 年)

　　第一条　本县为防止疫病流行,增进民众健康起见,特遵照浙江省各县防疫实施办法第三条规定组织防疫委员会。

　　第二条　绍兴县防疫委员会(以下简称本会)隶属于县政府。

　　第三条　本会掌理事项如左。

　　(1)关于疫情之调查统计事项。

　　(2)关于防疫工作之造报事项。

　　(3)关于疫病之检验隔治消毒事项。

　　(4)关于疫区管制污物、处理死亡埋葬事项。

　　(5)关于防疫工程之拆除及兴建事项。

　　(6)关于防疫宣传、健康指导事项。

　　(7)关于防疫经费之筹募、出纳及财产保管事项。

(8)其他有关防疫事项。

第四条 本会委员定为十人至三十五人,均为任给职,以县长为主任委员,其余由主任委员聘任之。

第五条 本会委员任期定为一年,期满得继续聘任之。

第六条 本会常会定每季举行一次,由主任委员召集之。如有疫疠流行,得随时召开临时会议。

第七条 本会设秘书一人,由主任委员就委员中指定一人担任,秉承主任委员之命处理日常会务,必要时得调用有关机关现有职员协助办理之。

第八条 本会关于疫病检验、隔治、消毒及预防、注射等事宜得临时通知卫生院及各公私立医院诊所义务担任之。

第九条 本会办事细则另订之。

第十条 本规程如有未尽事宜,得随时修致之。

第十一条 本规程呈由省卫生处核定后公布施行。

(浙江省档案馆 L036-000-59)

长兴县卫生院院长皇甫铭关于本县霍乱疫情及拟定防疫委员会组织办法致浙江省卫生处呈

(1946年7月16日)

案奉

钧处宁字第三五二九号代电内开:"查本年防制霍乱一案经浙江省政府处辰有卫宁代电附发本省三十五年度防治霍乱实施办法,通饬切实遵办在案。兹以夏令已届,上海、永嘉已先后发现真性霍乱多例,为防患未然计,对防止霍乱实施办法规定各项办法自应积极实施,不容稍事因循。该县办理情形如何,本处急待明了,合再电。仰查遵前颁办法切实遵办,并将经过情形随时具报条核,除分电外合函电,仰遵照。"等因奉此经遵照省府颁发办法,于上月二日,召集各机关团体及地方热心人士组织长兴防疫委员会并拟订组织办法提会讨论通过、纪录在卷。除按照组织办法妥为筹备加紧预防外,理合缮具组织办法一份备文呈报,仰祈。鉴核备查指示祗遵。谨呈

省卫生处

计附呈防疫委员会组织办法一份。

长兴县卫生院院长皇甫铭

（浙江省档案馆　L036 - 000 - 59）

长兴县防疫委员会组织办法

（1946 年）

一、本组织办法遵照浙江省各县市防疫实施办法订定之。

二、本会定名为长兴县防疫委员会，由县长为主任委员，下设委员六十三人，由县参议长、县党部书记长、中医师公会理事长、商会理事长、警察局长、救济院长、县立中学校长、卫生院长及各乡镇长、士绅组织之。

三、本会所需经费除县预算所例防疫经费外，更由各委员向当地殷户劝募购办防疫药械。

四、本会除遵照防疫实施办法施行各项防疫工作外，更规定中心工作如后：

（1）预防注射：积极推行伤寒、霍乱预防注射计划，注射城区全部人口及各乡镇半数人口以上。

（2）巡回治疗：由卫生院及当地医师组织巡回治疗队，每周赴各乡镇巡回治疗一次。

（3）消毒饮水：除严禁于河边洗涤污物外，每晨用漂粉消毒埠头饮水一次。

（4）隔离治疗：于疫病流行时成立临时隔离病院，暂备二十床位。

五、本会每半月开会一次，商讨一切防疫事宜。

六、本组织办法呈请省政府核备施行。

（浙江省档案馆　L036 - 000 - 59）

镇海县县长雷霆关于本县防疫委员会成立及拟就该会
组织规程致浙江省卫生处呈

（1946 年 7 月 19 日）

查本县防疫委员会业已于七月十日召开成立，拟就该会组织规程，除提

交该会常务委员会议通过外,理合检附规程备文呈请。鉴核备查! 谨呈

浙江省卫生处

附呈防疫委员会规程一份。

镇海县县长雷霆

(浙江省档案馆 L036-000-59)

镇海县防疫委员会组织规程

(1946 年)

第一条 依照浙江省各县防疫实施办法第三项之规定组织本会,定名为镇海县防疫委员会。

第二条 本会委员以各机关团体主管为当然委员,并聘请公正士绅为委员。在委员中互选为常务委员五人,以县长为主任委员。

第三条 本会设总务、经济、防疫、检疫、宣传五股,各股之职掌如下:

(1) 总务股办理文书、庶务及其他不属于各股事项。

(2) 经济股办理本会一切经济筹措、保管及出纳事项。

(3) 防疫股办理一切预防治疗事项。

(4) 检疫股检查防疫、办理清洁事项。

(5) 宣传股办理宣传防疫事项。各股设股长一人,分司其责。

第四条 上项委员、常务委员及股长之产生均有委员会议议决通过。

第五条 本会委员常务委员及股长为无给职。

第六条 本会负预防、制止、治疗一切法定传染病之责。

第七条 本会所需防疫经费除已规定者外,不足之数得依照浙江省各县防疫实施办法第十六项之规定,预向各界筹集并妥为存储,以应不时之需。

第八条 本会因防疫上之需要,得视实际情形由委员会通告有紧急措置之权,事后应呈报上级机关核备。

第九条 本会委员会议每一月召开一次,常务委员会议每半月召开一次,必要时得召开临时会议。上项会议由主任委员召集之。

第十条 本会对外行文借用县政府印信,不另刊发。

第十一条　本规程由县政府拟订,呈省卫生处核定施行。

（浙江省档案馆　L036-000-59）

平阳县县长王启炜关于成立本县防疫委员会及防疫相关事宜致浙江省卫生处长呈

（1946 年 7 月 20 日）

案奉

浙江省政府辰有卫宁字一〇六三四号代电附发浙江省各县市卅五年度防治霍乱办法,饬遵办具报等。因正遵办间又奉浙江省第八区行政督察专员兼保安司令公署民字第 25 号令同前。因各奉此,自应并案遵办,并经于七月十七日召集各机关团体开会讨论,推定委员十五人即日组织成立平阳县防疫委员会开始办公,除呈报浙江省第八区行政督察专公署核备外,理合检同会议录、防疫会简则、防疫经费概算书各乙份备文,呈送仰祈。鉴核备查诚为公便! 谨呈

浙江省卫生处长 孙

计呈送会议录一份、防疫会简则一份、防疫经费概算书一份。

平阳县县长兼委员王启炜

（浙江省档案馆　L036-000-59）

平阳县 1946 年度召开防疫委员会纪录

（1946 年 7 月 17 日）

地点:县政府会议室

时间:七月十七日下午二时

出席者:县长王启炜

地方法院代表陈造时

民政科代表胡鸿飞、许成远、陈泮滨

社会科 沈传浔 代

中医师公会代表 祝羽觞

县商会代表 陆量方

    县党部代表 应焕章

    医师 吕复素

    参议会 孔光

    县警察局 项景山

    第四育幼院 金惠甡卫生院 邱国英

    县医院 徐定范

行礼如仪。

甲、主席王县长报答开会宗旨。

乙、讨论事项：

（一）应如何推定本县防疫委员会委员案

议决：推定县政府、县党部、参议会、三民主义青年团、县政府民社会科、地方法院、县卫生院、县医院、县警察局、县商会、第四育幼院、中医师公会、本县西医师代表等十五机关首长为委员。

（二）拟具平阳县防疫委员会组织简则请核议案

议决：修正通过并分呈第八区专员公署、浙江省卫生局核备。

（三）应如何推定各组负责人员案

议决：推定萧委员汉杰、李委员芳为宣传组正副组长，邱委员国英、吴委员杰武为总务组正副组长，吴委员欢、陆委员景方为筹募组正副组长，徐委员定范、祝委员羽觞为医疗组正副组长，□□□□□□□□□□为调查组正副组长，邱委员国英、徐委员定范兼任检疫组正副组长，并推邱委员国英兼本会秘书，至各组干事视事实需要由各组长签请主任委员或聘任之。

（四）防疫经费应如何规划筹措案

议决：1. 防疫经费总额预定□□□□□千万元，函请县政府援照上年成例并照各区富力百分比分区筹募之。

  2. 依照总额暂收半数，在未筹募前由会函请县政府先就防疫经费项下预拨国币叁拾万元。

（五）拟组设临时隔离病院以资收容并拟具预算书请核议案

议决：1. 临时隔离病院以分区设立为原则，依照各区疫情分期设置。

2. 克日成立城区第一临时隔离病院,并推定医疗组徐副组长定范为院长(院址设西门白马殿)。

3. 由总务组拟具整个预算提会决定实施,并于业务终了时提会审核后公布之。

(六) 省发霍乱疫苗不敷分配拟请拨款大量贮备以期普遍实施预防注射案

议决:先就省发疫苗交由卫生院分配注射,一俟防疫经费筹有成數时再补采购。

(七) 拟雇用临时清道夫五名,专负公共场所清洁事宜,可否请核议案

议决:暂雇两名归由县警察局调遣,比照三等警待遇支饷。

(八) 应如何清理环境卫生案

议决:除各项清洁扫除□由□令卫生运动会发动普遍实施外,分函县警察局切实取缔清凉生冷食品摊贩及函卫生院切实实施饮水消毒暨注意公私厕所及沟渠之整理。

(九) 拟刊用本会印信以便行文案

议决:对外行文借用县印不另刊制,另刊长戳一颗,交总务组启用。

丙、散会。

主席王启炜
纪录英西泉
(浙江省档案馆　L036 - 000 - 59)

浙江省主席关于核准绍兴县防疫委员会组织规程案致长兴县政府令

(1946 年 7 月 20 日)

指令

令绍兴县政府:

三十五年七月十日民三字第 8286 号呈件(如来由)呈件均悉查核所呈防疫委员会组织规程尚无不合,应准备查,仰即知照。件存。此令。

主席沈○○
(浙江省档案馆　L036 - 000 - 59)

德清县县长谈益民关于拟具本县防疫委员会组织办法案
致浙江省卫生处呈

（1946 年 7 月 23 日）

查本县防疫委员会业经遵照省颁各县市防疫实施办法第三条之规定，呈报组织成立在案，理合拟具防疫委员会组织办法一份备文呈送，仰祈鉴核祗遵。谨呈

浙江省卫生处

德清县县长谈益民

（浙江省档案馆　L036 - 000 - 59）

浙江省主席关于修正并核准镇海县防疫
委员会组织规程案致镇海县政府令

（1946 年 8 月 3 日）

指令

令镇海县政府：

三十五年七月十九日卫康字第三八号呈——件（如来由）

卫生处案呈呈暨附件均悉，察核该县所呈防疫委员会组织规程，除每条文应加"第""条"二字，就原件代为修正外，余无不合，准予备案，仰即知照。件修正存。此令。

主席沈○○

（浙江省档案馆　L036 - 000 - 59）

浙江省卫生处关于核准长兴县防疫委员会组织办法案
致长兴县卫生院令

（1946 年 8 月 6 日）

指令

令长兴县卫生院：

七月十二日宁字第一五四号呈一件（如来由）。呈件均悉，察核该县所

呈防疫委员会组织办法尚无不合,应准备查,仰即知照。件存。此令。

处长徐○○

(浙江省档案馆　L036－000－59)

浙江省主席关于修正并核准平阳县防疫委员会简则
致平阳县政府令

(1946 年 8 月 20 日)

指令

令平阳县政府:

　　三十五年七月廿日总字第一号呈一件(如来文由)卫生处案呈。该县呈暨附件均悉,察核该县所称防疫委员会简则每条应加"第""条"二字,原第七条连同经费概算文应删,就原件代为修正,余无不合,准予备查,仰即知照。件存。此令。

主席沈○○

(浙江省档案馆　L036－000－59)

浙江省主席关于修正并核准德清县防疫委员会组织办法案
致德清县政府令

(1946 年 8 月 21 日)

指令

令德清县政府:

　　三十五年七月廿三日民警字第五一三号呈一件(如来文由)卫生处案呈呈暨附件均悉,察核该县所呈该县防疫委员会组织办法,每条应加"第""条"二字,已就原送办法予以更正,余无不合,准予备查,仰即知照。件存。此令。

主席沈○○

(浙江省档案馆　L036－000－59)

云和县县长潘一尘关于请核准本县防疫委员会组织办法案
致浙江省卫生处处长呈

(1946 年 9 月 12 日)

　　查本县防疫委员会业于本月五日组织成立,除本会与省会临时防疫大队工作定本月十五日交接、医疗部份定本月底交接外,理合检呈第一次成立大会会议纪录暨本县防疫委员会组织办法各一份备文送请鉴核备查。谨呈

浙江省卫生处处长孙

计呈本县防疫委员会第一次会议纪录及本县防疫委员会组织办法各一份。

云和县县长潘一尘

(浙江省档案馆 L036 - 000 - 59)

云和县防疫委员会第一次成立会议纪录

(1946 年 9 月 5 日)

地点:耶苏堂

时间:三十五年九月五日下午三时

出席者:潘一尘(陈竹如代)、张震桑、章树津、陈宗棠、黄逢昌、叶池、周云山、徐容根、李杨仙、张传几、何泌桂、单宗武、王植三(何泌桂代)、邓邵星、丘苍明、张邦兴、徐乃武、王泊如、张观海、朱国基、关缉安、陈忠、徐承惠、郭成佐、严其昌、王毓臻

主席:潘一尘(陈竹如代) 纪录:程高

行礼如仪。

报告事项:

一、主席报告,略以县长因病未克出席,派本人代理。本县迩来鼠疫猖獗,省会临时防疫大队即时结束,奉卫生处孙处长之指示,故有组织本委员会之必要,以便继续办理防疫事宜,不使中断。所需经费除本县原有防疫经费外,不敷之数呈请省方予以措补。至于技术方面,应请中央即省驻云卫生机关尽量指导与协助,以期早日消灭疫患。

二、省会临时防疫大队朱薰大队长报告:本队因事实上之关系,即须结束离开云和,一切防疫工作改由云和县防疫委员会继续办理,省楼经费经向财政厅接洽,可能陆续拨到应用。

三、中央第六巡回医防队张队长报告:云和疫势蔓延可怕,大家应共享努力尽速扑灭以保生命而安人心。

讨论事项:

（一）拟订本县防疫委员会组织办法请核议案

决议：修正通过。

（二）各组正副组长应予推定以利工作案

决议：1. 总务组：县政府

2. 医防组：县卫生院（正）、中央第六巡回医防队（副）、省第一医疗防疫队（副）

3. 情报组：箐溪镇公所

4. 宣传组：县党部（正）、简易师范（副）、箐溪镇中心国民学校（副）

5. 警卫组：警察局（正）、自卫第一中队（副）

6. 工程组：中央第六巡回医防队（正）、省第一医疗防疫队（副）、警察局（副）

（三）本会印信是否另行刊刻案

决议：借用县政府县印。

（四）本会经费应如何筹措案

决议：呈请省卫生处在省会临时防疫大队呈准防疫经费项下措补。

（五）本会成立后与省会临时防疫大队工作之交接应否确定日期案

决议：省会临时防疫大队一切事宜定本月十五日交接，关于医疗部份定本月底交接。

散会。

主席：陈竹如

纪录：程高

（浙江省档案馆　L036－000－59）

四、云南

云南省政府关于滇西保山施甸县等地发生鼠疫请派巡回医防队致卫生部电

（1947 年 7 月 22 日）

卫生部公鉴：

案据卫生处午灰代电称："案准第六区行政督察专员公署江电以保山线

属施甸县发生鼠疫,死十余人。又莲山患二人"等由到处。而六月上旬腾冲防疫队亦曾报告死亡鼠疫患者三十余例,现仍续有发现。兹届疫季,又有流行象迹,查职处本年度经费未奉核定,组派防疫队前往防治,殊感困难。除拟派医师二人前往协助防制外,拟恳钧府鉴核转呈行政院,转饬卫生部查照本年四月九日京保防(36)字第五赐一零号指令:"准派巡回医防队来滇协驻防制案,迅调来昆为祷。"等情;据此,查滇西鼠疫已成地方性病,历年流行死亡甚巨,本年又复发现,亟应严加防制,以免蔓延。除指令该处迅予派员携药前往防制具报,及令第六区行政督察专员公署严密防范具报外,相应电请贵部查照办理鉴复为荷。

云南省政府(卅六)养秘一(2)印

(台北"国史馆"　028000003131A)

卫生部关于保山、莲山等地发生鼠疫并调度医防队来滇
协防事宜致云南省卫生处电

(1947 年 7 月 30 日)

云南昆明卫生处:

据该处卫保字第 5331 号午灰代电以:"据报保山、莲山等地发生鼠疫,请迅调医防队来滇协防。"等情。查本部医防总队原拟于必要时,抽调驻豫知第五大队中两巡回队番号至滇另组新队。兹以配合动员,河南医防工作更为繁重,暂无法调队赴滇,仍仰该处充实原有防疫队迹及防治,如确需款可项目成由省政府,转呈行政院核示,合行电复知照。

卫生部防(36)午陷印

(台北"国史馆"　028000003131A)

卫生部关于保山等地发生鼠疫并调度医防总队
协防致云南省政府电

(1947 年 8 月 6 日)

昆明云南省政府公鉴:

(卅六)省秘一(2)字第 4497 号午养代电。敬悉。关于滇西保山施甸县

等地发生鼠疫属派医防队来滇协防一节,查本部医防总队原拟于必要时,抽调驻豫之第五大队中两巡回队番号至滇另组新队,但新队兹以配合动员工作,河南医防工作更为繁重,暂时无法调队赴滇。前据云南省卫生处卫保字第5331号午灰代电:"请迅调队。"等情前来,经本部以防36字第4829号代电饬该处充实原有防疫队,积极防治,如需款可项目转呈行政院核示复知在案。准电前由,相应电复查照为荷。

卫生部防(36)未鱼印

(台北"国史馆"　028000003131A)

卫生部关于保山县人和镇鼠疫情形呈报事宜致云南卫生处令

(1947年8月26日)

令云南省卫生处:

本年八月七日卫保字第5532号呈一件为呈报保山县人和镇发生鼠疫防治情形鉴核由。呈悉。准予再查,仰补送鼠疫死亡统计表及龙潭寺复性乡之土马村位置图各一份以查。

此令。

(台北"国史馆"　028000003131A)

云南省卫生处关于保山疫情及请求派防疫队协防事宜致卫生部电

(1947年8月26日)

南京卫生部部长周钧鉴:

案准保山县政府参议会、县党部未马电报称:"县属人和桥鼠疫波及城区,祈转报中央专款救济。"等由;准此,查该县鼠疫波及城区,殊为可虑,亟应迅予防制,以免蔓延。惟该县经费支绌,原已成立之疫区各卫生分院所经费据报均已停发,经由职处以卫保字第五三三一号电请云南省第六区行政督察专员公署,令饬保山县政府仍照案设法维持。现保山仅驻有防疫队一队,殊感防制力量薄弱。复查防疫犹如防火,前虽呈奉云南省政府准予转请行政院追加防疫经费,惟值兹戡乱期间,支出浩大一时恐难邀准,恳请照案派二个防疫队来滇协助防治,若因交通及人员不便,请将经费及药械交职处遵照指定番号在滇组队,以期迅赴事机。除电饬卫生院及职派保防疫人员加紧防制,并电呈云南省政府外,理合电请钧部鉴核示遵!

云南省卫生处处长缪安成叩(36)未宥印

(台北"国史馆" 028000003131A)

云南省卫生处关于保山鼠疫及防治情形致卫生部电

(1947年8月30日)

南京卫生部部长周钧鉴:

保山县政府参会及县党部电报鼠疫波及城区,请迅予转报中央专款救济一案;并经分别以未保字第五六八二号转报钧部鉴核,并电饬卫生院查复各在案。兹据卫生院院长孙秉钱干未回电复称以:"县城鼠疫严重,死十八,刻已组队三队防治,惟县经费支绌,请速拨款救济。"等情;据此,查保山鼠疫波及城区,亟应严密防制。除电饬联合军警实施交通线检疫,并相机封锁疫区交通外,特派职处医师王天祚携带疫苗赶往视查,并督导防治检疫工作。又调派驻腾冲防疫队队员白余华来保协助防制,恳请俯赐准照卫保字第五六八二号代电,迅派二个防疫队来滇协驻防制,如因交通亟人员不便,请发给经费药械指定番号,由职处就地代为组队前往,以期迅捷。除分电外,理合电请钧部鉴核俯准施行,实叨公便。

云南省卫生处处长缪安成叩(36)未艳印

(台北"国史馆" 028000003131A)

云南省政府关于请求派防治人员和拨发经费防控
保山疫情案致卫生部电

(1947年9月5日)

南京卫生部公鉴:

案据卫生处卅六年八月二十六日卫保字第五六八二号未宥代电:"呈为准保山县政府参议会、县党部等电报该县人和桥鼠疫已波及城区,请转呈中央拨发转款救济等由;当经该处转行设法防治,并请转贵部照案派二个防疫队来滇协助防治,若因交通及人员不便,请经费及药械发交该处遵照指定番号,在滇组队以期迅赴事机"等情;正核办间,又据该处三十六年八月三十日卫保字第五七零二号未艳代电:"呈据保山卫生院电报线呈鼠疫严重,死十八人。请速拨款救济等情;亦经该处电饬联合军警实施交通线检疫、相机封锁疫区交通暨派员协助防治,并请转贵部发给经费、药械,指定番号组队防治。"同前情。查此案前准贵部以防(36)字第五三五六号未鱼代电:"为原拟巡回队来滇,嗣以河南医防更为繁重,无法调派。"等由;当经令饬该处遵照在案。兹据呈前情,除原案已据分电,不再抄送,并指令迅予设法加紧防制具报外,相应电请贵部查核办理见复为荷。

云南省政府(卅六)申微密一之印

（台北"国史馆"　028000003131A）

卫生部关于请求派防治人员和拨发经费防控保山
疫情案致云南省卫生处电

（1947 年 9 月 13 日）

昆明云南卫生处：

据该处卫保字第 5682 号未宥代电以:"保山人和桥鼠疫波及城区,请照案派两个防疫队来滇协防或拨发经费药械,及指定番号在滇组队。"等情;正核办间,复据卫保字第 5702 号未艳电以:"据保山卫生院电报县城鼠疫严重,已组三队防治,请拨攟救济一案转请鉴核。"等情。查前据该处午灰代电,请调队前来,经将本部医防总队工作繁重,目前不允许派队赴滇协助情形,以防(36)字 4829 号午陷代电指复知照在案。兹据电称已呈院请款,仰即呈由滇省政府转请迅赐核发,合行电仰知照。

卫生部防(36)申元印

（台北"国史馆"　028000003131A）

云南省卫生处关于保山疫情严重请拨防治经费案致卫生部电

（1947 年 9 月 16 日）

南京卫生部部长周钧鉴：

案准云南省第六区行政督察专员保壹卫字第一二八二七代电开:"查保

山县属之城区、板桥、施甸等处发生鼠疫,情势严重,共已死六四人,仍有蔓延趋势,已饬属组织医防队拨用救济要品,加紧防治,惟防疫人员生活费及疫苗、药、酒等项需款甚巨,该县无此项的款可资拨用。复查腾冲县属之九保及盈江、莲山等处亦发生鼠疫,业经饬属医防,惟其所需费用亦复相同。相应据情,电请贵处转请卫生部迅拨国币壹亿元,分发发生鼠疫各属,以资应急。又鼠疫蔓延情节,可虑除已计划在功果桥设检疫站外,并请贵处通知沿滇缅公路各县分设检疫站为为荷"等由。查职处于八月廿四日据保山卫生院电报,鼠疫波及城区,病亡患者十八人,本月十日续据电报,保山鼠疫共患八十二人,死五十六人,情势严重;当将紧急措施及防制情形以卫保字第五八四一号,电请鉴核在案。兹据该专员公署电请拨发防疫费国币壹亿元及鼠疫疫苗各节,核属实情;除分电云南省政府,转请行政院核发外,谨电请钧部鉴核,转呈行政院赐拨防疫费国币壹亿元,以资转发疫区应急为祷。

云南省卫生处处长缪安成叩(36)申铣印

(台北"国史馆"　028000003131A)

云南省卫生处关于保山疫情严重请求拨发防治经费案致卫生部电

(1947 年 9 月 16 日)

卫生部钧鉴:

电悉。保山至十五日止病例(一一五),近日蔓延犹甚,已成立隔离医院检疫站及组队防制,并发经费一亿,仍难应付腾冲各县,亦暂严重,请速协助。

滇卫生处申铣印

(台北"国史馆"　028000003131A)

云南省政府关于保山鼠疫严重请求拨发经费
设立检疫站案致卫生部电

(1947 年 9 月 18 日)

卫生部公鉴:

案据第六区行政督察专员李国清未俭代电称:"查保山县属之城区、

板桥、施甸等处发生鼠疫，情势严重，共已死 64 人，仍有蔓延趋势，已饬属组织医防队拨用救济要品，加紧防治，惟防疫人员生活费及疫苗、药、酒等项需款甚巨，该县无此项的款可资拨用。复查腾冲县属之九保及盈江、莲山等处亦发生鼠疫，业经饬属医防，惟其所需费用亦复相同。理合具文电请钧府转请卫生部，迅拨防疫费国币壹亿元，分发发生鼠疫各属，以资应急。又鼠疫蔓延情节，可虑除已计划在功果桥设检疫站外，并请钧府转饬沿滇缅公路各县分设检疫站为祷"等情；据此，查滇西鼠疫已趋严重，前迭据卫生处呈，当经电请贵队派队来滇协助防治在案。兹据呈前情，除令民政厅转饬沿滇缅公路各县分设检疫站，严予防范及指令该专属督导所属加紧防治具报，暨令卫生处知照外，相应电请贵部查核办理见复为荷。

云南省政府（36）申巧秘印

（台北"国史馆"　028000003131A）

云南省政府赵澍等 6 位参议员关于保山疫情严重请求拨款
并派员协防事宜致卫生部电

（1947 年 9 月 22 日）

卫生部部长周钧鉴：

滇省保山去岁发生鼠疫，幸即扑灭。近顷疫暂又炽，岳死六百三十人，较去岁为严重，若不迅行扑灭并筹永久防止之方，前途殊足壖墦。至祈贵部迅拨巨款，并派高级技术人员运送防疫药品前来救治，并筹设永久防疫机构以免再发，无任感祷。

滇筹参政员赵澍、李培炎、严鐏、罗衡、陈赓雅、李鉴之同叩养（二十二日）

（台北"国史馆"　028000003131A）

云南省卫生处关于保山疫情及急需药品疫苗案致卫生部电

（1947 年 9 月 23 日）

卫生部钧鉴：

保山疫情稍戢，上周共发生县患者八人，连前共 110 名，惟防疫药品及疫苗需用甚殷,请速电拨。此外,是否可拨款由职处代为组队,以便继续防制,祈示。

滇卫生处申梗印

(台北"国史馆" 028000003131A)

卫生部关于拨发经费防治保山鼠疫并调伯力士、
刘志扬前往协防事宜至云南省卫生处电

(1947 年 9 月 30 日)

昆明云南省卫生处:

查滇省保山县属发生鼠疫,迭据该处电请派队协防,并已呈院请款等情到部;经先后电复在案。兹据该处申铣暨卫保字第 5860 号申真代电,请转呈行政院赐拨防疫费一亿元等情。查本部已电调专门委员伯力士暨防疫总队卫生视察刘志扬即行前往滇西协助指导,办理防治鼠疫工作。至所需防疫经费应查照本部防(36)字第 8725 号申元代电,由该处拟具工作计划及概算表呈送贵省政府转呈行政院核拨,合行电仰知照。

卫生部防(36)申陷印

(台北"国史馆" 028000003131A)

卫生部关于拨发经费防治保山鼠疫并调伯力士、
刘志扬前往协防事宜至云南省政府电

(1947 年 9 月 30 日)

云南昆明省政府公鉴:

(卅六)秘一(2)字第 5442 号申微代电及 36 秘一(2)字第五六八七号代电。均敬悉。查滇省保山县属发生鼠疫,迭据滇省卫生处卫保字第 5682 号及 5702 号两代电请照案派队协防,并拨款补助各等情;业经电复应项目转呈行政院拨款在案。兹据该处申铣暨卫保字第 5860 号申真代电,请转呈赐拨防疫费一亿元等情。查本部已电调专门委员伯力士暨防疫总队卫生视察刘志扬即行前往滇西协助指导,办理防治鼠疫工作。至所需防疫经费应查照本部防(36)字第 8725 号申元代电,由该处拟具工作计划及概算表呈送贵省政府呈转行政院核拨。除电复滇省卫生处外，相应电复查照为荷。

卫生部防（36）申陷印

（台北"国史馆" 028000003131A）

卫生部关于已派伯力士、刘志扬赴滇协防并已拨防治经费
致云南省政府赵澍等 6 位参议员电

（1947 年 10 月 1 日）

昆明云南省政府转赵参政员澍暨李、严、罗、陈、李参政员诸先生公鉴：

申养电敬悉。查滇西保山鼠疫复炽，本部已专门委员伯力士及医疗防疫总队视察刘志扬赴滇策划，协助防治。至所需经费已分别电复滇省政府，及卫生处拟具工作计划及概算呈院请拨专款，一俟交本部核议时当予协助。相应电复查照为荷。

卫生部（申东）印

（台北"国史馆" 028000003131A）

卫生部关于派伯力士、刘志扬赴滇协助
防治鼠疫案致医疗防疫总队令

（1947 年 10 月 8 日）

据报云南保山一带鼠疫复炽，蔓延堪虞，已决定派专门委员伯力士前往昆明转赴滇西，指导、协助当地卫生机关办理防治工作。除令饬云南省卫生处知照外，合行令仰该总队即派卫生工程视察刘志敬协同该处专门委员，即日赴滇协助办理具报。再该员由京赴滇所需往返旅运费，得由本部报支，仰知照。

此令。

（台北"国史馆" 028000003131A）

卫生部关于派伯力士及刘志扬赴保山协助防治鼠疫
致云南省卫生处之训令

（1947 年 10 月 8 日）

据报该省保山一代鼠疫复炽，蔓延堪虞，业经本部决定派专门委员伯力

士及医疗防疫总队卫生工程视察刘志敬前来指导,协助防治工作。除分饬该员等即日首途外,合行令仰知照。

此令。

卫生部医疗防疫总队关于伯力士、刘志扬已赴保山协助防治鼠疫案致卫生部呈

（1947 年 10 月 9 日）

案奉钧部本年十月六日防 36 字第一零七六三号训令开:"据报云南保山一带鼠疫复炽,蔓延堪虞,本部已决定派专门委员伯力士前往昆明转赴滇西指导,协助当地卫生机关办理防治工作。除令饬云南省卫生处知照外,合行令仰该总队即派卫生工程视察刘志扬偕同专门委员,即日赴滇协助办理具报为要。再该员由京赴滇所需往返旅运费,得由本部报支,并仰知照。此令。"等因;奉此,自应遵办并转饬该员遵照,克日偕同专门委员伯力士前往协助。兹据视察刘志扬报称,定于十月十日晚十一时,偕伯力士专门委员赴沪,十二日飞昆明。理合备文呈请,鉴核备查。谨呈

卫生部

医疗防疫总队兼总队长容启荣

兼副总队长代理总队长职务蔡方进

云南省卫生处关于保山已设立隔离医院收治病人事宜致卫生部电

（1947 年 10 月 9 日）

卫生部部长周钧鉴:

案据保山鼠疫防治委员会防治总队防字第四号代电称:"查职队所属保山临时隔离医院,已于九月二十二日开始成立,完全免费收治病人,现有患者五人;除分电外,谨电核备。"等情。除分电云南省政府鉴核外,理合电请钧部鉴核。

云南省卫生处处长缪安成叩(36)酉庚卫保印

云南省卫生处关于保山疫情致卫生部电

（1947 年 10 月 9 日）

南京卫生部部长周钧鉴：

　　案据职处派赴保山防疫主任王天祚酉麻电报称："上周双寨肺疫续死三例；城东永和镇、永丰镇、东哨镇、打鱼村、河上村新发现现鼠疫六例，死五例；城区板桥新发现四例，隔离医院出院四例，入院三例。以上各地，皆在城区附近二十余里内。"等情；据此，理合电请钧部鉴核为祷。

　　　　　　　　　　　　云南省卫生处处长缪安成叩（36）酉佳卫保印

　　　　　　　　　　　　（台北"国史馆"　028000003131A）

卫生部关于派伯力士前往滇西指导防疫工作致伯力士令

（1947 年 10 月 14 日）

令专门委员伯力士：

　　据报云南保山一带，鼠疫复炽，蔓延堪虞，兹派专门委员即往昆明转赴滇西指导，协助当地卫生机关办理防治工作。除函知云南省卫生处外，合行令仰遵照。

　　此令。

　　　　　　　　　　　　（台北"国史馆"　028000003131A）

云南省卫生处关于梁河腾冲等地鼠疫防治情形致卫生部电

（1947 年 10 月 15 日）

南京卫生部部长周钧鉴：

　　案准第六区专员公署李专员国清酉齐电报以："据梁河鼠疫严重病八十一例，死三十三例。"等由；经饬本处驻腾冲防疫队派员前往防制。兹准该队队长戴绍墀电报称："酉真电。奉悉。即往防治腾，八月份鼠疫患者一四二人死亡十六人、九月份患九九人死五人。"等情。此项疫情前皆未据报告。又本日复接保山长途电话略谓前周保山仅发现鼠疫三例，无死亡，隔离医院出院六例、入院三例。至城南二十余里秉顺镇之肺鼠疫，前发生于双寨，计三户共死十五人，经严予防制，幸不致蔓延，现已无新病例发现。以上各地疫情,理合电请钧部鉴核为祷。

云南省卫生处处长缪安成叩酉删卫保印

（台北"国史馆"　028000003131A）

云南省卫生处关于保山疫情致卫生部电

（1947 年 10 月 15 日）

南京卫生部部长周钧鉴：

　　防(36)字第九八七一号申感代电。敬悉。查九月上旬职处所填保山之鼠疫病例系接卫生院来电报告,而未详其发现日期,故职处始以接来电之时日填报。继接详细疫情报告,故于申铣代电所附之表,始以发生旬别之病例,分别填报。此为以上二表发生疫情病例不能相同原因,请仍以铣代电附表数字为正确。奉电前因,理合电复,敬祈钧部鉴核为祷。

云南省卫生处处长缪安成叩(36)酉删卫保印

（台北"国史馆"　028000003131A）

云南省卫生处关于滇西鼠疫疟疾蔓延防治
力量薄弱请求帮助致卫生部呈

（1947 年 10 月 18 日）

　　窃查滇省卫政近数年来,以滇西鼠疫流行及思普瘴区抗疟等项工作,对于所需器材、药品常感缺乏,兼以经济力量薄弱,难以推展工作。又所属单位,如省立仁民医院、卫生试验所均以经费支绌,所需器材药品不易购备,推展甚难。种种缺点部分,积极迫望钧部促成,配发大量药品器材,补助经济,俾得加强充实,藉资推进一切,兹特遣派职处主任秘书梅朝忠来京代职述职,面陈一切。理合具文呈请钧长鉴核,予以指导并恳鼎力赐助,俾获救剂,不胜迫切待命之至。谨呈

　　卫生部部长周

云南省卫生处处长缪安成

（台北"国史馆"　028000003131A）

云南省卫生处关于伯力士及刘志敬已来滇协助指导
鼠疫防治工作案致卫生部呈

（1947 年 10 月 21 日）

案奉钧部（36）字第一零七六四号训令："以派专门委员伯力士及卫生工程视察刘志敬赴滇协助,指导鼠疫防治工作一案,令处知照。"等因查该员已于十四日抵滇,刻正准备一切,兹定于二十日乘公路局客车赴保山腾冲疫区督导。除分呈云南省政府鉴核外,理合备文呈复。敬乞,鉴核。谨呈

卫生部部长周

云南省卫生处缪安成

（台北"国史馆"　028000003131A）

卫生部关于梁河保山鼠疫报告情形致云南卫生处电

（1947 年 10 月 28 日）

云南卫生处:

卫保字第 6088 号酉删代电。悉。查梁河鼠疫本年系初次发现,当时未据电报,仰转饬照前卫生署预备之五种国际法定传染病详报时,应注意各点报部,并列报分旬患病及死亡人数。又查该处申铣代电,附表填到腾冲鼠疫数字仅列至六月下旬止,仰转饬衔接报告分旬数字;至保山疫情,亦应遵照前电补报八月上旬起之分旬数字为要。

卫生部防（36）酉俭印

（台北"国史馆"　028000003131A）

卫生部关于疫情报告原则以便统计事宜致云南卫生处电

（1947 年 10 月 28 日）

云南卫生处卫:

保字第 6082 号（36）酉删代电。悉。查本部规定疫情报告应以分旬列报逐日发现及死亡人数为原则,必须周报或某时期内之疫情报告亦须将各病例之发病或报告日期附列,以便分旬或分月统计。前据申铣电并附呈滇西鼠疫疫情统计表内列保山病例八月,以及数字均未分月分旬,无法统计,仍

仰转饬将该项数字分旬补报为要。

卫生部防(36)酉俭印

(台北"国史馆" 028000003131A)

云南省政府关于开设检疫站办理保山至昆明车辆
检查事宜致卫生部电

(1947年10月29日)

南京卫生部公鉴:

案查前据昆明市政府呈报保山鼠疫蔓延情形严重,请于碧鸡开设置检疫站办理保山来昆明车辆检查,以免并元流入市区等情到府;当经指令即日办理,并将办理情形报核。兹后据该市政府呈称:"遵经饬令市警局于十月一日起积极筹备,并已于十月十日正式成立,开始工作。除分函布告外,理合将成立日期及实施办法(该办法系参照卫生部海港检疫办法拟定)一并随文呈请鉴核,并祈转函卫生部备查。"等情;附呈实施办法一份。据此,除令卫生处知照并指令切实负责办,不得藉端滋扰外,相应抄同原附件电请贵部查核备案。

云南省政府(卅六)酉艳省秘一(2)印

(台北"国史馆" 028000003131A)

昆明市检疫站实施暂行办法

(1947年)

(一)本办法所称检疫,系防止鼠疫之传入及散布并得施行检查鼠疫之必要方法,以及车船人员、兽类、货物等项之消毒注射事宜。

(二)本受检疫之车辆由疫区驶入者,于开抵检疫站时,该车主或押运员应将车上旅客人数、货物情形报请检疫站逐一检疫。

(三)开抵检疫站之车辆乘客,须听从检疫站之命令,经检疫消毒注射已无问题后发给通行证,始准通行。

(四)由疫区驶入之车辆,客、货及染鼠疫之车辆有受下列处置:

1. 车辆、货物之消毒,旅客之预防注射。

2. 经检验有染疫及有疫病嫌疑之旅客立即下车施以隔离,由车辆到站之日起,作六日以下之监视或就地诊验。

3. 所有用过之衣服、被褥若认为被染有疫菌者,须施行除菌方法立即消毒。

4. 凡在隔离所隔离之人,未经医生认可,不得擅出该隔离所所示范为之外,勿庸隔离之病人亦不得擅入隔离所范围内,以免传染。

(五)由疫区驶来之车辆,决定该车无疫时或经检有疫而经过是当必要处置后,检疫站得施行下列处置:

1. 发给通行证。

2. 请该车继续开行,免予隔离。

3. 请旅客及其行李进入市区。

(六)凡受隔离之车辆或该车车主人员、旅客,受隔离时其车主或公司应负担下列费用:

1. 所有在监视中之乘客,若遇本身无力负担其一切膳宿费、诊疗及待疫费时,车主或公司应负全责。

2. 由检疫站运送旅客至目的地之费用。

3. 所有车辆或货物之清洁、蒸熏消毒及其他处置应需费用。

(七)凡自疫区驶来之车辆,虽备合格之除鼠证明书或免予除鼠证明书,而检疫区官认该车为不清洁或载有可以引带鼠类之货物,并装载情形不能便检疫医官彻底检验时,得使该车重行扫除清洁、消毒、蒸熏、喷射 D. D. T. 。

(八)凡车上曾发现传染病人或死亡时,该车应遵照检疫站之指示措施必要处置,以防止疫病之入境。

(九)由疫区驶入之车辆,检疫站认为必须消毒、蒸熏或喷射 D. D. T. 时,每车酌收材料费伍万元。

(十)凡认为有传染可能性之物品、家畜等项,应禁止或限制其入境,或施行检查、扣留消毒后,方请予入境。其将到疫区之车辆所乘旅客,被施行防疫注射后,方请通过。

(十一)应受检疫之车辆、人员,如有违反本办法二至十条各项规定之一时,除法令别有规定外,应依其情节之轻重,得处以百元以上、千元以下之罚缓(按照国府颁布之罚金、罚缓提高标准条则计算),并得扣留其行车执照五天以上、十天以下,以资惩戒。

(十二)本办法自公布之日施行。

(台北"国史馆" 028000003131A)

卫生部关于核准昆明市检疫站实施暂行办法案致云南省政府电

(1947 年 11 月 14 日)

昆明云南省政府公鉴:

卅六年十月廿九日省秘字第六五六三号代电以:"昆明市政府呈报碧鸡关检疫站成立暨开始工作日期。"等由;抄附昆明市检疫站检疫实施暂行办法一份。准此,应予备案。相应电复查照,饬知为荷。

卫生部防戌寒印

(台北"国史馆" 028000003131A)

云南省卫生处关于调派医防大队一队来滇主持
防治工作案致卫生部电

(1948 年 1 月 15 日)

南京卫生部部长周钧鉴:

查滇西鼠疫历年猖獗,蒙钧部于三十六年十月间派专家伯力士博士、视察刘志扬到滇西实地考察后,与职处会商设计结果,金认为三十七年年度开始,应请钧部调派医防大队一队来滇主持防治,以免鼠疫继续发生一案。经于三十六年十一月二十五日以为保字第六六零七号电请鉴核办理在案。兹三十七年年度开始,鼠疫猖獗之期又将逼近,亟应早日开始预防,以免再事蔓延,拟请钧部俯准迅赐,照卫保字第六六零七号代电查案拨派。除再电云南省政府,转呈行政院并分咨钧部鉴核办理外,敬祈钧部迅赐办理为祷。

云南省卫生处处长缪安成叩(卅七)子删卫保印

(台北"国史馆" 028000003131A)

云南省卫生处关于核备 1947 年度省市卫生机关诊治
疾病分类统计表致卫生部呈

（1948 年 4 月 19 日）

南京卫生部部长周钧鉴：

　　窃查职处三十六年度应报各种报表，除统十四号省市卫生交官诊治疾病分类统计表尚未汇报外，其余各表均经于三十七年三月十五日以为统字第零伍壹贰号呈报核备在案。兹是项报表业经编竣，理合备文连同该表呈请钧部鉴核。谨呈

　　卫生部部长周

云南省卫生处处长缪安成公出

代理折主任秘书梅朝忠

（台北"国史馆"　028000003131A）

卫生部关于 1947 年度滇西鼠疫患死数字统计案致云南省卫生处电

（1948 年 5 月 3 日）

云南省卫生处：

　　查卅六年度滇西鼠疫患死数字尚无整齐之统计报告，仰速就各县局、各乡镇该年各月患死数字汇列详表，并请照病型报部，以凭汇计为要。

卫生部防（37）卯江印

（台北"国史馆"　028000003131A）

云南省卫生处关于补具 1947 年度鼠疫患死数字
统计事宜致卫生部电

（1948 年 5 月 18 日）

南京卫生部部长周钧鉴：

　　防（37）字第七九一一号卯江代电。奉悉。谨遵补具三十六年度滇西鼠疫患死数字统计表一份，复请鉴核为祷。

云南省卫生处处长缪安成叩（卅七）辰删卫保印

（台北"国史馆"　028000003131A）

卫生部关于鼠疫患死统计表填报方法致云南省卫生处电

（1948 年 6 月 8 日）

云南省卫生处：

　　卫保 0978 号辰删代电。悉。查附表仅列各县局鼠疫患死总数,仍应遵照卯江代电,填报分县局、乡镇之分月患死人数表,并请照病型报部,以凭汇计为要。

卫生部防(37)齐印

（台北"国史馆"　028000003131A）

卫生部关于 1947 年度省市卫生机关诊治疾病分类统计
表报送事宜致云南省卫生处令

（1948 年 6 月 21 日）

令云南省卫生处：

　　卅七年四月十九日卫统字第七五九号,为补呈卅六年度省市卫生机关诊治疾病分类统计表祈核备案由呈一件。均悉。经核(一)三十六年云南省曾报告发现鼠疫者,已有保山、腾冲、莲山、盈江等四县局,而本表内缺少保山与盈江两地数字,似属不符;(二)永平与龙陵两县近年均未据报有鼠疫发生,而本表内列有永平鼠疫一例、龙陵鼠疫六例,其流行情形如何,应迅即详报;(三)霍乱项下除路南已声复为非真性霍乱。应予修正外,其余昆明、永善、石屏、下关等地三十六年均未据报。仰即分别查明具报为要。

　　此令。

（台北"国史馆"　028000003131A）

云南省卫生处关于芒市七月上旬疫情及防治情况致卫生部电

（1948 年 7 月 14 日）

南京卫生部部长周钧鉴：

　　案据芒市末生院长钟鼎文午养电报称："芒市鼠疫七月上旬发现,死一例,疑似二例。中旬即无病例发现。现职院本年已注射疫苗壹万陆仟西西,

现仍继续注射中。"等情；除电饬防市卫生院严密防治外，理合电请鉴核备查
为祷。

云南省卫生处处长缪安成叩（卅七）午回卫保印

（台北"国史馆"　028000003131A）

卫生部关于保山发现鼠疫病例致云南省卫生处电

（1948 年 7 月 24 日）

云南省卫生处：

卅七年七月十二日卫保字第 1426 号代电。悉。仰转饬就已发现之病
例，据发现日期先后详查列报，并按时航邮疫情旬报表为要。

卫生部防（37）午回印

（台北"国史馆"　028000003131A）

卫生部关于保山发现鼠疫及防治情形需报送致云南省卫生处电

（1948 年 8 月 12 日）

云南省卫生处：

（卅七）午回卫保字第 1588 号代电。悉。仰饬将防治情形，包括该市人
口数，本年鼠疫预防注射人数等及患者发现与诊断等详情并编具疫情地图，
一并详报为要。

卫生部防（37）未文印

（台北"国史馆"　028000003131A）

云南省卫生处关于报送芒市人口数及本年鼠疫预防
注射人数等详情致卫生部电

（1948 年 8 月 21 日）

南京卫生部部长周钧鉴：

防（37）自第一四四二号未文代电。奉悉。饬："将芒市人口数、本年
鼠疫预防注射人数及患者发现与诊断详情具报。"等因；自应遵办。查前据
芒市卫生院午养电报，以本年预防注射鼠疫疫苗壹万陆仟西西。查上项注

射疫苗数量系包括全市及其附近村落,惟其注射人数未据列报。至芒市人口为陆仟余人,患者发现及诊断详情并疫区团已饬芒市卫生院呈复,一俟呈复来处,当即电报。奉饬前因,理合具文电请鉴核为祷。

云南省卫生处处长缪安成叩(卅七)未梗卫保印

代行折主任秘书梅朝忠

（台北"国史馆"　028000003131A）

卫生部关于滇西防疫及防疫培训工作事宜致卫生部电

（1948 年 8 月 24 日）

南京卫生部部长周钧鉴:

查职处为加强滇西鼠疫防制工作,计经于五月廿四派技正王天祚医师前往疫区督导防治,六月七日并派由福州东南鼠疫防治处受训返昆之董绍家医师前往滇西协助第二、三医疗防疫队工作,并饬该员在疫情不发生时,利用人力及时间就地调训防疫人员,授以各项防疫智识及技术。兹据驻保山第二医疗防疫队疫字第零二八号代电以:"职队防疫人员均遵照指示,由各乡镇保送适当人员,送队受训,惟调派困难,虽多方商请县政府,亦只到训十五人,经由董主任绍家之指导,完成各项防疫训练。兹造具本其训练人员名册一份,随电报请核备。"等情;经核属实。除指覆准予备案外,理合将调训防疫人员情形,电请鉴核为祷。

云南省卫生处处长缪安成叩(卅七)未回卫保印

代行折主任秘书梅朝忠

（台北"国史馆"　028000003131A）

东南鼠疫防治处关于厦门隔离第一分院因暂无鼠疫拟收容其他传染病致卫生部呈

（1948 年 8 月 26 日）

案据本处驻厦门隔离第一分院本年八月十九日院分厦字第一四八号呈以:"该院业已筹备完竣,定于八月二十三日开始收容病人。又以该地现无鼠疫流行,拟暂收容其他法定传染病病人。"等情;据此,除指令外,理合据情

报请鉴核备查。谨呈

　　部长周

卫生部东南鼠疫防治处处长左吉假

副处长查良钟公出

秘书吴云鸿代

（台北"国史馆"　028000003131A）

五、其他省份

卫生部关于汉宣渝检疫所改为长江检疫所并开展湖口九江
检疫工作致汉宣渝检疫所电

（1947 年 5 月 22 日）

　　汉口瑞祥路特一号汉宣渝检疫所潘所长，该所奉准改为长江检疫所，仰克日展开湖口、九江检疫工作，武汉方面准酌留少数人员。

卫生部养防印

（台北"国史馆"　028000003128A）

琼山卫生院关于本县辖内无鼠疫发现致卫生部电

（1947 年 5 月 28 日）

南京卫生部钧鉴：

　　辰宥电悉。本县辖内并无鼠疫发现。

琼山卫生院辰俭（廿八）叩

（台北"国史馆"　028000003131A）

安徽省政府关于函送本省防御鼠疫经费预算表致卫生部电

（1947 年 9 月 2 日）

　　案奉行政院三十六年六月二十六日四内字第二四六四一号指令略开："该省呈送防御鼠疫计划及经费预算请核示案，经饬据卫生部另拟安徽省防御鼠疫计划原则到院，应准照该部所拟办理并准拨壹亿元以资应用。除分行外，合亟抄发原件仰即遵照办理。"等因；奉此，除遵照该项计划原则并参

酌本省医疗机构布置情形及实际需要,编具预算分配表分呈行政院外,相应
检送一份函请查照并希拨款备用,以重疫政为荷。此致

卫生部

附安徽省防御鼠疫经费预算分配表一份、安徽省防御鼠疫急需药械估
价单一份。

(台北"国史馆"　028000003130A)

安徽省防御鼠疫经费预算分配表

(1947 年 9 月 2 日)

科目名称	预算数	备考
第一款 防御鼠疫费	100,000,000	
第一项 防疫费	100,000,000	
第一目 设备费	72,000,000	包括安庆、芜湖、毛溪三省立医院急需补充之药械及医防一、二分队捕鼠灭蚤器械购置之所需。
第二目 旅运费	15,000,000	购办药械旅运费及派员巡回工作费。
第三目 津贴费	9,000,000	津贴经常出发疫区附近巡回工作人员,以三十人三个月为限,每人每月津贴十万元。
第四目 杂支费	4,000,000	不属上列各目临时需用公杂等费支出。

(台北"国史馆"　028000003130A)

安徽省防御鼠疫急需药械估价单

(1947 年 9 月 2 日)

品名	单位	数量	单价	总价	备注
特制防蚤衣	套	30	400,000	12,000,000	每人二套
橡皮长统靴	双	30	200,000	6,000,000	
橡皮手套	双	10	80,000	800,000	
滑石粉	磅	5	1,000	5,000	
酒精	〃	200	8,000	1600,000	
帆衣或油布手套	双	50	10,000	500,000	
蒸气消毒器	具	2	120,000	240,000	

品名	单位	数量	单价	总价	备注
特制口罩	只	50	1,000	50,000	
喷雾器	具	10	30,000	300,000	
捕鼠笼	〃	200	50,000	10,000,000	
白布鼠笼套	只	10	5,000	50,000	
不通气杀鼠箱	只	5	80,000	400,000	
大号白糖瓷盆	只	10	20,000	200,000	
□□方碟	〃	10	20,000	200,000	
长铁钳(夹鼠用)	〃	10	5,000	50,000	
长坚强血管钳	把	50	5,000	250,000	
解剖用钳子	对	50	5,000	250,000	
昆虫钳子(检蚤用)	把	20	5,000	100,000	
试管一排	全套	20	8,000	160,000	(编定号码)充实医防一、二分队
显微镜	具	2	1,500,000	3,000,000	
有盖小瓦缸或汽油桶	只	5	50,000	250,000	
长柄铁钳	把	10	5,000	50,000	
木钉	合	50	500	50,000	
大口玻利瓶	只	50	3,000	150,000	
氢氧化钠	磅	5	30,000	150,000	
大号平底洋铁方盆	只	10	10,000	100,000	
小方盆	〃	10	10,000	100,000	
长柄铁钳	把	10	8,000	80,000	
坚强外科剪刀	把	20	8,000	160,000	
玻片	合	50	10,000	500,000	
有盖小口盖瓦盆	只	10	5,000	50,000	
夹细针	只	500	1,000	50,000	
磺苯胺噻唑	片	一万片	250,000	2,500,000	
沸腾散	磅	5	10,000	50,000	

续表

品名	单位	数量	单价	总价	备注
吗啡	瓦	50	8,000	400,000	
HuHKiu 氏腺鼠疫苗	支	1,000	10,000	1,000,000	
琼脂腺鼠疫苗	支	1,000	10,000	1,000,000	
活菌鼠疫菌苗	支	1,000	10,000	1,000,000	
二甲基磺苯胺嘧啶	一千片	五千片	250,000	1,250,000	
磺苯胺嘧啶纳针	针	500	2,500	1,250,000	
干白清球蛋白粉	磅	50	8,000	400,000	
美兰液	唡	10	25,000	250,000	
醇酒精	磅	50	8,000	400,000	
美蓝	唡	5	25,000	125,000	
滴滴涕	磅	500	20,000	10,000,000	
煤油	〃	50	20,000	1,000,000	
肥皂	〃	50	2,000	200,000	
氰化钙	〃	20	20,000	400,000	
樟脑	磅	50	8,000	400,000	
樟脑油	〃	20	8,000	160,000	
双筒美制 氰化钙打气筒	具	20	100,000	2,000,000	
防毒面具	〃	100	500	50,000	
六气苯	瓶	50	20,000	1,000,000	
硫酸钍	磅	30	15,000	450,000	
磷化锌	〃	30	12,000	360,000	
砒霜	〃	20	20,000	400,000	
士的平	唡	5	200,000	1,000,000	
氰化钙	磅	30	15,000	450,000	
面粉	袋	30	150,000	4,500,000	
总计				72,000,000	

（台北"国史馆"　028000003130A）

重庆市卫生局关于请拨发鼠疫疫苗案致卫生部电

（1947 年 9 月 16 日）

卫生部部长周钧鉴：

　　奉市政府训令，以据云南卫生处疫情报告及本市大公报载滇西鼠疫渐趋扩大，将蔓延各地；饬即事先预防一案。查渝滇交通相接，自应购备鼠疫疫苗，为市民施行预防注射，以资防范。惟市政府财政困难，防疫经费有限，早已不敷支应，对于采购鼠疫疫苗实属无法办理。为策市民生命安全起见，拟恳钧部俯赐拨发是项疫苗若干应用，是否可行，仰祈察核示复为祷。

　　　　　　　　　　　　　　　　　重庆市卫生局局长李之郁（申铣）叩

　　　　　　　　　　　　　　　　（台北"国史馆"　028000003130A）

行政院秘书处关于安徽省政府呈送防御鼠疫经费预算表致卫生部函

（1947 年 9 月 19 日）

　　据安徽省政府呈送本省防御鼠疫经费经费表，请鉴核等情到院。查拨发该省防御鼠疫经费业由院核准壹亿元在卅六年度第二预备金动支，以（卅六）会四字第二四六四一号通知书分行财政部、审计部、国民政府文官处查照转陈备案暨国民政府主计处在案。据呈前情，并奉院长谕："交卫生部核复。"等因；相应抄附原件函请查照。此致

　　卫生部

　　附抄送安徽省政府卅六年九月二日财计民卫防会字第一零一六一号原呈一件至附件据称已分函贵部，兹不检附。

　　　　　　　　　　　　　　　　　　　　　　　　秘书长甘乃光

　　　　　　　　　　　　　　　　（台北"国史馆"　028000003130A）

安徽省政府关于呈送防御鼠疫计划及经费预算请核示案致行政院长原呈

（1947 年 9 月）

　　案奉钧院卅六年六月廿六日四内字第一一四六四一号指令，本府卅六

年四月民卫会防字第四四零号代电略开:"该省呈送防御鼠疫计划及经费
预算请核示案,经饬据卫生部另拟安徽省防御鼠疫计划原则到院,应准照该
部所拟办理,并准拨发经费壹亿元以资应用。除分行外,合亟抄发原件仰即
遵照办理。"等因;附抄发安徽省防御鼠疫计划,奉此,谨遵照计划原则并参
酌本省医疗机构布置情形及实际需要编具预算分配表一份。除分函卫生部
外,理合呈请鉴核并祈拨款备用以重疫政。谨呈

　　行政院院长

（台北"国史馆"　028000003130A）

吉林省政府关于本省制定1947年度鼠疫预防工作计划纲要案致卫生部电

（1947年9月22日）

卫生部公鉴:

　　查本府为防制鼠疫流行确保人民生命起见,特制订本省三十六年度鼠
疫预防工作计划纲要通饬遵行。除呈报东北辕备案外,相应检同该计划纲
要一份电请查照。

　　　　　　　　　　吉林省政府主席梁华盛吉民卫申养印
　　附三十六年度鼠疫预防工作计划纲要一份。

（台北"国史馆"　028000003130A）

吉林省三十六年度鼠疫预防工作计划纲要

（1947年）

　　一、为防止鼠疫流行,特订定吉林省三十六年度鼠疫预防工作计划纲要
（以下简称本纲要）。

　　二、各县市旗政府及省立防疫所对于三十六年度防疫事宜,悉依本纲要
办理。

　　三、各县市旗防疫事宜,以该管卫生机构办理为原则,但牧复地区与外
界接临处所如公主岭、哈达湾暨农安德惠磐石九台等县城（乡间除外）其防
疫事宜,由省立防疫所主办,各该管县市旗政府仍应接受防疫所之指导切实
协助。

四、各县市旗政府对于鼠疫之防制事宜，如因技术上之需要，须请省立防疫所协助时，防疫所不得拒绝，惟各县市旗政府应负担该所技术人员之食宿费。

五、三十六年度鼠疫预防时间暂定为三个月，自九月十五日起至十二月十五日止，必要时得延长之。

六、为宣传防疫常识无形消弭鼠疫起见，各县市旗政府应发动广从文字上或口头上之宣传，并切实规划举行大规模之扑鼠运动。

七、各县市旗政府及省立防疫所于疫情发生前，应实施预防注射并应发给注射证明书。

八、各县市旗政府需用疫苗，应自行垫款向长春血清实验厂洽购。省立防疫所价购疫苗由本府垫款，将来于注射时收费归垫。

前项预防注射费每人每次不得超过流通券四十元，贫苦者并应免收。

九、凡接近匪区及毗连邻省之交通重镇，应设置检疫站以防鼠疫蔓延。

十、在防疫期间，无预防注射证明书者一律不准搭乘车、船，由各该防疫主管机关与当地交通机关及军、警、宪检察机关洽商办理。

十一、各县市旗政府应切实注意疫情之调查及报告，如遇有类似鼠疫发生，立即送交医院慎密检查，并将检查结果报府，同时通知省立防疫所。

十二、如疫情已经发生，各县市旗政府及防疫所应参酌地方实际情形，为下列之措施：

1. 指定或设置传染病院治疗病人。

2. 划定隔离区域。

3. 实行疫区消毒。

4. 掩埋或火葬死者尸体。

十三、各县市旗政府及防疫所对于疫情发生后之处理情形及死亡人数，应随时报府备查。

十四、各县市旗政府应遵照本纲要所定原则，缮具详细实施办法连同预算书呈核。

十五、在防疫期间,本省各公私立医院及境内开业医护人员均应接受当地卫生主管机关委托征招,协办防疫事宜。

十六、本纲要自公布之日施行。

（台北"国史馆"　028000003130A）

卫生部关于核拨安徽省防御鼠疫计划及
经费预算案致行政院秘书处电

（1947 年 10 月 1 日）

行政院秘书处公鉴:

案查关于安徽省政府防御鼠疫计划及经费预算案,前准贵处本年五月七日发服玖字第 31606 号通知:"奉谕郊本部核复。"等由。业经另拟皖省防御鼠疫计划原则,以防 36 字第 1027 号辰江代电请贵处察核转陈在案。兹准安徽省政府本年九月二日财计民卫防会字第 10163 号公函开:"案奉行政院卅六年云云,以重疫症。"

等由;附安徽省防御鼠疫经费预算分配表暨急需药械估价单各一份到部。经核是项经费预算分配表尚无不符;相应电请察核转陈迅赐核拨,以利防疫并希见复为荷。

卫生部防(36)申东印

（台北"国史馆"　028000003130A）

卫生部关于重庆市卫生局请拨发鼠疫疫苗案致药品供应处训令

（1947 年 10 月 6 日）

令药品供应处:

案据重庆市卫生局申铣代电称:"奉市政府训令,以据云南卫生处疫情报告及本市大公报载滇西鼠疫渐趋扩大,照叙,拟恳钧部俯赐拨发是项疫苗若干应用"等情;据此,准发 40 公撮装鼠疫疫苗参百瓶,即日由京先行航寄该局,以济急需,运费应由该局自行担负。除指复外,合行令仰遵照。

此令。

（台北"国史馆"　028000003130A）

卫生部关于拨发鼠疫疫苗案致重庆市卫生局令

（1947 年 10 月 6 日）

令重庆市卫生局：

　　卅六年九月十六日卫生一字第 4313 号代电一件为滇西鼠疫蔓延，请拨发鼠疫疫苗以备应用由，代电。悉。准发四十公撮装鼠疫疫苗三百瓶，由本部药品供应处航寄该局应用，运费由该局自行担负。除分令外，合行令仰知照。

　　此令。

（台北"国史馆"　028000003130A）

行政院秘书处关于安徽省呈送该省防御鼠疫
经费预算表案致卫生部函

（1947 年 10 月 13 日）

　　贵部三十六年十月一日防（36）字第 10014 代电。诵悉。查安徽省政府呈送该省防御鼠疫经费预算一案业由院指令："准予备案"。至核拨该省防御鼠疫经费壹亿元经过情形，业于本年九月十九日以（卅六）四内字第 37803 号函达在案。相应函请查照。此致

卫生部

秘书长甘乃光

（台北"国史馆"　028000003130A）

卫生部关于制定吉林省 1947 年度鼠疫预防工作
计划纲要案致吉林省政府函

（1947 年 10 月 20 日）

　　贵省政府卅六年九月廿二日吉民卫字第一八五六号代电："为防制鼠疫流行，特制订吉林省政府卅六年度鼠疫预防工作计划纲要电请查照。"等由；附计划纲要一份，准此，应予备查。相应函复查照为荷。此致

吉林省政府

（台北"国史馆"　028000003130A）

广东省政府卫生处关于预发防疫经费致卫生部电

（1948 年 1 月）

卫生部部长周钧鉴：

（37）子虞防 0241 代电。悉。查鼠疫防治工作经列为本省三十七年度中心工作之一,并经呈请广东省政府预发防疫经费应用在案。除加紧注意办理外,谨附察核。

广东省卫生处处长朱润深

（台北"国史馆"　028000003130A）

行政院秘书处关于云南省呈请追加防疫经费事宜致卫生部通知

（1948 年 1 月 8 日）

右案,奉院长谕:"交卫生部核复。"相应通知卫生部。

行政院秘书长甘乃光

附件:抄送原呈一件;检原附件一件(检件办毕退还)。

抄原呈

案查前据卫生处呈:"为防治保山鼠疫急应需款补充药品器材,设置隔离医院及检疫站加紧防治,惟以近数月来,物价不断上涨,前奉核定防疫经费不敷实际开支,拟定鼠疫防治队追加预算表,共计追加预算经费叁亿零肆佰九十九万三千八百元,请转呈核发,以遏疫患"等情。当经令据财政厅会计处,核复该处所请追加本年度防疫经费一节属必须,请准予转呈前来。除指令外,理合检同元表,呈请钧院鉴核示遵!

（台北"国史馆"　028000003130A）

卫生部关于云南省政府呈请追加 1947 年度
防疫经费案致行政院秘书处电

（1948 年 1 月 19 日）

行政院秘书处公鉴：

准贵处本年一月八日(卅六)会四字第 105410 号通知,为滇省府呈请追加卅六年度防疫经费案奉谕:"交卫生部核复。"等因;附抄原呈一件,检原附件过部。查滇西鼠疫流行多年,已成地方行之传染病,滇省各机关团体迭电请派队拨款协助防治。本部于去年十月间，派本部专门委员伯力士及卫生工程师刘志扬携带药品前往疫区实地勘查，并策划防治工作，迄十一月底返部。据该员等报告，疫情确系日趋严重，亟应加紧防治，以遏蔓延，惟因物价不断上涨，前奉核定之防疫经费不敷开支。经核所请追加卅六年度防疫经费确属迫切，拟请拨三亿元，以应需要。相应检还原附表一份，电请察核转陈为荷。

卫生部防（37）子皓印

（台北"国史馆"　028000003130A）

卫生部关于云南省政府呈请追加 1947 年度
防疫经费案致云南省卫生处电

（1948 年 2 月 17 日）

云南昆明卫生处：

　　查滇省政府呈请追加卅六年度防疫经费一案，前准行政院秘书处交核到部，业经电复请转陈准拨三亿元在案。兹准卅七年二月五日会四字第5870 号通知，奉谕"依议办理"。除行知滇省府外，相应通知等由，合行电仰知照。

卫生部防（37）丑篠印

（台北"国史馆"　028000003130A）

台湾检疫总所关于世界卫生组织驻华机构向
美国购运来华新药致卫生部电

（1948 年 2 月 19 日）

卫生部部长周钧鉴：

　　查本省各地港埠大多属于木板间隔，以致鼠类易于繁殖。本所为防患未染，计拟请配发世界卫生组织驻华机构向美国纽约购运来华之一零八零捕鼠新药若干，以资应用。理合电请鉴核赐发，实为公便。

兼台湾省检疫总所所长齐大致叩

（台北"国史馆"　028000003130A）

广东省政府卫生处关于东台卫生院呈报发现天花案致卫生部电

（1948 年 2 月 28 日）

　　查本处前奉钧部本年二月九日防(37)第二四四三号代电:"以据东台县卫生院呈报该县城区发现天花并附调查表,以天花镜检寻常不能办到,应转饬嗣后填表力求确实。"等因;奉此,本处曾于本年二月二十三日以为三字第四零九号另饬该院遵照并申复钧部各在案。兹据该院本年二月二十二日文总字第二三六号复以:"该表镜检二字系本院担任缮写职员误书。"等情;并附更正调查表。据此,理合备文呈复,仰祈鉴核备查。谨呈

　　卫生部部长周

江苏省卫生处处长陈万里

（台北"国史馆"　028000003130A）

卫生部关于拨发世界卫生组织赠送药品事宜致台湾检疫所电

（1948 年 3 月 10 日）

台北台湾检疫总所:

　　检总技字第三二一号参柒丑皓代电。悉。查世界卫生组织最近由美运赠我国"一零八零"五十磅,业经全部分配浙、闽、赣三省内防治鼠疫之用,该所所需,俟国外俦到时,再行拨发。特电复知照。

卫生部防(37)寅灰印

（台北"国史馆"　028000003130A）

第三章　政府公报与报刊公文

一、政府公报

福建省鼠疫预防注射暂行规则

(1938 年)

第一条　本省各县、市及特种区(以下简称各县市区)施行鼠疫预防注射,依本规则之规定行之。

第二条　每年三月至九月为各县、市、区施行鼠疫预防注射期间,遇必要时,得于上述期间外,随时行之。

第三条　凡年龄在六岁以上六十岁以下之男女,均应施行鼠疫预防注射。

第四条　凡受鼠疫预防注射者,至少须于适当期间内,(五日至十日)继续注射两次。

第五条　每届鼠疫预防注射期间,凡在往年鼠疫最易发生之地带,由当地防疫所或主管卫生行政机关,依其管辖区域之广狭设立若干鼠疫免费预防注射处,实施普遍免费预防注射。

第六条　各县、市、区在实施鼠疫预防注射期间,各该地开业医师均应受防疫所,及卫生行政机关之指挥,并协助执行注射工作,违者得由该管行政官署处以五十元以下之罚金。

第七条　凡未设防疫所或卫生行政机关之地方,得由当地社团及医师临时设立鼠疫预防注射委员会,以便推行预防注射。

第八条　各县、市、区为防止鼠疫,应行强迫预防注射时,由防疫所或主管卫生行政机关指定应行预防注射之范围及日期施行之。

第九条 在施行强迫预防注射时,除因疾病或其他正当事由者外,如无故拒绝注射,得处以十元以下之罚金。

第十条 各县、市、区办理鼠疫预防注射机关及医师,应备鼠疫预防注射纪录簿,详载鼠疫预防注射情形,以备参考。

第十一条 各县、市、区办理鼠疫预防注射机关及医师,应于每年施行鼠疫预防注射期间内,按月将其鼠疫预防注射者之姓名,性别,年龄,籍贯,住址,及其他关系事项,报告于各该县、市、区防疫机关或主管卫生行政机关,转报本省防疫总所,汇报省政府及卫生署备查。

第十二条 鼠疫预防注射报告表格式,由本省防疫总所规定之。

第十三条 本规则自公布日施行,如有未尽事宜,得随时修改之。

(《福建省政府公报》,1938 年第 802 期,第 3—4 页)

江西省政府主席熊式辉等关于严密防范敌寇贩卖毒盐案致江西省各机关令

(1938 年 5 月 10 日)

熊式辉、廖士翘

江西省政府训令保二发字第六四六二号

令

各厅,处会

南昌,九江警备司令部

各区行政督察专员公署

各县县政府

省会警察局

水警总队

各保安团

宪兵第八团

南昌市商会

案准

军事委员会政治部梗治情代电内开:

"据报近日沿江各镇已发现大批含有毒素味辛辣之咸盐,闻系倭寇在芜湖盐仓撒毒后,用兵舰运投江岸,再由汉奸辗转运至各城市售卖,毒害吾民,现已在荻港截获多起,用干炒土法鉴别,立变为黑色,兹检请化验公布,并恳通令防范等语;除分电外,即请饬属严密防范为荷。"

等由;准此,除分令外,合行令仰该口转饬所属,一体注意严防为要!

此令。

中华民国二十七年五月十日

主席兼保安司令　熊式辉

保安处处长　廖士翘

(《江西省政府公报》,1938 年第 1044 期,第 10—11 页)

国民政府主席林森等关于汉宜渝检疫所呈报追加 1939 年度临时费防治重庆市霍乱案至行政院、监察院、主计处令

(1939 年 11 月 9 日)

令行政院、监察院、本府主计处:

为令饬事,案准国防最高委员会二十八年十一月四日国议字第三五七〇号函开:

"准政府核转内政部卫生署所属汉宜渝检疫所造报防止渝市霍乱临时费追加二十八年度岁出概算一案,经交财政专门委员会审查。据报告称,'本案据列二十八年度六月至十月五个月防疫临时费六千元,本会审查,金以本年夏间重庆市业已发现真性霍乱,该所遵照主管部署命令订立计划,积极防止,自属临时急需,兹核原列各数,均尚核实,拟请照数核定'等语。提经本会第十八次常务会议决议,照审查意见通过。相应录案函达查照饬遵"等由,准此,自应照办。除函复并分行外,合行令仰该院转饬内政、财政两部遵照　院转饬审计部查照。

主席　林森

行政院院长　孔祥熙

监察院院长　于右任

内政部部长　周钟岳

财政部部长　孔祥熙

审计部部长　林云陔

(《国民政府公报(南京 1927)》,渝字 204,1939 年,第 2、13 页)

国民政府公报中关于追加部分机构 1939 年度经费概算令

（1939 年）

训令

　　渝字第六二四号令行政院　监察院　本府主计处　国防最高委员会函为核定经济部西昌办事处追加二十八年度经临概算令仰转饬遵照由

　　渝字第六二五号令行政院　监察院　本府主计处　国防最高委员会函为核定追加开封炼硝厂所属临汝官硝分局二十八年度保管经费概算令仰转饬遵照由

　　渝字第六二六号令行政院　监察院　本府主计处　国防最高委员会函为核定经济部所属商标局追加二十八年度岁入岁出经常概算令仰转饬遵照由

　　渝字第六二八号令行政院　监察院　本府主计处　国防最高委员会函为核定内政部卫生署所属汉宜渝检疫所防止渝市霍乱临时费追加二十八年度岁出概算令仰转饬遵照由

　　渝字第六二九号令行政院　监察院　本府主计处　国防最高委员会函为核定福建全省防疫总所防治鼠疫筹备临时费改作二十八年度岁出追加概算令仰转饬遵照由

　　渝字第六三〇号令行政院　监察院　本府主计处　据立法院呈为通过重庆市二十八年度地方普通岁入岁出总预算书令仰转饬遵照由（附总预算书）

　　渝字第六三二号令行政院　监察院　本府主计处　国防最高委员会函为核定主计处印刷修缮等费追加二十八年度岁出临时概算令仰转饬遵照由

　　渝字第六三三号令行政院　监察院　据本府主计处呈核蒙藏委员会二十八年度岁出临时概算动支案令仰转饬查照由

　　　　　　（《国民政府公报（南京 1927）》，渝字 204，1939 年，第 2、13 页）

国民政府主席林森等关于福建省鼠疫防治费调整事宜训令

（1939 年 11 月 4 日）

国防最高委员会二十八年十一月四日国议字第一八九一号函开：

　　"准政府核转福建全省防疫总所二十五年度防治鼠疫筹备临时费请改

作二十七年度岁出追加概算一案,经交财政专门委员会审查。据报告称,‘本案据列福建全省防疫总所筹备临时费三万圆,并据说明福建省于二十五年度发现鼠疫,曾由中央拨款设所防治,共拨五万元,除军事委员会所拨二万圆另案办理外,兹就行政院所拨三万圆,编送概算,本会审查,佥以防治鼠疫,事关重大,此项防疫经费,即经行政院会议通过,自应补备法案,惟二十七年度国库收支,现在亦已结束,拟请改作二十八年度追加岁出,如数核定’等语。提经本会第十八次常务会议决议,照审查意见通过。相应录案函达查照分令饬遵。”

　　等由,准此,自应照办。除函复并分行外,合行令仰该院分别转饬遵照院转饬审计部查照。　处遵照

　　此令。

主席　林森

行政院院长　孔祥熙

监察院院长　于右任

内政部部长　周钟岳

财政部部长　孔祥熙

审计部部长　林云陔

国民政府公报　训令　一〇 渝字第二〇四号

(《国民政府公报(南京 1927)》,国防最高委员会 1939 年 11 月 4 日

国议字第 1891 号,第 10 页)

福建省卫生处关于甯皮鼠疫流行请拨发疫苗致永康县电

(1940 年)

　　本县县政府,兹据县卫生院院长冯伸辉称:“以迩来报上登载甯皮鼠疫流行,死者七十余人,本县为交通要道,旅客往来众多,内中难免有感染未发者,为防患未然计,拟在车站派员施行预防注射,凡旅客之由甯皮来者,一律予以强迫注射,惟是项疫苗,一时无从购置,拟请钧长向省卫生处请领”本县县府据情后,经即电请省卫生处鉴赐酌予拨发,以应急需,而资杜防云。

(《永康县政》,1940 年第 6 期,第 5 页)

江山县长丁琮关于加强防治鼠疫致各乡镇公所各警察局所训令

（1940 年 12 月）

民字第八五六号　民国二十九年十二月　日

令各乡镇公所　各警察局所（祗登公报不另行文）

案举

浙江省第五区专员公署　保安司令部二十九年十一月二十六日政字第五八四〇号训令开：

"查衢县城区近来发现鼠疫，患者相继死亡。本署为防治斯疫，经于本月二十三日召集衢县机关法团主管长官组织防疫委员会，予以积极扑灭，又为防止蔓延计，合亟令仰该县长切实注意卫生工作，多作防疫宣传及清洁运动，并转饬所属一体遵照为要。此令。"等因，奉此除分令外，合行令仰遵照。此令。

县长丁　琮

（《江山县政府公报》，1940 年第 88—89 期，第 1—10 页）

宁夏省卫生处处长桑沛恩关于敌机散播疫菌
请注意防范致各会医院令

（1941 年）

宁夏省卫生处训令

令各县医院

案奉　省政府秘一字第一九一号训令内开：

案奉第八战区司令长官司令部本年元月二十五日副卫兰字第一一号训令开：案奉军事委员会办四沦二鲁电开：据报敌机近袭金华，播散鼠疫病菌，宁波衢县均发现鼠疫，有掷下小麦谷类及跳蚤，有散布白烟即有鱼子状饨粒落下。经检验发现鼠疫杆菌，可证查鼠疫传染性甚烈，现仅发现于浙江敌性残暴，将来难免不随处播散，防害驻军及民众生命，请迅筹防止办法等语。据此除电行政院迅饬卫生署暨电军政部迅饬军医署核议预防办法并电知本会所属机关属注意防范及电复外，特电希饬属注意防范为要等因；奉此。除电复并分令外，合亟令仰饬属注意防范为要等因；奉此。合行令仰知照，并饬属注意防范为要此令。

　　等因;奉此。合行令仰该　遵照并饬属一体注意防范为要!

　　此令。

处长桑沛恩

(《宁夏省政府公报》,1941 年第 132 期,第 73 页)

云南省主席龙云关于卫生实验处呈报卫生署派伯力士前往
垒允防治鼠疫情形准予备案致民政厅令

(1940 年 8 月)

云南省政府指令秘内字第二三八四号

令民政厅

　　二十九年七月二十六日呈一件,为据卫生实验处呈奉卫生署电嘱派员会同伯力士前往垒允防治鼠疫情形祈备案由。

　　呈悉,准予备案。仰即转饬知照!

　　此令。

主席龙云

中华民国二十九年八月　　日

(《云南省政府公报》,第 12 卷,1940 年第 72 期,第 23—25 页)

云南省卫生实验处长缪安成关于卫生署派员赴垒允开展防治工作
经过致云南省政府主席龙云云南省民政厅厅长李培天呈

(1940 年 8 月)

原呈

云南省民政厅呈肆二字第八一四三号

案据卫生实验处长缪安成七月十日呈称:

　　"案奉中央卫生署防午支代电开:据垒允中美航空制造厂厂长邢契华电称,垒允一带发生鼠疫,情形颇为严重,请派员防治等语,本署兹派国联防疫专家伯力士博士(Ser Pollitzer)乘机前来转赴垒允,伯力士次原将赴湘防治霍乱,兹以垒允鼠疫重要特先嘱来滇调疫情查协助防治,俟告一段落即返。

行后一切工作,即由贵处继续办理,再伯力士为准备一切拟留昆明两日,希向秦光弘院长处商调徐院长彪南中央防疫处专攻细菌学者一人并派王启宗医师偕同伯力士博士携带器药乘机前往,俟伯力士等到后,为再有派人必要时,嘱其来电通知;即请与国立上海医学院应元岳教授或其他医疗卫生机关商约将来可乘姚寻源医师由遮放带来之第二十五医防队汽车偕往工作。至现驻遮放之第二十五医防队只马龙瑞医师,人员缺乏,且须兼顾畹町检疫工作及美国疟疾专家考察团行后一切抗疟工作,故无论如何该队不便调往再查中央防治滇边鼠疫专款三万元,除已于二十八年九月二十一日汇去一万五千元,及扣代购疫苗用款与此次伯力士飞机票价外除款即汇至贵处,所有防治垒允一带鼠疫人员费用即在此款开支,并负责报销,特电查照,即希将该地疫情随时报署为盼,卫生署防午支印,等因:奉此,自应遵照,查伯力士系于微日乘机抵滇,当经派由医师徐彪南王启宗暨护士潘美丽等,并请中央防疫处长汤飞凡率领,阶同伯力士携带药械,于五日午刻仍乘原机飞垒防治,俟该员等到后据报情形如何,再为呈报,理合将奉电遵办情形先行备文呈请钧厅俯赐鉴核备案示遵,实为公便!"

等情;据此,除指令准予备案外,理合据情转呈,请祈

钧府鉴核备案!

谨呈

云南省政府主席龙

民政厅厅长李培天

云南省政府公报(命令)　第十二卷第七十二期

中华民国二十九年八月　　日

(《云南省政府公报》,第 12 卷,1940 年第 72 期,第 23—25 页)

江西省卫生处关于《江西省卫生处预防鼠疫暂行办法》准予备案致江西省政府电

(1941 年)

江西省政府快邮代电

所属各机关:案据省卫生处二十九年十二月十日泰卫二字第 1125 号呈,为

拟具预防鼠疫暂行办法,请鉴核令准施行,等情;据此,查原拟办法,核尚可行,除电复准予备案并通令外,合行抄发原件,电仰知照! 泰熊式辉亥鱼财民济印。

计抄发原办法一份。

江西省卫生处预防鼠疫暂行办法(同前则,略)。

(《江西省政府公报》,1941 年第 1211 期,第 58—60 页)

江津县政府对于敌机散布鼠疫病毒时预防发生灾害办法

(1941 年)

甲　　□□□□□

一、凡敌机投下任何○碎物品,不得迳行接近,更不得拾取,同时□□警告其他民众,以防会有毒害。

二、凡遇敌机投掷○碎物品时,应立即用泥沙或灰□掩盖,并将所投物之形象,地点,时间报告于卫生机关,或保甲长。

三、凡保甲长遇有敌机投下○碎物品时,应立即报由卫生机关处理,□□卫生机关,则取投物之一部,用物夹放于瓦罐内或油纸中,提交于上级主管机关,其余则用火焚或深埋土中。

乙 属于卫生机关

四、在附近地方遇有敌机投掷○碎物品时,宜□人前往调查,提取物品之一部份备查,□□□□以适当处理。

五、敌机物品,虽有可疑,俱属未确定之论,不得危言悚听,以扰乱民众心理。

六、对民众方面,宜广为宣传虽□敌机投下物品方□,对保甲长宜有□□准备。

七、平时对于预防鼠工作,宜努力执行。

(《江津县政府公报》,1941 年第 57—58 期,第 24 页)

云南省政府关于协助调查敌机散播毒菌毒气情况致民政厅令

(1941 年 9 月)

云南省政府训令秘党字第二二九○号

令民政厅

案准

卫生署卅医字第一〇九一六号有代电问：

"案准航空委员会卅年六月廿九日防民辛蓉字第一四三七号晖蓉艳代电开：查年来敌机曾在皖之临河，浙之金（华）衢（县）等地先后使用毒气及类似毒菌等情事，当经各该防空司令部呈送毒物检体前来，惟经多方化验与细菌培养诸手续，未获确实结果。究其原因，不外毒物检体之保管及邮递需时等问题所致。兹为预防暴敌意图残杀我人民，滥用毒气（菌）时，各地均能随时化验其为何种毒气（菌），立即予以扑灭计，希转饬各卫生机关及医院尽力协助当地防空司令部，组设防毒设计委员会共同设计研究并实施毒气（菌）之防御。除分电教育部、各防空司令部外，特电请查照办理，并希见复等由到署，除分行外，相应电请查照。即希饬属协助办理为荷。"

等由；准此，除分令外，合行令仰该厅转饬各卫生机关及医院遵照办理！此令。

主席龙云

中华民国三十年九月　　日

（《云南省政府公报》，第 13 卷，1941 年第 69 期，第 18 页）

四川省主席刘文辉关于敌机散布毒菌请注意严防致各机构令

（1941 年 12 月 24 日）

保壹字第一一二〇号

三〇，一二，二四，发

令

各区保安司令部

各县属区

省会警备部

省会警察局

案奉

国民政府军事委员会委员长成都行辕本年十一月蓉辕战字第八九七一号灰代电开：

"因奉委员长蒋戍虞令一亨伟电开：据报支卯敌机一架，在常德附近，投布帛蔬豆等物，乡民有拾取者，当即中毒，等情；除分电各战区绥署外，仰即转饬军民注意防范为要。等因；除分电外，希即饬属遵办，为盼。"

等因；奉此自应遵办，除分令外，合行令仰该即　便遵照注意严防，并饬属遵办为要。

此令。

主席兼全省保安司令刘文辉

保安处长王靖宇

（《西康省政府公报》，1941 年第 84 期，第 57—58 页）

云南省主席龙云关于敌机散布毒菌请注意防范致民政厅令
（1941 年）

云南省政府训令秘内字第五五九号

令民政厅

案准

卫生署（册）防字第一六一三二号巧代电开

据战时防疫联合办事处呈：顷按中国红十字会总救护队部真（十一日）电称：□据常德本部第二中队颁钱保康戍（十一月）鱼电称：□（二日）敌机在常德城上空散布谷麦破布等特甚多，经送医院检查结果沾有鼠疫杆菌，刻尚无病人发现等情，相应转电查照等语，理合报请饬属注意等情。顷又据湖南省卫生处长张继真（十一日）电称：顷据常德卫生院方院长微（五日）电：敌机所投下物，经会同广德医院镜检，发现类似鼠疫杆菌。同时桃源支（四日）辰亦发生敌机散播颗粒情形。除分别电复严防并由处派员赴常桃查外，即派员检验即携防治鼠疫药械茌常桃一带主持等语。同日又准湖南省政府薛主席（十□日）电，案同前由疫情各节倒署。除分别电复外，特电查照转饬严密注意防范为荷等由，准此，合行令仰该厅即便转饬所属遵照严密注意防范！

此令。

主席龙云

（《云南省政府公报》，第 13 卷，1941 年第 86 期，第 10—11 页）

行政院关于卫生署呈拟《防制敌机散播鼠疫杆菌实施办法》及
《处理敌机掷下物品须知》请遵照施行致各部会署各省市政府令

（1941 年）

令各部会署、省市政府：

据卫生署呈拟防制敌机散播鼠疫杆菌实施办法及处理敌机掷下物品须知，业经本院核定，应即通饬施行，除分令外，合行抄发原件令仰遵照，并转饬遵照，此令。

抄发防制敌机散播鼠疫杆菌实施办法及处理敌机掷下物品须知各一份。

（《行政院公报》，第 4 卷，1941 年第 22 期，第 53—55 页）

防制敌机散播鼠疫杆菌实施办法

（1941 年）

一、请军事委员会 行政院　通令全国各军政机关，饬知敌人有利用细菌兵器之企图，须严密防范。

二、请军事委员会通令全国防空机关，转饬担任防空监视哨之军民人等，一致严密注意敌机掷下物品，并切实按照"处理敌机掷下物品须知"办理。

三、由军政部通令全国各地军旅防疫机关，一致注意防范并充实防疫及检验器材。

四、由卫生署通饬全国各地省市卫生主管机关转饬所属一体注意防范，并准备防疫及检验器材。

五、由军医署卫生署及中国红十字会总会救护总队部积极准备预防及治疗鼠疫药品，并会同向国外函请捐助各种治疗及预防鼠疫器材，如精酸氯喷雾器及 Sulfathiazole 等。

六、由卫生署令饬中央及西北两防疫处，充分准备鼠疫疫苗发售。

七、由卫生署印发预防鼠疫宣传品。

八、由军政部 卫生署分别令饬各军旅省市卫生机关，设法训练各该地之担任防空人员，灌输防疫及消毒常识，俾能于必要时措置裕如。

九、在某地有鼠疫发生时，该省卫生主管人员应立即驰往该地联合当地有关各方组织临时防疫联合办事处，务于最短期间，予以扑灭。

十、请军事委会通令全国，对于防疫工作，应军民合作，勤力同心，以赴事功。

十一、如某地发生鼠疫，应由地方负责自筹经费，极力防制，必要时，得呈请中央拨款或派员协助防治。

十二、如此鼠疫或疑似鼠疫发生时，应即按照战时防疫联合办事处所订之"疫情报告办法"，切实办理之。

（《行政院公报》，第 4 卷，1941 年第 22 期，第 53—55 页）

处理敌机掷下物品须知

（1941 年）

各地担任防空之军民人等，于发现敌机掷下物品后，应注意下列各项：

（一）所有掷下物品，均应认为有沾染毒菌或毒物之可能，务须避免用手直接接触该项物品，即用以扫除或集合该项物品之器具，用后亦应消毒。

（二）严防掷下物品内掺有能传染鼠疫之跳蚤。

（三）对掷下物品以立刻就地消灭为原则。

（四）除当地有检验设备之卫生机关可通知其派员来取一部份外，余一概应予消灭，负责检集该项物品之人员，尤须特别注意避免跳蚤之叮咬。

（五）对掷下物品之地区，如面积不广，应先用消毒药水充分喷洒，然后将该项药品集合一处，加入燃火物，澈底焚烧之。消毒药品，可用百分之二来沙儿，二千分之一石炭酸或煤焦油醇，或百分之五漂白粉溶液或石灰水（石灰一份水四份）。

（六）如掷下物品甚多，沾污之地区面积较广，必须先集合各物，然后予以消毒时，仍应尽量用消毒药水喷洒整个地区，如消毒药水不敷时，所有居民至好暂时离开猛烈之阳光经六小时以上后，亦可收消毒之效。

（七）如掷下物品亦可供鼠食者，更应注意彻底毁灭，否则若其中掺有染有鼠疫杆困之跳蚤，鼠类易遭传染，随后波及人类。

勇陆字第一九九九六号训令各部会署省市政府为抄发防制敌机散播鼠疫杆菌实施办法及处理敌机掷下物品须知仰遵照由

（《行政院公报》，第 4 卷，1941 年第 22 期，第 53—55 页）

云南省主席龙云关于常德鼠疫确系敌方所为请转饬
所属严密防范案致民政厅令

(1942 年)

云南省政府训令　秘内字第二六一九号

令民政厅

案准

内政部渝警字第二五三〇号代电开:

"准行政院秘书处三十一年四月二十日顺陆字第七九五号函为军事委员会代电:为常德鼠疫来源确系敌方所为,请转饬所属严密防范一案。除分函外,抄同原代电函达查照,严密防范等由。计附抄原代电一件到部,除分电并分令外,相厅抄同原代电电请查照转饬所属一体,注意严密防范为荷。"

等由;附抄军事委员会原代电一件,准此,除分令警务处外,合将代电抄发令仰该厅转饬卫生实验处注意,严密防范!

此令。

计抄发原代电一件。

主席龙　云

中华民国三十一年　月　日

(《云南省政府公报》,第 14 卷,1942 年,第 30—31 页)

行政院院长关于常德鼠疫来源系由敌机掷下之
鼠疫传染物所致请严密防范电

(1942 年)

抄原代电

行政院勋鉴:

查上年十一月常德发生鼠疫,据报与敌机散放谷麦、破布等物有关。经饬军医署会同卫生署派员澈查具报在案,兹据军医署呈送陈文贵三十年十二月常德鼠疫调查报告书前来,该书结论认为常德鼠疫来源系由敌机掷下之鼠疫传染物,内有鼠疫传染性之蚤所致,并请通饬全国军政机关及部队知照一体严防等情。又据卫生署三十一年子江代电称:据本署派往常德防疫外籍专员伯力士博士，自常德艳电称常德鼠疫按情况及证据确系敌方所为等语。除通饬各军事机关及部队严防外，相应检同陈文贵常德鼠疫调查报告书电请查照。转所属知照，并依照前颁防敌机散布鼠疫杆菌实施办法及处理敌机掷下物品须知，认真严密防范为荷。

蒋中正卯佳政医卫

（《云南省政府公报》，第 14 卷，1942 年，第 30—31 页）

行政院关于通饬施行《防制敌机散播鼠疫杆菌实施办法》
及《处理敌机掷下物品须知》电

（1941 年 12 月）

通电

　　案奉行政院三十年十二月勇陆字第一九九九六号训令开：据卫生署呈，拟防制敌机散播鼠疫杆菌实施办法，及处理敌机掷下物品须知，业经本院核定应即通饬施行，除分令外，合行抄发原件令仰遵照，并转饬遵照，等因；抄发防制敌机散布鼠疫杆菌实施办法，及处理敌机掷下物品须知各一份，奉此，除通电外，合行抄发原件电仰遵照，四川省政府删祕一印抄发防制敌机散布鼠疫杆菌实施办法，及处理敌机掷下物品须知各一份。

（《四川省政府公报》，1942 年第 79 期，第 15—16 页）

防制敌机散播鼠疫杆菌实施办法

（1941 年）

　　一、请军事委员会行政院通令全国各军政机关饬知，敌人有利用细菌兵器之企图，须严密防范。

　　二、请军事委员会通令全国防空机关，转饬担任防空监视哨之军民人等，一致严密注意敌机掷下物品，并切实按照"处理敌机掷下物品须知"办理。

　　三、由军政部通令全国各地军旅，防疫机关，一致注意防范并充实防疫及检验器材。

　　四、由卫生署通饬全国各地省市卫生主管机关，转饬所属一体注意防范,并准备防疫及检验器材。

五、由军医署卫生署,及中国红十字会总会救护总队部积极准备预防及治疗鼠疫药品,并会同向国外函请捐助各种治疗鼠疫器材。如精酸氯喷雾气及 Sulfathiazole 等。

六、由卫生署令饬中央及西北两防疫处,充分准备鼠疫疫苗发售。

七、由卫生署印发预防鼠疫宣传品。

八、由军政部卫生署分别令饬各军旅省市卫生机关,设法训练各该地之担任防空人员,灌输防疫及消毒常识,俾能于必要时措置裕如。

九、在某地有鼠疫发生时,该省卫生主管人员应立即驰往该地,联合当地有关各方组织临时防疫联合办事处,务于最短期间予以扑灭。

十、请军事委员会通令全国,对于防疫工作应军民合作,勤力同心,以赴事功。

十一、如某地发生鼠疫应由地方负责自筹经费,极力防制,必要时得呈请中央拨款,或派员协助防治。

十二、如有鼠疫或疑似鼠疫发生时,应即按照战时防疫联合办事处所订之"疫情报告办法"切实办理之。

（《四川省政府公报》,1942 年第 79 期,第 15—16 页）

处理敌机掷下物品须知

（1941 年）

各地担任防空之军民人等,于发现敌机掷下物品后,应注意下列各项:

（一）所有掷下物品,均应认为有沾染毒菌或毒物之可能。务须避免用手直接接触该项物品,即用以扫除或集合该项物品之器具,用后亦应消毒。

（二）严防掷下物品内掺有能传染鼠疫之跳蚤。

（三）对掷下物品以立刻就地消灭为原则。

（四）除当地有检验设备之卫生机关,可通知其派员来取一部份外,余一概应予消灭,负责检集该项物品之人员,尤须特别注意避免跳蚤之叮咬。

（五）对掷下物品之地区,如面积不广,应先用消毒药水充分喷洒,然后将该项药品集合一处加入燃火物澈底焚烧之，消毒药品可用百分之二来沙儿，或千分之一石炭酸，或煤焦油醇，或二百分之五漂白粉溶液，或石灰水（石灰一份水四份）。

（六）如掷下物品甚多，沾污之地区面积较广，必须先集合各物然后予以消毒时，仍应尽量用消毒药水喷洒整个地区。如消毒药水不敷时，所有居民至好暂时离开，猛烈之阳光经六小时以上后，亦可收消毒之效。

（七）如掷下物品亦可供鼠食者，更应注意澈底毁灭，否则若其中掺有染有鼠疫杆菌之跳蚤，鼠类易遭传染，随后波及人类。

（《四川省政府公报》，1942 年第 79 期，第 15—16 页）

保安处长王靖宇关于敌寇投掷鼠疫杆菌需加强防范等事宜电

（1942 年）

各保安部队各县局特区览案奉国民政府军事委员会办二诊渝字第五四九号代电开："查敌寇投掷鼠疫杆菌，迭据闽浙湘各省电告，发现鼠疫，化验属实，经饬据军医卫生两署会拟防止散播鼠疫杆菌实施办法，送请行政院审核，通饬施行在案。兹准函复，以是案经召集有关机关开会审查，准照审查意见办理，除由院通饬遵照外，抄同审查会议纪录嘱查照等由，附纪录一份。除分饬遵照外合亟抄拨该会纪录，内附前项防止敌机散播鼠疫杆菌实施办法，及处理敌机掷下物品须知各一份，电仰遵照，转饬所属一体遵照，并仰饬所属嗣后对于防疫工作，务须军民合作，勠力同心，以赴事功为要。"附发办法及须知各一份，等因，奉此。除分电外，合电遵照，并饬属一体遵照为要。

保安处长王靖宇印

附发办法及须知各一份。

防制敌机散播鼠疫杆菌实施办法

一、请军事委员会行政院通令全国各军政机关饬知敌人有利用细菌兵器之企图，须严密防范。

二、请军事委员会通令全国防空机关，转饬担任防空监视哨之军民人等，一致严密注意敌机掷下物品，并切实按照处理敌机掷下物品须知办理。

三、由军政部通令全国各地军旅防疫机关，一致注意防范，并充实防疫及检验器材。

四、由卫生署通饬各地省市卫生主管机关转饬所属一体注意防范，并准备防疫及检验器材。

五、由军医署卫生署及中国红十字会总会，救护总队部，积极准备预防及治疗鼠疫药品，并会同向国外函请捐助各种治疗，及预防鼠疫器材，如精酸气喷雾器及 Sulfathiazole 等。

六、由卫生署令饬中央及西北两防疫处，充分准备鼠疫苗发售。

七、由卫生署印发预防鼠疫宣传品。

八、由军政部卫生署分别令饬各军旅省市生卫机关，设法训练各该地之担任防空人员，灌输防疫及消毒常识，俾能予必要时措置裕如。

九、在某地有鼠疫发生时，该省卫生主管人员应立即驰在该地，联合当地有关各方组织临时防疫联合议事处，务于最短期间予以扑灭。

十、请军事委员会通令全国对于鼠疫工作应军民合作，勠力同心，以赴事功。

十一、如某地发生鼠疫，应由地方负责自筹经费，极力防制，必要时得呈请中央拨款，或派员协助防治。

十二、如有鼠疫或疑似鼠疫发生时，应即按照战时防疫联合办事处所订之"疫情报告办法"切实办理之。

处理敌机掷下物品须知

各地担任防空之军民人等，于发现敌机掷下物品后，应注意下列各项：

一、所有掷下物品，均应认为有沾染毒菌或毒物之可能，务须避免用手直接接触该项物品，即用以扫除或集合该项物品之器具，用后亦应消毒。

二、严防掷下物品内掺有能传染鼠疫之跳蚤。

三、对掷下物以立刻就地消为原则。

四、当地有检验设备之卫生机关，可通知其派员来取一部份，余一概应予消灭，负责检集该项物品之人员尤须特别注意避免跳蚤之叮咬。

五、对掷下物品之地区，如面积不广，应先用消毒药水充分喷洒，然后将该药品集合一处，加入燃火物，彻底焚烧之，消毒药品可用百分之二来沙儿或千分之一石灰酸，或煤焦油醇，或百分之五漂白粉溶液，或石灰水（石灰一份水四份）。

六、如掷下物品甚多，沾污之地区面积较广，必须先集合各区，如消毒药水不敷时，所有居民只好暂时离开，猛烈之阳光经六时以上后，亦可收消毒之效。

七、如掷下物品亦可供鼠食者，更应注意彻底毁灭，否则若其中掺有传染鼠疫杆菌之跳蚤，鼠类易遭传染，随后波及人类。

（《西康省政府公报》，1942 年第 92 期，第 80—82 页）

桑沛恩关于五临鼠疫蔓延请从速派员前来防堵致卫生署署长电

（1942 年）

卫生署署长金钧鉴：

项据绥西电报五临一带发生鼠疫，已蔓延至省境三圣公磴口等处，危险堪虞。请从速派专员前来负责防堵，本处暂成立防疫委员会，祈先迅赐疫苗等器材以资防治。

职桑沛恩叩文午印

（《宁夏省政府公报》，1942 年第 141 期，第 64 页）

宁夏省卫生处关于五临鼠疫蔓延宁绥已断绝交通并已设防疫站及成立防疫委员会竭力防堵事宜电文

（1942 年）

电覆五临一带鼠疫蔓延，宁绥已继绝交通，本省设防疫站及成立防疫委员会竭力防堵由

甘肃省卫生处公鉴：

陕坝五临一带发生肺鼠疫，势且蔓延，宁绥已断绝交通，本省设防疫站及成立防疫委员会，竭力防堵。

宁夏省卫生处元印

（《宁夏省政府公报》，1942 年第 141 期，第 64 页）

桑沛恩关于绥宁交通已断绝请派员携防疫器材
前往协助防疫事宜电

（1942 年）

电覆本省疫势及防治情形并请派员携同防疫器材前来防治由

兰州西北卫生专员杨永年兄勋鉴：

来电敬悉，疫势仍猖獗，死亡三百余人，绥宁业已断绝交通，沿途设检疫站，如蒙派员携同防疫器材前来防治，如蒙欢迎可由平凉转运来宁。

弟桑沛恩叩篠印

（《宁夏省政府公报》，1942 年第 141 期，第 64 页）

桑沛恩关于请派员前往磴口并拨赐疫苗以资协防电

（1942 年）

电请拨赐疫苗以资防预由

卫生署署长金钧鉴：

磴口发现疑似鼠疫死六人，已派员驰往防堵。请钧署拨赐疫苗及（Sulfathiazole）以资防预。

职桑沛恩叩箇印

（《宁夏省政府公报》，1942 年第 141 期，第 64 页）

宁夏省主席马鸿逵关于施行《防制敌机散布鼠疫杆菌实施办法》
及《处理敌机掷下物品须知》致各机关令

（1942 年 2 月 3 日）

宁夏省政府训令　秘字第一一八二号

中华民国卅一年二月三日发

令各机关

奉

行政院三十年十二月二十一日勇陆字 67991 号训令开：

据卫生署呈拟防制敌机散播鼠疫杆菌实施办法及处理敌机掷下物品须知业经本院核定应即通饬施行除分令外合行抄发原件令仰遵照并转饬遵照此令。

等因。计抄发防制敌机散布鼠疫杆菌实施办法及处理敌机掷下物品须知各一份；奉此，自应切实注意，以免流毒，除分行外，合行抄发原件，令迎遵照，并转饬一体知照为要！此令。

计抄发防制敌机散布鼠疫杆菌实施办法及处理敌机掷下物品须知各一份（见法规栏）。

主席马鸿逵

（《宁夏省政府公报》，1942 年第 141 期，第 27 页）

江西省主席曹浩森关于重新制订《第三战区防治鼠疫紧急处置办法》并遵照施行致省卫生处各区行政督察专员公署各县县政府电

（1944 年 3 月）

江西省政府代电　卫字第〇〇三〇八号

省卫生处、各区行政督察专员公署、各县县政府：案准第三战区司令长官司令部铅卫字第一六八六号代电开：查本部三十一年一月所颁闽浙赣三省各县防治鼠疫紧急处置办法已不适用，应即废止，兹另订第三战区防治鼠疫紧急处置办法一种，除分行外，特电查照，并转饬遵照。等由，附第三战区防治鼠疫紧急处置办法一份；准此，除分电外，合亟抄发原件，电仰该　遵照！并转饬遵照！

主席曹浩森卯（哿）卫印

附第三战区防治鼠疫紧急处置办法一份。

第三战区防治鼠疫紧急处置办法

一、本战区各县发生鼠疫之紧急处置，概以本办法行之。

二、各县如发现大量死鼠，应先电报战区长官部及省政府，并即由地方政府将死鼠密封妥装，用最迅速方法，送至附近具有检验设备之卫生机关检验，若经断定为疫鼠时，应在接到检验报告后，即由专员或县长于二十四小时以内，将发现疫鼠之居户周围五户至十户实施封锁，同时饬地方卫生机关或私人医院，组设留验所，将各该户居民送所留验七天。

三、各县如有鼠疫病人发现，并经诊断确实时，即由专员或县长立时电告战区长官部及省政府，并于六小时以内，将疫户周围五户至十户实施封锁之，并将各该户居民一律移居留验所留验七天。

四、各地专员县长在执行封锁疫区时,须绝对严密迅速,务使疫区内之居民不致闻风逃避,或将粮食行李私行搬动。

五、施行疫区封锁及执行防疫任务时,如有抗不遵行者,不论任何军民,各该专员县长得予强制执行,并按行政执行法规定罚办,如情节重大者,得报请战区长官部依军法办理。

六、各军如有鼠疫发生为事权统一及迅速防治起见,应于第一例鼠疫病人发现后,在廿四小时以内,就原有防疫委员会产生临时防疫处,负责办理防治事宜。

七、各县防疫处设处长副处长各一人,处长负行政部份责任,由当地军政长及兼副处长负技术部份责任,由技术人员兼,其组织规程另订之。

八、各县发生鼠疫后,应立即择所在地方水陆交通要道,设立检疫站,必要时得断绝交通。

九、各地军政长官应尽量接受防疫人员意见,并须迅速确实执行。

十、各地驻军宪警,应切实协助防疫工作人员执行防疫任务,不得推诿。

十一、各地军政长官对上列各项未能如期严密切实执行,或因而疫势扩大者,予以军法议处。

十二、本办法由第三战区司令长官司令部订颁施行。

(《江西省政府公报》,1944年第1308期,第26—27页。)

第三战区闽浙赣三省各县防治鼠疫紧急处置办法

(1944年)

一、本战区各县发生鼠疫之紧急处置,概以本办法行之。

二、各县如发现大量死鼠,应先电报战区长官部及省政府,并即由地方政府将死鼠密封妥装,用最迅速方法,送至附近具有检验设备之卫生机关检验,若经断定为疫鼠时,应在接到检验报告后,即由专员或县长于二十四小时以内,将发现疫鼠之居民周围五户至十户实施封锁,同时饬地方卫生机关或私人医院,组设留验所将各该户民居送所留验七天。

三、各户如有鼠疫病人发现,并经诊断确实时,即由专员或县长立时电告战区长官部及省政府,并以六小时以内,将疫户周围五户至十户实施封锁之,并将各该户居民一律移居留验所留验七天。

四、各地专员县长在执行封锁疫区时,须绝对严密迅速,务使疫区内之居民不致闻风逃避,或将粮食行李私行搬运。

五、施行疫区封锁及执行防疫任务时,如有抗不遵行者,不论任何军民,各该专员县长须予强制执行,并按行政执行法规定罚,办如情节重大者,得报请战区长官部依军法办理。

六、各军如有鼠疫发生为专权统一及迅速防治起见,应于第一例鼠疫病人发现后,在廿四小时以内,就原有防疫委员会产生临时防疫处,负责办理防治事宜。

七、各县防疫处设处长副处长各一人,处长负行政部份责任,由当地军政长及兼副处长负技术部份责任,由技术人员兼,其组织则程另订之。

八、各县发生鼠疫后,应立即择所在地水陆交通要道,设立检疫站,必要时得断绝交通。

九、各地军政长官应尽量接受防疫人员意见,并须迅速确实执行。

十、各地驻军宪警,应切实协助防疫工作人员执行防疫任务,不得推诿。

十一、各地军政长官对上列各项未能如期严密切实执行,或因而疫势扩大者,予以军法议处。

十二、本办法由第三战区司令长官司令部订颁施行。

（《信丰县政府公报》,1944 年第 1 期,第 10 页）

瑞安县长许学彬关于敌机投掷物品类多散放毒菌务使彻底隔离焚烧案致各机构令

（1944 年 5 月 19 日）

府卫字第三八三号

中华民国三十三年五月十九日

事由:敌机投掷物品类多散放毒菌务使彻底隔离焚烧等因转饬原由

令各区区署　各乡镇公所　各区卫生分院

县卫生院　县警察局　防疫团及各附属机关

案奉

浙江省政府五月四日药字第一一三八八号调令内开：

"案奉　行政院三十三年三月廿八日义二字第六八二七号训令开：'据航空委员会报告，敌机投掷物品，类多散放毒菌，务须彻底隔离焚烧，以绝疫害，除分令外，合行抄发原电，令仰遵照，并转饬所属，□队民众，严饬防范为要。'等项；并附件，奉此，除分令各区县外，合行抄发原电，令仰遵照，并□请民众，严饬防范为要。"

事因，附抄发原电一件，奉此，除分令外，合行抄发原代电，令仰遵照为要。此令。

附抄发原代电一份。

县长　许学彬

（《瑞安县政府公报》，1944 年第 43 期，第 7 页）

航空委员会关于敌机投掷物品类多散放毒菌务使彻底隔离焚烧案致行政院电

（1944 年）

行政院钧鉴：

窃查二十九三十两年，敌机在□□、诸暨、衢县、鄞县、金华、泾县、常德、龙溪、南靖等地，先后投掷各种毒菌以来，钧院对兹问题，倍极注视，积极筹备，曾有修正处理敌机掷下物品须知，防制敌机散播鼠疫杆菌实施办法，致三十一年陆军各机关部队防制鼠疫实施办法，与其他防菌丛书之颁发，施行以来，功效显著，惟查敌机投掷毒菌方法，多以食物或日用物品为饵，如二十九年十月四日敌机在衢县水亭门上空投掷小麦乌麦粟米等物品，旋于该处各水池中发现印度蚤甚多，而第一例鼠疫病人即发生于该处。三十年十一月四日敌机在常德散布米谷碗豆棉子布条等物甚多，旋即发现瘟疫，二日内死亡十余人。三十年十二月二十日敌机在南靖投下□桐花瓣甚多，有五岁童子一人误食而毙。凡此旧例，足证对敌机投掷之物品，应即隔离与清除，以杜其害，复以各项消毒药品器材，各乡镇保甲尚未能普遍设置，故简易消灭毒菌之法，实以集合掷下物品，用烈火焚烧为彻底，值兹抗战胜利在望,征诸已往事实,敌寇将不顾一切,对我广泛散布毒菌,以减低我抗战实力,兹为预防万一,并晓谕全国民众起见,拟请钧院转饬各省(市)政府,通令所属一体遵照,严加防范。除另饬各防空司令部遵照外,配合备文,电请鉴核示遵。

航空委员会□谕甲寅□卯

(《瑞安县政府公报》,1944年第43期,第7页)

军委会关于敌机载运伤寒白喉鼠疫等各种炸弹
三万枚准备投我内地请注意防范电

(1944年)

军委会据报,敌大本营于去年二月三日起,以运输机陆续载运;伤寒、白喉、鼠疫等各种炸弹三万枚来华,准备投我内地等情,特亟令仰各属注意严防云。

(《云南民政公报》,第2卷,1944年第7期,第32页)

张群关于第六战区司令长官司令部电所辖部分地区发生霍乱
请加强防治并制订本战区防疫霍乱实施办法致各县市局令

(1945年10月)

卫二字第五八七〇号

三四,一〇

令各县市局

案准

第六战区司令长官司令部三十四年善字第一六五六号午皓代电开:

"查前以香溪万县酆都忠县等地发现霍乱,曾以午冬善寝电分电沿江各警备司令及各部队并电咨川鄂省府饬属协同严密防治在卷,兹据本部第二卫生督察组午元电称,霍乱以向香溪以北流行,兴山已死民众五名,又准鄂省府午篠健代电,云恩施省立医院午时发现类似霍乱二例,兴山午元发现一例,茅坪午文发现二例,各等情,兹为防治蔓延计,除分电疫区附近各部队协同当地政府公私医院组织防疫机构设站检疫严施防治以杜蔓延外,特订定本战区防疫霍乱实施办法一份,随电附发,请饬属遵照办理为荷。"

等由,附防治霍乱实施办法一份,准此,除电复并分令外,合行抄发原办法令仰该　遵照,并转饬所属卫生院遵照办理为要!此令。

计抄发原办法一份。

兼理主席张群

卫生处长陈志潜

(《四川省政府公报》,1945 年第 346 期,第 21—24 页)

第六战区霍乱实施办法

(1945 年)

一、疫情。目前重庆贵州均有霍乱流行,本战区恩施香溪茅坪兴山巴东万县忠县均有类似霍乱病例发现。

二、检疫。为防其流传蔓延其他地区,应厉行检疫。

1. 通令各交通机关购票时须缴验防疫证。

2. 令饬于下列各地点军政高级机关主持设检疫站,恩施巴东香溪三斗坪南漳保康奉节万县黔江龙潭。

3. 凡来往经过检查之行人客商力伕车辆舟船输舶,一律须停止检查。

4. 检查站在市(县)区三公里以外设置,凡未经检查之车辆行人,不得进入市区。

5. 凡无防疫注射证者,须由派驻检查站之医师施行注射,于注射完毕后,填发注射证。

6. 每一检查站,至少派医师一员,看护士二名,驻站担任检疫及注射事宜。

三、检疫时度。于奉到明令之日开始,停止时间另令饬知。

四、检疫机构。沿江各县市及巴黔公路沿线各县,均责成各军政机关召集当地驻军驻在地之兵站卫生机关及公私立医院成立临时联合防疫处,以当地高级军政机关为主持者,当地驻军备尽量协助。

五、临时联合防疫处,应执行下列各项事宜。

1. 饮水管制。各县(市)联会防疫处,应设饮水限制站,派定专人实施饮水消毒事宜。

（1）井水消毒（另详附件）。

（2）河水消毒（另详附件）。

2. 整理环境卫生。各地防疫处,应集中力量,推动县(市)政府整理全市区之厕所水井垃圾堆(坑)及居民住宅公共场所之清洁。

3. 推行扑蝇灭蛆管制冷食店(摊)等工作。

4. 防疫注射疫苗各省政府发给为主,本部酌予补助。

5. 防疫经费,由各县(市)自行筹化或劝募。

6. 疫情报告,当地如发现霍乱,于二十四小时内电报报告本部,每日将注射人数,及患病人数,死亡人数,以代电迳报本部核备。

六、各部队遵照军政部及本部历次颁发之各种法令办理。

七、各公私医院暨兵站卫生机关,须设立隔离病室,分别收容军民。

八、本办法以通令实施之。

（《四川省政府公报》,1945 年第 346 期,第 21—24 页）

饮水简易消毒法

（1945 年）

一、消毒药品:漂白粉。（市售者的含氯百分之三十）

二、消毒药品配制法:消毒药液为配成之含氯百分一之氯气溶液以漂白粉一公分加水三十公撮或漂白粉一两加水三十两搅匀即成。

三、消毒方法:消毒饮水,可在水涌水井水缸中施行之,但须先求得水之容量,然后加放药液,普通即在四公斤(即一加仑)的水中,加放药液一公撮,其他以此类推,兹将一般消毒情形列下:

1. 水桶——普通一担水桶之水约为四十八公斤(即十二加仑)故应加放药液十二公撮,但一担煤油桶之水约为四十公斤(即十加仑)故加放药液十公撮即可。

2. 水井——先以呎量得水井之水面直径,再量水井之深度(量井水之深度,可用一长线绳,末端系一铁锤,绳上每半尺或一尺均打一结作记),量得之后,勿须算水量,只按照附在后面表中所定之应加消毒溶液之数量,用量杯量出该药液之公撮数倾入水中,再用竹竿搅拌井水即可。

3. 水缸——水缸贮水，亦可按照水井消毒方法，或先水桶中消毒，再将水倾入水缸中亦可，如在方形之水池中施行，以水面之长度（英尺）乘宽，乘水深，再乘三十，而得水之公斤数，即可知加放药液之公撮量。

四、饮水消毒应注意之事项。

1. 药液制成后，除非即用，否则须盛于有塞之黑色或蓝色瓶内，并密封之，以免药液中之氯气散失，减少消毒效力。

2. 消毒药液，应用时，须先将瓶摇动使药均匀。

3. 井水消毒，每日最好消毒两次，上午一次，下午一次，但水缸消毒，须当水用完重加水时再行消毒。

4. 水中每次施放药液后，须搅匀二三分钟，再经二十分钟，始可应用，以达消毒之效力。

5. 消毒后，水中略含氯气刺激，觉此对身体健康无碍，请勿怀疑。

五、举例：依照尺度参加下表之方法如下：

例一：圆井水面直径为中国营造尺三尺五寸，水深为四尺五寸，则须应加消毒药液量为四百七十九公撮（C. C.）。

例二：方井水面阔为英国尺四呎六吋，水深为八呎六吋，则须应加消毒药液量为一千二百九十一公撮（C. C.）。

例三：测井水面直径为公尺一尺二寸五分，水深为二尺二寸五分，则须加消毒药液量为一千〇五十六公撮（C. C.）。

例四：方形之水池面长为英尺四呎宽为二尺六吋深为十二呎，故其水量即为 $4 \times 25 \times 12 \times 30 = 3600$ 公斤，则应加消毒药液量为九百公撮（C. C.）。

施行饮水消毒应用漂白粉溶液与氯气数量对照表。

下表中之尺寸系中国营造尺。

（简易表第三四六号　三十四年十月十五日）

漂白粉溶液单位站公撮(CC)照表中数目加入水中可得到百万分之二氯气

水之深度＼水面直径	1.0	1.5	2.0	2.5	3.0	3.5	4.0	4.5	5.0	5.5	6.0	6.5	7.0	7.5	8.0	8.5	9.0	9.5	10
1.0	9	14	17	22	27	31	35	40	44	47	52	57	61	66	70	74	79	84	87
1.5	20	30	40	50	59	70	79	88	99	100	119	128	136	143	159	167	177	187	197
2.0	35	52	70	97	105	162	140	157	174	172	209	229	244	262	279	297	304	331	349
2.5	55	82	109	156	164	191	2?9	245	272	800	326	355	781	409	436	463	491	519	546
3.0	79	119	157	197	236	276	314	354	393	433	471	510	550	590	628	667	707	747	786
3.5	107	160	213	266	320	373	422	479	534	586	642	694	746	801	855	908	962	12?5	1063
4.0	140	22?	279	341	419	488	553	628	698	767	837	907	977	1047	1116	1136	1256	1326	1395
4.5	177	265	353	442	53	619	7?7	795	884	971	1259	1?48	1236	1324	14?3	1501	1590	1678	1765
5.0	219	328	436	546	655	764	872	980	1?91	1200	1308	1418	1529	1635	1745	1855	1960	2075	2180

（《四川省政府公报》,1945 年第 346 期，第 21—24 页）

二、报刊公文

关于敌人诬蔑我方使用毒瓦斯及散播毒菌实为敌方先使用请注意防范电

（1939 年）

我使用毒瓦斯微菌或系对我将使用之先声希饬属注意一案电仰知照：

本报驻梧办事处，各县县党部，均览，奉第四战区司令长官部，本年十一月□曲字第六三九八号鱼代电，开：奉军令部徐部长江二□渝电，开：密据敌江日广播宣称，世日有我机八架，飞开封上空，散布多数丝棉质物品，经检验后，发现内有某种微菌，传染人畜，特以对于人之传染力最强，该菌自皮肤之黏膜侵入，罹者周间即可毙命，等情，查敌诬我使用毒瓦斯，散布微菌，或系敌对我将使用该种毒菌之先声，希饬属严密注意防范，等因，希饬属严密注意防范为要，等因，奉此，合行电饬。仰即知照为要。

主任委员□□宣印

（《党务通讯半月刊》，1939 年第 7—8 期，第 20 页）

江西省政府关于遵照施行《江西全省卫生处预防鼠疫暂行办法》致全省各级学校及社教机关令

（1941 年）

（不另行文）三十年二月十一日教四字第一〇九号代电

令全省各级学校及社教机关（原令略）

江西全省卫生处预防鼠疫暂行办法

一、浙省发生鼠疫，本省与浙毗连，自应事先严加防范以免流行。

二、本省为防治鼠疫起见，特先设立赣东鼠疫防治队附设检疫所防疫所及灭鼠组。

三、赣东鼠疫防治队隶属于本处，队长由处暂派第六行政区中心卫生院院长兼代，必要时得扩大组织由处指派专员主持办理另以命令行之。

四、赣东鼠疫防治队暂设于上饶第六行政区中心卫生院。

五、玉山广丰两县均暂设检疫所各一所所主任，由当地卫生院院长兼任,又玉山县属之下镇另设检疫所一所,商调卫生署医疗防疫队第三队担任。

六、上饶暂设防疫所一所,该所主任由第六行政区中心卫生院院长或该院医务课课长兼任。

七、其他赣东各县视事实之需要得酌设检疫所或防疫所。

八、各县得设检疫所防疫所如工作人员不敷分配时,得请由本处调派医疗防疫队协助之。

九、灭鼠组主任由本处遴员充任分往赣东各县巡回工作。

十、赣东鼠疫防治队及所属各所组其编制预算另订之。

十一、各县如遇鼠疫发现卫生院应立即电报本处。

十二、如遇敌机散播可疑物质时,地方行政长官应迅即督饬所属搜集迳送赣县省立卫生试验所检验并电告本处。

十三、各县县政府应立即召集有关机关举行灭鼠防疫运动,广事宣传,举行大扫除,挨户检查清洁,厉行捕鼠,督促民户堵塞墙壁洞隙,注意储藏食物断绝鼠粮。

十四、凡入境之行旅,无论军民及执疫人等,均须接受检疫人员之检查,遇有鼠疫及疑似患者,均应留所分别治疗或施以七日之隔离。

十五、地方发现鼠疫经检疫及防疫机关断定属实时,得请地方行政长官隔绝市街村落之全部或一部份之交通。

十六、鼠疫流行剧烈区域内之房屋,经防疫机关认为预防传染上确有必要而无其他方法可以扑灭时,得由防疫机关会商当地最高军政长官划定地段予以焚毁一面呈报。

十七、地方行政长官认为有鼠疫预防上之必要时,得限制或禁止人民集会演剧之事。

十八、患鼠疫及疑似鼠疫或因此等病症致死者之家宅及其他处所,应立即延聘医师诊断或检查,并须于二十四小时以内报告于所在地之管辖官署,施行该区域清洁消毒并搜捕鼠类。

十九、凡患鼠疫病人之家宅及其他处所患者以外之人,无论已否传染,均应服从医师或防疫人员之指示,施行清洁并消毒方法。

二十、灭鼠组到达各地执行工作时,应与所在地有关机关取得联络,所有民户对于该组工作人员指导灭鼠及其他环境卫生工作,应切实依照办理,倘民户怠不实行,得由工作人员商请当地警务机关予以惩处。

二十一、死者尸体须于距离城市人口稠密之处三里以外地方埋葬之,掘土须深至七尺以上,埋葬后非经过三年不得改葬尸体,受毒较重者该管官署认为预防上确有必要时,应命其火葬,其家属如怠于实行得代执行之。

二十二、鼠疫患者或死者之衣服被褥及一切能传染病毒之物件,得限制或停止其使用授受搬移或迳废弃其物件。

二十三、各地方防疫费用得斟酌情形,分别请由地方预备费项下开支,如有不敷,另报本处转请省政府酌予补助。

二十四、本办法如有未尽事宜得随时呈请修正之。

二十五、本办法呈报江西省政府核定施行并呈报卫生署备案。

(《江西地方教育》,1941 年第 217、218 期,第 38—39 页)

江西省卫生处关于敌机在各战区投掷毒菌须来严加防范致各机构令

(1941 年)

本处令饬赣西各县卫生院严加防范

我们神圣的自卫抗战,进至五个年头的今日,无论是在军事上、政治上、经济上、事实告诉我们,显然皆有长足之进步,相反的我们敌人,却是愈战愈弱,愈战愈疲,如今已经是到了途穷日暮黔驴技穷之期,就连敌人自己也早已目睹颓势之无法挽救,所以年来在各战场狼奔豕突的倾其全力不惜作最后的孤注一掷,以冀打开这副冻结局面,可是几次的冒险蠢动,如:湘北、粤北、豫北诸役,均又在我全体军民英勇之当头痛击下,一一屈了膝,但是武士道的岛国民性,纵然摔跤,却依然不甘伏首驯服,反而变本加厉的使出更卑鄙更惨无人道的下策伎俩,就是在各战区的滥肆投掷毒菌;企图以疫疬戕害我民族健康,削弱我抗战力量。如以往在浙闽二省各地之投掷鼠疫菌等事。迩来据湘省卫生处电告,敌机又在该省常德投掷鼠疫菌弹,且该县现已发生鼠疫,疫情相当严重,本处据电后,当经令饬第二区中心卫生院及莲花、宜春、万载、钢鼓、等县,并电请各区专员公署,各县政府,及本省军警机关,注意监视、报告,随时严加防范。

(《卫生通讯(江西)》,第 4 卷,1941 年第 11—12 期,第 251 页)

关于宁波衢县疫情蔓延中央已派 5 位专家赴浙赣闽边区协助地方防治的报道

(1941 年)

鼠疫蔓延赣东光泽

中央派员来赣防御

防疫专家周振伯力士等即将抵省

满载药品协助地方加紧扑灭疫菌

(建国社讯)中央以宁波衢县一带自去年十月敌机散布鼠疫杆菌后,一度流行死亡百余人,旋告扑灭,今年三月再度流行,近蔓延至赣东光泽,经检验证实,中央极为重视,卫生署特派防疫专家周振伯力士过祖同等一行五人,满载药品材料,遣赴浙赣闽边区协助地方防治,加紧扑灭,闻周氏等一行,日前已抵湘,即可来赣防御鼠疫云。

(《建国通讯稿》,1941 年第 401 期,页码未标记)

关于卫生署伯力士已赴光泽视察指导防治事宜的报道

(1941 年)

卫生署伯力士抵赣

防治光泽鼠疫

已抵光泽实地调查疫症

俾使根本防治疫症研究

(建国社讯)光泽县自四月间,发生鼠疫以来,疫势初颇猖獗,幸防治尚早,无甚蔓延,卫生署据报后,特派伯力士等一行,于日前抵达光泽,视察防治事宜,当由伯力士率同医师等,分赴城厢内外,各曾患鼠疫病家,详尽调查,以作根治疫症之研究云。

(《建国通讯稿》,1941 年第 408 期,页码未标记)

卫生署关于应尽量协助当地防疫工作致各院所及救护队令

（1941 年 9 月 16 日）

训令卫二部字第一六零五号

三十·九·十六

□□□各卫生机关

卫生署卅□字□一〇九一六号代电开：

"□案准航空委员会三十年六月二十九日防民辛蓉字第一四三七号晖蓉艳代电开：查年来敌机曾在绥之临河、浙之金（华）衢（县）等地先后使用毒气及类似毒菌等情事，当经各该防空司令部呈送毒物检体前来，惟经多方化验与细菌培养诸手续，未获确实结果。究其原因，不外毒物检体之保管及邮递需时等问题所致。兹为防暴敌意图残杀我人民，滥用毒气细菌时，各地均能随时化验其为何种毒气（菌），立即予以扑灭计。希转饬各卫生机关及医院尽力协助当地防空司令部组设防毒设计委员会，共同设计研究并实施毒气（菌）之防御。除分电教育部、各防空司令部外，特电备查办理并希见复等由到署。除分行外合亟电仰遵照，并饬属协加办理为要。"

等因；奉此，自□，并□饬各院所及救护队应尽量协助当地防空机关组设防毒设计委员会，如遇有敌放可疑物体时，务将检体收集保存妥善，（包容器须经消毒处置）以最迅速方法，迳送本处试验所化验及培养，以资设法扑灭。除分令外，合行令仰遵照办理具复。

此令。

处长黄雯

（《广东卫生》，1941 年第 27—28 期，第 11 页）

关于购置预防针为员工施行注射的报道

（1941 年）

总处兹购到霍乱伤寒预防针为各员工注射一节，业志前讯，兹以永安近日发生鼠杀，蔓延甚速，为预防计，又购到鼠疫预防针一大批交卫生室为各员工施行注射云。

（《省行通讯》，第 6 卷，1941 年第 47 期，第 486 页）

广东省卫生处关于防治霍乱鼠疫等传染病致所属
各机关暨各县卫生院所令

（1941 年 2 月 4 日）

训令

卫三韶字第九一号

三十、二、四

令本处所属各机关暨各县卫生院所

现奉

卫生署防齐卅防字第一四九号代电开："案据战时防疫联合办事处二十
九年十二月二十四日发文字第三二八号代电内开：查疫情报告办法第三条
报告种类所列电告一项规定'于发现霍乱第一例或疫病流行烈剧时适用之'
盖以吾国近年流行之传染病中以霍乱一病为患最为普遍，易于迅速流行，故
有发现第一例时即行电告之规定。但查军政部规定须电告者除霍乱外尚有
鼠疫，按之本处所得疫情，国内鼠疫病流行于沿海及边远各省地方者屡有所
闻，以该病传染之速，与为患之烈，此后对于该病之发现似应极端重视，拟请
通饬各情报站嗣后于发现鼠疫第一例时，应与霍乱同样电告，除续印疫情报
告办法特电告一项内添鼠疫字样外，谨电请察施行，并乞电复为祷等情，据
此，除电复外，即希查照转饬所属遵照办理为荷。"等因，奉此，自应遵办，除
分电外合行令仰遵照办理为要。

此令。

处长黄雯公出

秘书伍崇厚代行

（《广东卫生》,1941 年第 19—20 期,第 15 页）

福建省政府关于敌人利用汉奸在莆田散布霍乱病菌
须严加防范之训令

（1941 年）

福建省政府席卫防报永字第○四二九四号训令开：

案准　军事委员会办公厅办办四渝（二）字第一二八八九号代电开："据

报敌人利用汉奸在福建莆田各区散布霍乱病菌,现因食其病菌而死者,不下万人等语,特电请饬属注意严防为盼"等由;准此,除分令外,合行令仰饬属注意严防为要。此令。

等因;奉此,用特函达,即希查照转知注意严防为要。

(《省行通讯》,第 6 卷,1941 年第 1 期,第 6 页)

广西省关于加紧防疫准备事宜的报道

(1942 年)

【本报桂市讯】湖南常德前发生鼠疫一事,卫生署经于去年十一月十八日电各省政府查照。该署机据多方研究及调查结果,证明此次常德发生鼠疫,确系由敌机散播鼠疫杆菌,或跳虱传染所致,敌人此种兽行,殊可愤慨,该署除将鼠疫病源探讨详情,汇编报告,另行公布外,复以此项防疫工作急如星火,特电请各省市关于防疫方面,举凡增强卫生防疫机构,训练充实防疫工作人员,以及防疫应用之检验器材等之准备,亟应未雨绸缪,以防不测,广西当局奉电后,已加紧准备一切,并饬所属有关机关遵照注意防范,另饬卫生事务所,从速制造预防鼠疫苗云。

(《扫荡报》[桂林],1942 年 2 月 19 日,第 3 版)

军政部部长何应钦关于改进防治鼠疫及防毒办法
内容致卫生署及各省市政府电

(1942 年)

代电

卫三防字第九二号

三十一,三,十三

本处南路鼠疫防治所各卫生区署各县卫生院均览现奉广东省政府调丑寝竞卫字第 8087 号代电开:现奉行政院本年一月十五日顺陆字第 00761 号训令开:据军政部代电呈报"奉军事委员会指示防治鼠疫应行改进各点一案,除分令卫生署及各省市政府遵办,并代电复知外,合行抄发原件,令仰遵办"等因,计抄发原代电一件,奉此;自应遵办,除分电外,合将奉发原代电抄发电仰遵照办理为要，等因，附抄发奉发原代电一件。奉此：自应遵办，除分电外，合将奉发原代电抄发电仰遵照办理为要。

　　　　　　　　　　　　　　　　　处长黄雯寅元卫三印

　　附抄发奉发原代电一件。

行政院院长蒋钧鉴：

　　奉军事委员会三十年十二月十九日共字第二〇七号皓侍参代电开：十二月二十九日政医术（三〇）亥渝字第801832号报告集议研讨防治鼠疫及防毒办法已悉，惟仍须严密注意，切实指导，与认真防治，使其限期扑灭，以防蔓延，兹将尚有应行改进之点开示如下：（一）查防疫方面在红十字会仅居协助地位，而战时防疫联合办事处以地位权力等关系，亦祇负设计研究与连系之责，其主要防疫事宜，仍应由卫生署执行全责，军队方面仍应由军医署执行全责。（二）军政民众各卫生机关所属各防疫实施机构之组织情形，及工作配备位置，与调遣指挥等，应互相切实连系统一指挥。（三）应商承行政院严饬各省政府转饬所属卫生机关对于发现鼠疫之邻近，及入川要冲各县之卫生院，切实加强组织。（四）发现鼠疫之地区，应立即断绝疫区之交通，一面将病人迁出，一面将一切房屋等物件焚燬，不必有所姑息，据查已往鄞县城内之鼠疫，即由该县府卫生委员会遵照上项办法严格办理，疫情迅告终止，而衢县之疫，因浙省卫生处采用姑息办法，以致牵延不断，至今尚有散发。（五）此次常德疫情发生，应即严饬卫生署依照防治原则隔离焚毁等办法彻底实施，并以此责成该省主管卫生人员，作为奖惩之标准，又闽省之疫，据查尚每年连续不断发生，并应严令彻查详报暨饬其拟具根除办法。（六）以上各节，希即遵照切实改进为要，又年三十年十二月二十二日共字第二〇一三号马侍参代电开：据查福建鼠疫尚在蔓延，应即切实注意绪防从该方面传入由浙江义乌鼠疫不断发生，并希商承行政院令饬卫生署严令浙省卫生机关加紧防治，限期扑灭为要各等因；奉此，除分电卫生署军医署外，理合电呈，伏乞核饬卫生署及各省政府办理。

　　　　　　　　　　　　　　　军政部部长何应钦于佳□卫渝

　　　　　　　　　　（《广东卫生》，1942年第32—33期，第7页）

广西省卫生处关于编订《防鼠须知》并设计制造
各种捕鼠器应普遍宣传的报道

（1942 年）

本处因鉴于湘省已发现鼠疫，本省亟应早为预编订《防鼠须知》一本，并设计各种捕鼠器之制造，普遍宣传，现正在编定设计中。

（《广西卫生通讯》，第 3 卷，1942 年第 4 期，第 15 页）

交通部长张嘉璈关于遵照施行《防止敌机散播鼠疫杆菌实施办法》
及《处理敌机掷下物品须知》事宜致浙赣铁路联合公司理事会令

（1941 年 12 月 29 日）

总卫字第二七四〇三号

中华民国三十年十二月廿九日

事由：行政院令发防止敌机散播鼠疫杆菌实施办法及处理敌机掷下物品须知，转饬遵照由。

令浙赣铁路联合公司理事会

案奉

行政院三十年十二月二十一日勇陆字第一九九九六号训令内开：

"据卫生署呈拟防止敌机散播鼠疫杆菌实施办法及处理敌机掷下物品须知，业经本院核定，应即通饬施行，除分令外，合行抄发原件，令仰遵照并转饬遵照。"

等因；奉此，除分令外，合行抄发原件，令仰遵照并转饬遵照。

此令。

抄发防止敌机散布鼠疫杆菌实施办法及处理敌机掷下物品须知各一份（见法规栏）。

部长张嘉璈

（《浙赣月刊》，第 3 卷，1942 年第 1 期，第 2 页）

福建省关于制订《预防鼠疫办法》的报道

（1943 年）

鼠疫为极可布之传染症，非严予预防，易招重大祸患。近建瓯南平福州泉州各地,均有鼠杀发生。总处为防患未然起见,经定办法数项,（一）全部员役及其眷属,概行预防注射;（二）厉行捕鼠以灭绝鼠类;（三）有鼠穴之处均行放药后加以堵塞;（四）食物零屑概予收拾以断绝鼠粮。凡此均属简便易办,而收效甚大。

（《省行通讯》,第 8 卷,1943 年第 26、27 期,第 215 页）

江西省驿运管理处关于敌机运载伤寒白喉鼠疫等细菌炸弹
来华投掷请注意防范致所属机构令

（1944 年）

三二　　事由　奉电以敌用运输机运载伤寒白喉鼠疫各细菌炸弹来华投用等因转行注意防范由

江西省驿运管理处训令甲总字第一三八〇号　中华民国三十三年　月　日令本处所属（不另行文）

案奉

江西全省保安司令部保智字第〇〇八六四号代电开:

"案准第九战区司令长官司令部三十三年一月坤字第零五七四号代电开奉　委座子马电敌大本营于亥梗起以运输机陆续载伤寒白喉鼠疫各细菌炸弹三万枚来华准备投用等因请转饬所属注意防范等由准此除分电外仰饬所属注意防范为要。"

等因;奉此,除分令外,合行令仰转饬所属注意防范为要!

此令。

（《江西驿运》,1944 年第 7 期,第 12 页）

后　记

　　《中国藏细菌战与防疫卫生档案》是国家社会科学基金抗日战争研究专项工程项目"日本细菌战海内外史料整理与研究"成果之一。近年来中外学界聚焦日本细菌战研究,已整理、编辑出版相当品种和数量的档案资料,其中中方资料的作用愈加凸显。作为"抗日战争时期细菌战与防疫战文献集"的开篇卷,《中国藏细菌战与防疫卫生档案》内容丰富、翔实有据,依托两岸相关机构丰富典藏史料,特加以整理分类编排,惠及学界。

　　在收集、编书的过程中,得到了中国第二历史档案馆马振犊、杨智友、管辉等专家的诸多帮助;此外,南京市档案馆夏蓓研究馆员对全书框架结构、史料甄选等方面,给予了细致指导。向他们表示深深的谢意!

　　由于课题需要到访档案馆众多、查阅档案历时较长,因此召集了相当多的同学参与其中的工作,具体名单如下,感谢他们的辛苦付出!

搜集整理:熊慧林、彭　茜、孙　锐、陈腾宇、白纪洋、梁　哲、朱昊楠、
　　　　　潘建建、陈　是、贺海霞、冯　翠、马建凯、王　晨、郑池慧

录入校对:

南京大学　韩新艺、夏琅俊、龚颖成、宋政烨、涂诗曼、闵宣良、
　　　　　刘思柏、卓　越、胡琛婧、胡敏盈、李德政、赵雨萌、
　　　　　郭健音、桂语琪、金　怡、孙亚楠、于小双、朱　淼

浙江大学　邹郑寅、姚　瑶、马竹青、孙傲雪、樊世豪、简睿明、
　　　　　赵心仪、齐馨仪、黄昊天、胡宇宗、吴　萍、蓝寅梦、

陈　怡、鲍炜刚

南开大学　杨雅丽

华中师范大学　何沐阳

南京师范大学　刘克剑、吴妙研

编辑翻译：汪　沛、刘诗纯、刘昊阳、杨雅琴、韦方宁、刘锦豪、沈斌清、
李若凡

编　者

2024 年 10 月